中华人民共和国海船船员培训合格证考试培训教材

交通运输类“十四五”创新教材

符合《海船船员培训大纲（2021版）》《海船船员考试大纲（2022版）》要求

CHUANBO ZHUANGZAI BAOZHUANG JI SANZHUANG GUTI WEIXIAN HE YOUHAI WUZHI CAOZUO YU GUANLI

船舶装载包装及散装固体危险和有害物质操作与管理

中国海事服务中心 组织编审

大连海事大学出版社
DALIAN MARITIME UNIVERSITY PRESS

图书在版编目(CIP)数据

船舶装载包装及散装固体危险和有害物质操作与管理/中国海事服务中心编. — 大连：大连海事大学出版社，2023.6
中华人民共和国海船船员培训合格证考试培训教材
ISBN 978-7-5632-4389-1

Ⅰ. ①船…　Ⅱ. ①中…　Ⅲ. ①危险货物运输-海上运输-船舶运输-技术培训-教材②有害物质-海上运输-船舶运输-技术培训-教材　Ⅳ. ①U695.2

中国国家版本馆 CIP 数据核字(2023)第 059685 号

大连海事大学出版社出版
地址:大连市黄浦路523号　邮编:116026　电话:0411-84729665(营销部)　84729480(总编室)
http://press.dlmu.edu.cn　E-mail:dmupress@dlmu.edu.cn
大连天骄彩色印刷有限公司印装　　大连海事大学出版社发行
2023年6月第1版　　2023年6月第1次印刷
幅面尺寸:184 mm×260 mm　　印张:17.5　　字数:410千
出版人:刘明凯
责任编辑:张　华　　责任校对:杨　洋
封面设计:解瑶瑶　　版式设计:解瑶瑶

ISBN 978-7-5632-4389-1　　定价:88.00元

中华人民共和国海船船员
培训合格证考试

培训教材编审委员会

主　　任：孙玉清

委　　员：(按姓氏笔画排序)

王　勇　刘正江　刘红明　吴丽华　吴宗保　赵友涛　施祝斌
姚　杰　潘新祥

审定委员会

主　　任：孙玉清

委　　员：(按姓氏笔画排序)

王　捷　王平义　王明春　吕　明　刘锦辉　李忆星　李建国
杨甲奇　肖亚明　张庆宇　张守波　陈晓琴　苗永臣　范　鑫
周明顺　唐强荣　黄江昆　景向伟

编写委员会

前　言

《中华人民共和国海船船员培训合格证书签发管理办法》已于2019年修订并于2019年10月1日起施行。交通运输部2021年发布的《海船船员培训大纲(2021版)》,对海船船员培训合格证的适任要求,培训的理论知识、实践技能,评价标准及学时等作出了详细规定;中华人民共和国海事局根据《中华人民共和国海船船员适任考试和发证规则》和《海船船员培训大纲(2021版)》编制并发布的《海船船员考试大纲(2022版)》,对海船船员培训合格证理论考试大纲、实操评估大纲作出了详细规定。

为更好地实施高素质船员队伍建设,在新形势、新要求下推进并完善海船船员培训工作,增强海船船员的个人安全意识,进一步提升海船船员适任能力,中国海事服务中心组织具有丰富培训教学经验和航海实践经验的专家编写并审定了本套"中华人民共和国海船船员培训合格证考试培训教材"。

本套教材满足《1978年海员培训、发证和值班标准国际公约马尼拉修正案》、《海船船员培训大纲(2021版)》和《海船船员考试大纲(2022版)》对海船船员培训合格证的各项要求,紧密结合我国有关船员职业培训的最新规定,知识点全面,图文并茂,易于学习、理解,可作为海船船员培训合格证培训用书,亦可作为船上人员解决工作中实际问题的工具书。

本套教材包括:

Z01	《基本安全——个人求生》
	《基本安全——防火与灭火》
	《基本安全——基本急救》
	《基本安全——个人安全与社会责任》
Z02	《救生艇筏和救助艇操作与管理》
Z03	《快速救助艇操作与管理》
Z04	《船舶高级消防》
Z05	《船舶精通急救》
Z06	《船上医护》
Z07、Z08	《船舶保安意识与职责》
Z09	《船舶保安员》
T01	《油船和化学品船货物操作(基本培训适用)》
T02	《油船货物操作(高级培训适用)》

（续表）

T03	《化学品船货物操作（高级培训适用）》
T04	《液化气船货物操作（基本培训适用）》
T05	《液化气船货物操作（高级培训适用）》
T06	《客船操作与管理》
T07	《大型船舶操纵》
T081、T082	《高速船操作与管理》
T09、T10	《船舶装载包装及散装固体危险和有害物质操作与管理》
T11、T12	《使用气体或其他低闪点燃料船舶操作与管理》
T13、T14	《极地水域船舶操作与管理》

在本套教材的编写、出版过程中，得到了各直属海事局、航海教育培训机构、航运企业及大连海事大学出版社等单位的大力支持，特致谢意。

中国海事服务中心

2022 年 10 月

扫码学习《深入学习贯彻党的二十大精神　加快建设交通强国　当好中国式现代化开路先锋》

编者的话

《船舶装载包装及散装固体危险和有害物质操作与管理》依据《海船船员培训大纲(2021 版)》和《海船船员考试大纲(2022 版)》对海船船员培训合格证的各项要求,紧密结合我国有关船员职业培训的最新规定编写,适用于海船上所有船员 T09 船舶装载散装固体危险和有害物质作业船员特殊培训合格证和 T10 船舶装载包装危险和有害物质作业船员特殊培训合格证的考试培训,也可作为船上人员解决工作中实际问题的工具书。

本书共分三篇 12 章。

第一篇为船舶载运包装危险和有害物质安全作业,共 6 章。

第一章为与包装危险和有害物质安全作业有关的公约、规则和建议,主要介绍了与包装危险和有害物质安全作业有关的国际公约,与包装危险和有害物质安全作业有关的国际规则、指南和建议,我国有关包装危险和有害物质安全作业的法律法规;第二章为包装危险和有害物质的分类及特性,主要介绍了《国际海运危险货物规则》对危险货物的分类和危险货物的特性;第三章为包装危险和有害物质的包装与标志,主要介绍了包装危险货物包装及标志的相关规定;第四章为积载和隔离,主要介绍危险货物积载和隔离的相关知识;第五章为包装危险和有害物质的特殊作业,主要介绍特定货物特殊作业的相关要求;第六章为包装危险和有害物质的相关安全作业,主要介绍包装危险货物的申报和应急程序。

第二篇为船舶载运散装固体危险和有害物质的安全作业,共 4 章。

第七章为有关船载散装固体危险和有害物质安全的公约、规则和建议,主要介绍船载散装固体危险和有害物质的相关法规;第八章为船载散装固体危险和有害物质的理化特性和对安全的危害,主要介绍船载散装固体危险和有害物质的分类与特性、安全运输建议和安全防护;第九章为船载散装固体危险和有害物质的安全装运,主要介绍散装固体危险和有害物质的安全适运鉴定、安全装运要求,以及结合案例分析和研究常见散装固体危险和有害物质的安全装运及应急行动;第十章为医疗急救和事故报告,主要叙述船载散装固体危险和有害物质的医疗急救方法以及事故报告制度和程序。

第三篇为实操训练部分,共 2 章。

第十一章为测定仪器的使用,主要介绍了便携式可燃气体检测仪、便携式氧气含量测定仪、便携式有毒气体检测仪、放射性物质射线测定仪、温度测定仪、流盘测试仪、静止角测定仪器等主要型号设备的使用方法和程序;第十二章为人员防护设备的使用,主要介绍防化服与消防服、自给式呼吸器、紧急逃生呼吸装置等船上必备的主要型号设备的操作要求和程序。

本书由张钢、卢艳民担任主编，崔刚、苗永臣担任副主编，袁涌、李富玺担任主审。齐少江参与了本书的编写。全书由张钢统稿。

本书的编写得到了山东海事局、大连海事大学的鼎力帮助，在此表示衷心的感谢。

航海科技日新月异，相关国际公约、各国法律法规、行业标准和规定也在不断进步和完善，本书未尽之处请广大同人和读者批评斧正。

编者

2022 年 10 月于威海

目　录

第一篇　船舶载运包装危险和有害物质安全作业

第二篇　船舶载运散装固体危险和有害物质的安全作业

第三篇　实操训练部分

第一篇

船舶载运包装危险和有害物质安全作业

第一章 与包装危险和有害物质安全作业有关的公约、规则和建议

第一节 与包装危险和有害物质安全作业有关的国际公约

一、1978年海员培训、发证和值班标准国际公约马尼拉修正案

该修正案B部分(关于《STCW公约》及其附则条款的建议性指导中)的第B-V/c节"关于对在载运包装危险和有害物质的船上负责货物作业的高级船员和普通船员培训的指导"指出:

1. 培训应分成两个部分,即有关原理的基础部分和这些原理在船舶操作上的应用部分。所有的培训和训练均应由有适当资格和经验的人员进行,并且至少包括以下内容:

原理

特性和性质

2. 危险和有害物质的重要物理特性和化学性质;对其固有危害和有关危险有基本的理解。

危险和有害物质及具有化学危害性的物质的分类

3. IMO第1类至第9类危险货物以及与各类有关的危害性。

健康危害。

4. 皮肤接触、吸入、摄入和放射性产生的危险。

公约、规则和建议

5. 基本熟悉《SOLAS 1974》第Ⅱ-2章和第Ⅶ章以及《MARPOL 73/78公约》附则Ⅲ的有关要求，包括通过《IMDG规则》对其的执行。

熟悉和运用《国际海运危险货物规则》《IMDG规则》

6.《IMDG规则》的有关申报、单证、包装、标志和标牌等要求的基本知识；货物集装箱和车辆装载；可移动罐柜、罐式箱、公路罐车以及用于运输危险物质的其他组件。

7.《IMDG规则》中提及的不同类型船舶的积载、系固、分隔和隔离，应掌握的识别、标记和标志的知识。

8. 人员安全，包括安全设备、测量仪器使用、实际应用以及对结果的解释。

船上的应用

第1类——爆炸品

9. 6种危险类别和13种配装类；载运爆炸品用的包装和弹药舱；货物集装箱和货车的结构适用性；包括在舱面和舱内积载的特殊布置在内的积载规定；与第1类内其他类别危险货物以及与非危险货物的隔离；在客船上运输和积载；装货处所的适用性；安全注意事项；在装卸期间应采取的预防措施。

第2类——气体(压缩、液化或压力下溶解的)，易燃气体，非易燃、无毒气体和有毒气体

10. 压力容器和可移动罐柜的类型，包括其所用的安全施放装置和关闭装置；积载类，一般积载注意事项，包括易燃和有毒气体以及属于海洋污染物的气体在内的一般积载措施。

第3类——易燃液体

11. 包装、罐式箱、可移动罐柜和公路罐车；积载类，包括对塑料容器的特殊要求；包括海洋污染物在内的一般积载措施；隔离要求；在高温下载运易燃液体时应采取的预防措施。

第4.1类——易燃固体、自反应物质和固体退敏爆炸品

第4.2类——易自燃物质

第4.3类——遇水放出易燃气体的物质

12. 包装类型；为防止分解和可能的爆炸而在控制温度下的运输和积载；积载类；包括适用于自行反应和相关物质、不敏感爆炸品和海洋污染物在内的一般积载措施；为防止发热和着火、有毒或可燃气体的散发和爆炸混合物的形成的隔离要求。

第5.1类——氧化物质

第5.2类——有机过氧化物

13. 包装类型；为防止分解和可能的爆炸而在控制温度下的运输和积载；积载类；包括适用于海洋污染物在内的一般积载措施；为确保与可燃物质、酸和热源隔离，防止着火、爆炸和有毒气体形成的隔离要求；减少能产生分解的摩擦和撞击的措施。

第6.1类——有毒物质

第6.2类——感染性物质

14. 包装类型；积载类；包括适用于有毒、易燃液体和海洋污染物的一般积载措施；隔离要求，特别要考虑这些物质的共性是能够引起死亡或严重损害人类健康；在溢漏时清除污染的措施。

第7类——放射性物质

15. 包装类型;与积载和隔离有关的运输指数;积载和与人员、未经显影的胶片和底片以及食品的隔离;积载类;一般积载要求;隔离要求和分隔距离;与其他危险货物的隔离。

第 8 类——腐蚀性物质

16. 包装类型;积载类;包括适用于腐蚀性、易燃液体和海洋污染物的一般积载措施;隔离要求,特别要考虑这些物质的共性是能够对活体组织引起严重损害。

第 9 类——杂类危险物质和物品

17. 包括海洋污染物在内的危害性举例。

安全预防措施和应急程序

18. 货物处所电气安全;进入可能包括缺氧、有毒或有易燃舱气在内的封闭处所应采取的预防措施;船舶载运各类物质时溢漏或火灾可能引起的后果;对舱面和舱内发生有关情况的考虑;IMO《船舶载运危险货物应急反应措施》的应用;一旦发生涉及危险物质的事故时应遵循的应急计划和程序。

医疗急救

19. IMO《危险货物事故医疗急救指南》(MFAG)及其应用,以及结合其他有关指南和无线电医疗咨询的应用。

二、经修正的 1974 年国际海上人命安全公约

该公约是有关海上安全最早的国际公约,也是国际海事组织主持制定的最重要的国际公约。它全面规定了船舶进行国际航行必须具备的技术条件,并要求各缔约国为保证海上人命安全,必须对船舶航行进行管理和监督检查,因此也被认为是处理船舶安全最重要的一个国际公约。

由于《国际海运危险货物规则》从 Amdt. 32-04 开始作为强制性规则,并通过相关法律程序,借助于《SOLAS 公约》第Ⅶ章予以强制实施。现将其第Ⅶ章 A 部分相关内容摘录如下:

第Ⅶ章 危险货物运输

A 部分 包装危险货物运输

第 1 条 定义

除另有明文规定外,就本章而言:

1.《IMDG 规则》系指本组织海上安全委员会 MSC. 122(75)决议通过并可能经本组织修正的《国际海运危险货物规则》,但这种修正案应按本公约第Ⅷ条有关适用于除第Ⅰ章外的附则修正程序的规定予以通过、生效和实施。

2. 危险货物系指《IMDG 规则》中所述的物质、材料和物品。

3. 包装形式系指《IMDG 规则》中规定的包装形式。

第 2 条 适用范围

1. 除另有明文规定外,本部分适用于本公约规则所适用的所有船舶和小于 500 总吨的货船包装危险货物的运输。

2. 本部分的规定不适用于船用物料和设备。

3. 除按本章的规定外,禁止运输包装危险货物。

4. 为了补充本部分的规定,各缔约国政府应颁布或促使颁布关于涉及包装危险货物事故的应急响应和医疗急救的详细须知,并考虑本组织制定的指南。

第 3 条　危险货物的运输要求

包装危险货物运输应符合《IMDG 规则》的有关规定。

第 4 条　单证

1. 在有关海运包装危险货物的所有单证中,货物名称应使用正确的运输名称(不应单独适用商品名称),并按《IMDG 规则》中的分类予以正确说明。

2. 由托运人准备的运输单证应包括或附有经签署的证书或申报书,以表明已按需要对交运的货物严格地进行了包装、标记、附加标签或标牌,还应注明货物已处于合适的运输状态。

3. 附则货物运输单元中危险货物的包装/装载人员,应提供经签署的集装箱/车辆装箱证书,其中写明该单元中的货物已得到严格的包装和系固并符合所有适用的运输要求。该证书可与本条 2 所述的单证合并。

4. 如有充分理由怀疑装有危险货物的货物运输单元不符合本条 2 或 3 的要求,或如无有效的集装箱/车辆装箱证书时,该货物运输单元不应被接受装运。

5. 每艘载运包装危险货物的船舶应具有一份特别清单和舱单,按《IMDG 规则》的分类,列出船上危险货物及其位置。一份标明所有危险货物的类别并表明其在船上位置的详细积载图,可用于代替上述特别清单或舱单。船舶驶离前应备有一份这些单证的副本,以供港口国当局指定的人员或组织使用。

第 5 条　货物系固手册

在整个航程中,货物、货物单元和货物运输单元应按照主管机关认可的《货物系固手册》进行装载、积载和系固。《货物系固手册》的编制标准应至少等效于本组织制定的指南。

第 6 条　涉及危险货物事故的报告

1. 在发生涉及包装危险货物从船上落入海中灭失或可能灭失的事故时,船长或该船的其他负责人应立即将此类事故的详细情况尽可能全面地向最近的沿岸国报告,该报告应根据本组织制定的一般原则和指南做出。

2. 当本条 1 所述的船舶弃船时,或从该船发出的报告不完整或不能获得时,第Ⅸ/1.2 条所定义的公司应在最大可能的范围内承担本条对船长规定的义务。

三、经 1978 年和 1997 年及后续相关议定书修正的《1973 年国际防止船舶造成污染公约》

经 1978 年和 1997 年及后续相关议定书修正的《1973 年国际防止船舶造成污染公约》(以下简称《MARPOL 公约》),是防止船舶操作性和事故性排放造成海洋环境污染的主要公约,它是《1973 年国际防止船舶造成污染公约》和《关于 1973 年国际防止船舶造成污染公约的1978年议定书》的组合条约。我国于1983年7月1日加入《MARPOL公约》,成为其缔约国。《1997年议定书》通过之后,《MARPOL公约》已经涵盖了船舶造成海洋污染的所有内容,形成了一个综合性的防止海洋污染国际公约,共6个技术附则,其中与包装危险货物相关的是附则Ⅲ。

《MARPOL公约》附则Ⅲ“防止海运包装形式有害物质造成污染规则”于1992年7月1日生效,适用于所有装运包装有害物质的船舶,但不包括船用物料及设备。附则中的包装形式是指《IMDG规则》中对有害物质所规定的盛装形式;有害物质是指那些在《IMDG规则》中确定为海洋污染物或满足附则Ⅲ标准的物质。虽然附则Ⅲ给出了包装危险货物运输的原则条款,但其内容相对简单,加上《IMDG规则》对包装危险货物运输的各个方面均给出了非常详尽的规定,所以《MARPOL公约》附则Ⅲ的实施主要是通过《IMDG规则》来进行。现将《MARPOL公约》附则Ⅲ“防止海运包装形式有害物质造成污染规则”摘录全文复述如下:

附则Ⅲ　防止海运包装形式有害物质造成污染规则

第1条　适用范围

(1)除另有明文规定外,本规则的规定适用于所有装运包装有害物质的船舶。

①就本规则而言,“有害物质”系指在《IMDG规则》中确定为海洋污染物或满足本规则附录中相关标准的物质。

②就本附则而言,“包装形式”系指《IMDG规则》中对有害物质规定的盛装形式。

(2)除符合本附则各项规定外,禁止装运有害物质。

(3)作为本附则规定的补充,每一缔约国政府应颁布或促使颁布关于包装、标记、标志、单证、积载、限量和可免除量的详细要求,以防止或最大可能地减少有害物质对海洋的污染。

(4)就本附则而言,凡以前用于装运有害物质的空包装,除非已采取足够的预防措施,保证其中已无对海洋环境有害的残余物,否则应将它们本身视为有害物质。

(5)本附则各项要求不适用于船用物料及设备。

第2条　包装

根据其所盛装的具体内容物,包件须足以将对海洋环境的危害减至最低限度。

第3条　标志和标签

(1)装有有害物质的包装须根据《IMDG规则》的相关要求,具有耐久的标记或标志以表明该物质是有害物质。

(2)装有有害物质的包装标记或标志的粘贴方法应符合《IMDG规则》相关要求。

第4条　单证

(1)有关有害物质装运的运输信息应符合《IMDG规则》相关要求,并提供给港口国有关当局指定的人员或机构。

(2)每艘装运有害物质的船舶应具备一份特别清单、舱单或积载计划,根据《IMDG规则》相关规定,列明船载所载有害物质和其所处的位置。这些单证的一份副本须在开航前交给港口国有关当局指定的人员或机构。

第 5 条　积载

有害物质应正确地积载和系固，以便能将对海洋环境的危害减至最低限度，且不致损害船舶和船上人员的安全。

第 6 条　限量

某些有害物质，由于合理的科学和技术原因，可能会被禁止运输，或对任一船舶载运的数量加以限制。在进行数量限制时，须充分考虑船舶的大小、结构和设备，及该物质的包装和固有性质。

第 7 条　免除

(1)禁止将包装形式运输的有害物质抛弃入海，但为保证船舶安全或海上人命救助所必须者除外。

(2)在遵守本公约的规定的情况下，须根据有害物质的物理、化学和生物学特性，对泄漏的有害物质冲洗至船外采取适当的控制措施，但此种措施的实施不得损害船舶和船上人员的安全。

第 8 条　对操作性要求的港口国控制

(1)当船舶停靠在另一个缔约国港口或海上装卸点时，该船舶应接受该缔约国正式授权官员根据本规则进行的操作性检查。

(2)如有明显的理由认为船长或船员不熟悉船上基本的防止有害物质污染程序，缔约国应采取措施，如果有要求，包括进行详细的检查以确保该船舶已按照本附则的要求达到正常状态后方可开航。

(3)本公约第 5 条规定的港口国监督程序应适用于本条。

(4)本条的任何内容不得解释为限制缔约国在公约明确规定的操作性要求方面进行监督的权利和义务。

四、控制危险废物越境转移及其处置巴塞尔公约

1989 年 3 月 20 日至 22 日在瑞士的巴塞尔召开了世界各国全权代表大会，会上 104 个国家共同签署了《控制危险废物越境转移及其处置巴塞尔公约》(简称《巴塞尔公约》)。

公约共 29 个条文及 6 个附件。该公约于 1992 年 5 月 5 日起生效。我国 1991 年成为该公约缔约国。

《巴塞尔公约》是控制废物越境转移及其处置的国际准则和依据。它对抑制危险废物的跨国转移，保护发展中国家的环境不受废物污染和人民健康起了重大作用。

尽管《巴塞尔公约》对废物越境转移进行了严格控制，但它并没有完全禁止废物越境转移。公约仍然允许在特殊情况下可以进行废物越境转移。而大部分废物越境转移都是利用海上运输，有些是危险废物，可导致船舶事故、人员伤亡或中毒；有些可对海洋造成污染。为此，IMO 在《IMDG 规则》第 26 套修正案(《IMDG 规则》Amdt. 26-91)中增加了废弃物运输的内容。

与废弃物运输有关的国际公约还有《1972 年防止倾倒废物及其他物质污染海洋公约》(简称《伦敦倾废公约》)、《1982 年联合国海洋法公约》和《MARPOL 73/78 公约》等。

第二节

与包装危险和有害物质安全作业有关的国际规则、指南和建议

一、国际海运危险货物规则

《国际海运危险货物规则》(以下简称《国际危规》)是依据并为实施《SOLAS 1974》和《MARPOL 73/78 公约》制定的一个海上包装危险货物运输的国际规则。本规则的规定适用于《SOLAS 1974》适用的并且载运由该公约第Ⅶ章 A 部分第 1 条定义的危险货物的所有船舶;所有船舶,不论其船型和大小,装运本规则所规定的作为包装危险货物的物质、材料和物品,必须符合本规则的规定。由于它是针对包装危险货物的运输而制定的,因此,不适用于散装危险货物和船用物料及设备的运输。其指导思想是除非符合规则的规定,否则不得装运危险货物。因此,《国际危规》成为危险货物包装、海上运输、港口作业等活动必须遵守的国际准则。

《国际危规》最初为活页本,当修正案出版之后,由各国自行插页替换。自 2000 年第 30 版开始,《国际危规》被改版为 3 册装订本,国际海事组织每两年修订一次,每次都出版新的版本。自 2004 年 1 月 1 日,《国际危规》第 32-04 版开始强制实施(部分章节除外)。目前的有效版本是 Amdt. 40-20 版。其主要内容包括:

第 1 册包括总则、定义和训练;分类;包装和罐柜规定;托运程序;包装、中型散装容器、大宗包装、可移动罐柜、多单元气体容器(MEGCs)和公路罐车的构造和试验;运输作业的有关规定。

第 2 册包括危险货物一览表、特殊规定、限量和免除;附录 A 通用和未另列明的条目的正确运输名称清单;附录 B 术语汇编;索引。

第 3 册是补充本,包括《船舶载运危险货物应急反应措施》(《EmS 指南》)、《货物运输组件(CTUs)的装载指南》、《危险货物事故医疗急救指南(MFAG)》、《国际船舶安全运输包装辐射核燃料、钚和高度放射性废弃物规则》(《INF 规则》);船舶安全使用杀虫剂;报告程序;附录——有关《IMDG 规则》及补充本的决议和通函。

《国际危规》采用概括描述和品种罗列并举的方法,在危险货物一览表中列出了四种条目:

(1)严格定义的物质或物品的单一条目,如乙醛(UN 1089);

(2)严格定义的物质或物品类的通用条目,如化学样品,有毒的(UN 3315);

(3)未另列明的特定条目,包括具有特定化学或技术属性的物质或物品,如醇类,未另列明的(UN 1987);

(4)未另列明的通用条目,包括符合一类或多类标准的物质或物品,如易燃固体,有机的,未另列明(UN 1325)。

规则在每一大类品名中,都设有多项"未另列明(Not Otherwise Specified,缩写为 N. O. S)"条目,它适用于不另具体列出名称的同一特定种类的货物,这样《国际危规》实际上将所有的危险货物都已包括在内。船方在承运具有危险特性但危规总索引表中未列品名的货

物时，必须要求托运人提供《危险货物技术说明书》，以确定该货物分属哪一类“未列明(N.O.S)”条目，以便于采取相应的防护措施。

《国际危规》的基本使用方法是：

(1)熟悉第1册的总则、分类、托运程序、包装规定及运输作业等有关规定。

(2)通过已知物质或物品的正确运输名称，在第2册索引中查出该物质的联合国编号；中文版《国际危规》除“危险货物英文名称索引”外，还编制了“危险货物中文名称索引”。

英文索引是按照危险货物正确运输名称开头字母在英文字母中的顺序进行排列的。名称前的阿拉伯数字、罗马数字Ⅰ、Ⅱ等、希腊字母α、β、γ等和英文前缀在索引排序中不予考虑。英文索引列出四个栏目：物质、材料或物品名称；是否是海洋污染物；类别；联合国编号(UN No.)。

中文索引是将国际危规中所有的危险品条目以中文名称汉语拼音字母按英文字母顺序进行排列，但是以非中文开头的危险品条目不参加总的排列，比如数字、英文字母、特殊字符等，它们只是以自己的先后顺序进行排列之后放在中文索引的最前面。中文索引中也列出4个栏目：物质、材料或物品名称；是否是海洋类污染物；类别；联合国编号(UN No.)。

在索引中，物质、材料或物品名称后面的单词“see”(“见”)系指该名称为同义词，其详细的运输规定列在危险货物一览表相关的联合国编号/正确运输名称所对应的同义名的条目中。

(3)通过联合国编号进一步查阅“危险货物一览表”中的特定条目。《国际危规》危险货物一览表如表1-1所示，对照每一栏再查阅有关章节或附录，即可确定危险货物的运输要求。

第1栏和第18栏“UN No.”——本栏目包含由联合国危险货物专家分委会对每一危险货物指定的编号。

第2栏“正确运输名称(PSN)”——本栏目包含用比正常印刷体大一号字体显示的正确运输名称，可能还会包含用正常印刷字号在正确运输名称后显示的补充说明(见3.1.2)。正确运输名称在同一分类的异构体存在时可用“类”表示。正确运输名称下的无水物质也可能包括水合物。除非在危险货物一览表的条目中另有说明，否则正确运输名称中的“溶液”是指一种或多种已命名的危险货物溶解在不受本规则约束的液体中。本栏目涉及的闪点，其数据基于闭杯闪点(c.c)测试方法测得。

第3栏“类别或小类”——本栏目包括类别，对于第1类，根据危规第2部分第2.1章描述的分类体系，也包括对该物质或物品指定的配装类。

第4栏“副危险”——本栏目适用于危规第2部分叙述的分类体系确定的任一副危险性的类别。本栏目也按下述方式将危险货物认定为海洋污染物。

P——海洋污染物，基于以前标准并已判定的已知海洋污染物清单，该清单并非详尽无遗。本栏目中无符号P或显示为“-”不代表可以免除2.10.3的要求。

第5栏“包装类”——本栏目包括指定物质或物品的包装类号(Ⅰ、Ⅱ、Ⅲ)。如果某一条目含有一种以上的包装类，该物质或配置品在运输时须使用第2部分危险程度分类标准根据其特性确定包装类。

表 1-1 《国际危规》危险货物一览表

UN No. (1)	正确运输名称(PSN) (2) 3.1.2	类别或小类 (3) 2.0	副危险 (4) 2.0	包装类 (5) 2.0、1.3	特殊规定 (6) 3.3	限量免除		包装		中型散装容器		(12)	可移动罐柜和散装容器		EmS (15) 5.4、3.2、7.3	积载与操作 (16a) 7.1、7.3~7.7	隔离 (16b) 7.2~7.7	特性与注意事项(17)	UN No. (18)
						限量 (7a) 3.4	可免除量 (7b) 3.5	导则 (8) 4.1.4	特殊包装规定 (9) 4.1.4	IBC 包装导则 (10) 4.1.4	IBC 特殊规定 (11) 4.1.4		导则 (13) 4.2.5 4.3	罐柜特殊规定 (14) 4.2.5					
1230	甲醇	3	6.1	Ⅱ	279	1L	E2	P001	–	IBC02	–	–	T7	1230	F-E S-D	积载类 B SW2	–	无色、挥发性液体。闪点 12 ℃ c. c。爆炸极限：6% ~ 36.5%。与水混溶。吞咽会中毒，可导致失明。避免皮肤接触	1230
3341	二氧化硫脲	4.2	–	Ⅱ	–	0	E2	P002	PP31	IBC06	B2	–	T3	3341	F-A S-J	积载类 D	–	白色至淡黄色结晶粉末。几乎无味。强还原剂，在 100 ℃以上时强烈放热分解，释放大量的氧化硫、氨、一氧化碳、二氧化碳、氧化氮和硫化氢气体。在 50 ℃以上长时间暴露以及潮湿的情况下明显分解。粉尘刺激皮肤、眼睛和黏膜	3341

第 6 栏“特殊规定”——本栏目包含的编号系指在第 3.3 章中表示的该物质或物品的特殊规定。特殊规定如果没有用明显措辞表明特殊情况，则适用于该所指物质或物品所允许的所有包装类。只适用于海运方式的特殊规定编号从 900 开始。

注：特殊规定不再需要时将予以删除，但特殊规定编号不能再次使用，以防导致编号混淆。基于这个原因，有些编号是空的。

第 7a 栏“限量”——本栏目提供的是按照第 3.4 章限量所涉及运输危险物质或物品每一内包装认可的最大量。

第 7b 栏“可免除量”——本栏目提供了第 3.5.1.2 小节所述的字母数字代码，标明按照第 3.5 章作为免除数量运输的危险货物每个内包装和外包装的最大量。

第 8 栏“导则”——本栏目包含的字母数字码系指第 4.1.4 章有关的包装导则。包装导则表明物质或物品运输可能使用的包装（包括大宗包装）。

含有字母“P”代码系指使用第 6.1、6.2 或 6.3 章中描述的包装的包装导则。

含有字母“LP”代码系指使用第 6.6 章描述的大宗包装的包装导则。

如无含字母“P”和“LP”的代码，则意味着该物质不允许使用这类包装。

第 9 栏“特殊包装规定”——本栏目所包含的字母数字代码系指 4.1.4 章中有关的特殊包装规定。特殊包装规定表明适用包装（包括大宗包装）的特殊规定。

含字母“PP”的特殊包装规定系指适用于使用 4.1.4.1 中含字母“P”的包装导则的特殊包装规定。

含字母“L”的特殊包装规定系指适用于使用 4.1.4.3 中含字母“LP”的包装导则的特殊包装规定。

第 10 栏“IBC 包装导则”——本栏目中包含的字母数字代码系指相关 IBC 导则。该导则表明物质运输须使用的 IBC 类型。含字母“IBC”代码系指第 6.5 章描述的 IBC 使用的包装导则。当无代码时，则该物质不认可使用 IBC 包装。

第 11 栏“IBC 特殊规定”——本栏目中包含的字母“B”的字母数字代码系指适用于使用 4.1.4.2 带有“IBC”代码的包装导则的特殊包装规定。

第 12 栏（保留）。

第 13 栏“罐柜和散装容器导则”——本栏目含有的“T”代码（见 4.2.5.2.6 节）适用于可移动罐柜和公路罐车运输危险货物。

当本栏目没有提供“T”代码时，则意味着该危险货物不认可用罐柜运输，除非有关当局特殊批准。

含有字母“BK”的代码系指第 4.3 章和第 6.9 章描述的散装货物运输使用的散装容器的类型。

经认可用多单元气体容器（MEGCs）运输的气体见 4.1.4.1 包装导则 P200 表 1 和表 2MEGC 栏目。

第 14 栏“罐柜特殊规定”——本栏目包含“TP”代码注释（见 4.2.5.3）适用装在可移动罐柜和公路罐车内的危险货物运输。本栏目列明的“TP”注释适用于第 13 栏的可移动罐柜。

第 15 栏“EmS”——本栏目系指《船舶载运危险货物应急反应措施》中相关的火灾和溢漏应急表号。

第一个 EmS 代码系指火灾应急表号(例如:火灾应急表字母“F-A”一般火灾应急表)。第二个 EmS 代码系指溢漏应急表号(例如:溢漏应急表字母“S-A”毒性物质)。

下划线 EmS 代码(特殊情况)表示一个物质、材料或物品在应急措施中给出的附加建议。

对于未另列明的或其他通用条目的危险货物,最适当的应急措施表号可能由于危险成分的不同而不同。因此,托运人可根据自己的理解,申报与规则指定的 EmS 代码不同的更合适的代码。

本栏目的规定不是强制性的。

第 16a 栏“积载与操作”——本栏目中包含 7.1.5 和 7.1.6 列明的积载与操作代码。

第 16b 栏“隔离”——本栏目中包含 7.2.8 列明的隔离代码。

第 17 栏“特性与注意事项”——本栏目中包含危险货物的特性和注意事项。本栏目的规定不是强制性的。

大部分气体特性包括了相对于空气的密度,括号中的数值即为该值。

(1)“比空气轻”,其蒸气密度低至空气密度的一半;

(2)“远比空气轻”,其蒸气密度小于空气密度的一半;

(3)“比空气重”,其蒸气密度高至空气密度的 2 倍;

(4)“远比空气重”,其蒸气密度是空气密度的 2 倍以上。

爆炸极限系指该物质的蒸气与空气混合时的体积百分比。

不同的液体与水混合的容易程度存在很大差别,大多数条目具有混溶性。在这种情况下,术语“混溶于水”通常意味着能够与水以任何比例混合形成完全的同质液体。

二、国际船舶安全运输包装辐射核燃料、钚和高度放射性废弃物规则(《INF 规则》)

为了进一步加强放射性物质的安全运输,IMO 于 1999 年 5 月 27 日通过了《国际安全运输包装辐射核燃料、钚和高度放射性废弃物规则》(《INF 规则》),并于 2001 年 1 月 1 日生效,成为《SOLAS 1974》下的强制性规则。

国际海事组织海上安全委员会第 79 届会议于 2004 年 12 月 10 日以 MSC. 178(79)号决议通过了《国际船舶安全运输包装辐射核燃料、钚和高度放射性废料规则》(以下简称《INF 规则》)的修正案。

根据《1974 年国际海上人命安全公约》第Ⅷ(b)(vii)(2)条关于修正案默认接受程序的规定,已于 2006 年 7 月 1 日起生效。

其中辐射核燃料(INF)货物系指按照《IMDG 规则》第 7 类作为货物运输的包装类辐射核燃料、钚和高度放射性废弃物。辐射核燃料系指含有铀、钍和钚的同位素已被用于维持自供式核连锁反应的材料。钚系指回收中从辐射核燃料中提取的钚的同位素的合成混合物。高度放射性废弃物系指在辐射核燃料的回收设施中,从第一阶段提取系统的操作中产生的液体废物,或在其后的提取阶段产生的浓缩废物,或由此种废物转化成的固体物质。运输上述物质必须遵守《INF 规则》。运输辐射核燃料货物还应适用《IMDG 规则》的规定。

三、其他运输方式的危险货物运输规则

1.《关于危险货物运输的建议书》(规章范本、《橙皮书》)

Transport of Dangerous Goods 缩写为 TDG。该建议书是联合国危险货物运输专家委员会根据技术发展情况,新物质和新材料的出现,以及现代运输系统的要求,特别是确保人民、财产和环境安全的需要,于 1956 年所编写的。

该建议书(《橙皮书》)在国际上具有较大的权威性,其原则是尽可能防止所使用的运输工具和货物受损,其制定的目的是直接用作各国和国际指定危险货物运输规则的基础,对危险货物运输提出了一个基本原则要求,各国和国际的危险货物运输规则应在这个基本原则下以统一的形式发展。这些建议不适用于须遵守专门的国际或国家规定的远洋或内陆散装货船或油船的散装危险货物运输。

2.《全球化学品统一分类和标签制度》(《紫皮书》)

Globally Harmonized System of Classification and Labeling of Chemicals 缩写为 GHS,也称为"化学品分类及标记全球协调制度",又可以称为《紫皮书》。《紫皮书》是由联合国制定的化学品分类和标记系统,目的在于统一不同国家和地区的化学品分类和标记。通过提供正确的信息作为参考来说明化学品的物理危险和急性毒性,以便加强化学品处理、运输和使用过程中的人类健康和环境保护。

3. 其他

国际民用航空组织(ICAO)制定了《空运危险货物安全运输技术规则》(ICAO-TI)。

国际航空运输协会(IATA)制定了《危险品规则》(DGR)。

欧洲铁路运输中心局(OCTI)制定了《国际铁路运输危险货物规则》(RID)。

欧洲经济委员会(ECE)制定了《国际公路运输危险货物协定》(ADR)。

欧洲经济委员会(ECE)制定了《国际内河运输危险货物协定》(AND)。

第三节 我国有关包装危险和有害物质安全作业的法律法规

一、中华人民共和国海上交通安全法

《中华人民共和国海上交通安全法》已由中华人民共和国第十三届全国人民代表大会常务委员会第二十八次会议于 2021 年 4 月 29 日修订通过,由第 79 号国家主席令公布,自 2021 年 9 月 1 日起施行。

本法共 10 章 122 条,第五章是关于海上客货安全运输的相关规定,其中与危险货物运输有关的内容如下:

第六十二条　船舶载运危险货物,应当持有有效的危险货物适装证书,并根据危险货物的特性和应急措施的要求,编制危险货物应急处置预案,配备相应的消防、应急设备和

器材。

第六十三条　托运人托运危险货物，应当将其正式名称、危险性质以及应当采取的防护措施通知承运人，并按照有关法律、行政法规、规章以及强制性标准和技术规范的要求妥善包装，设置明显的危险品标志和标签。

托运人不得在托运的普通货物中夹带危险货物或者将危险货物谎报为普通货物托运。

托运人托运的货物为国际海上危险货物运输规则和国家危险货物品名表上未列明但具有危险特性的货物的，托运人还应当提交有关专业机构出具的表明该货物危险特性以及应当采取的防护措施等情况的文件。

货物危险特性的判断标准由国家海事管理机构制定并公布。

第六十四条　船舶载运危险货物进出港口，应当符合下列条件，经海事管理机构许可，并向海事管理机构报告进出港口和停留的时间等事项：

（一）所载运的危险货物符合海上安全运输要求；

（二）船舶的装载符合所持有的证书、文书的要求；

（三）拟靠泊或者进行危险货物装卸作业的港口、码头、泊位具备有关法律、行政法规规定的危险货物作业经营资质。

海事管理机构应当自收到申请之时起二十四小时内做出许可或者不予许可的决定。

定船舶、定航线并且定货种的船舶可以申请办理一定期限内多次进出港口许可，期限不超过三十日。海事管理机构应当自收到申请之日起五个工作日内做出许可或者不予许可的决定。

海事管理机构予以许可的，应当通报港口行政管理部门。

第六十五条　船舶、海上设施从事危险货物运输或者装卸、过驳作业，应当编制作业方案，遵守有关强制性标准和安全作业操作规程，采取必要的预防措施，防止发生安全事故。

在港口水域外从事散装液体危险货物过驳作业的，还应当符合下列条件，经海事管理机构许可并核定安全作业区：

（一）拟进行过驳作业的船舶或者海上设施符合海上交通安全与防治船舶污染海洋环境的要求；

（二）拟过驳的货物符合安全过驳要求；

（三）参加过驳作业的人员具备法律、行政法规规定的过驳作业能力；

（四）拟作业水域及其底质、周边环境适宜开展过驳作业；

（五）过驳作业对海洋资源以及附近的军事目标、重要民用目标不构成威胁；

（六）有符合安全要求的过驳作业方案、安全保障措施和应急预案。

对单航次作业的船舶，海事管理机构应当自收到申请之时起二十四小时内做出许可或者不予许可的决定；对在特定水域多航次作业的船舶，海事管理机构应当自收到申请之日起五个工作日内做出许可或者不予许可的决定。

二、中华人民共和国海洋环境保护法

《中华人民共和国海洋环境保护法》是我国于 1982 年 8 月 23 日起制定通过并实施，

1999 年重新修订通过，于 2000 年 4 月 1 日实施的关于我国海洋环境保护的一个综合性的正式法律。

本法是根据我国海洋环境保护政策和海洋环境保护的任务，并依据有关国际防止海洋环境污染公约而制定出来的。制定本法是为了保护海洋环境及资源，防止污染损害，保护生态平衡，保障人体健康，促进海洋事业的发展，以及保护全球的海洋环境。

本法共 10 章 97 条。第一章总则，第二章海洋环境监督管理，第三章海洋生态保护，第四章防治陆源污染物对海洋环境的污染损害，第五章防治海岸工程建设项目对海洋环境的污染损害，第六章防治海洋工程建设项目对海洋环境的污染损害，第七章防治倾倒废弃物对海洋环境的污染损害，第八章防治船舶及有关作业活动对海洋环境的污染损害，第九章法律责任，第十章附则。

三、中华人民共和国水污染防治法

《中华人民共和国水污染防治法》是为了防治水污染、保护和改善环境、保障饮用水安全、促进经济社会全面协调可持续发展而制定的法规。其由中华人民共和国第十届全国人民代表大会常务委员会第三十二次会议于 2008 年 2 月 28 日修订通过，自 2008 年 6 月 1 日起施行，根据 2017 年 6 月 27 日第十二届全国人民代表大会常务委员会第二十八次会议《关于修改〈中华人民共和国水污染防治法〉的决定》第二次修正，2018 年 1 月 1 日正式施行。

本法共 8 章 103 条。第一章总则，第二章水污染防治的标准和规划，第三章水污染防治的监督管理，第四章水污染防治措施，第五章饮用水水源和其他特殊水体保护，第六章水污染事故处置，第七章法律责任，第八章附则。

四、中华人民共和国港口法

《中华人民共和国港口法》于 2003 年 6 月 28 日由中华人民共和国第十届全国人民代表大会常务委员会第三次会议通过，同日以第 5 号令公布，自 2004 年 1 月 1 日起施行。

本法共 6 章 62 条。第一章总则，第二章港口规划与建设，第三章港口经营，第四章港口安全与监督管理，第五章法律责任，第六章附则。其中第四章港口安全与监督管理涉及很多危险货物方面的内容。

五、危险化学品安全管理条例

中华人民共和国国务院第 344 号令《危险化学品安全管理条例》（简称《条例》），经 2002 年 1 月 9 日国务院第 52 次常务会议通过，2002 年 1 月 26 日公布，于 2002 年 3 月 15 日起施行。2011 年 2 月 16 日国务院第 144 次常务会议修订通过，并于 2012 年 12 月 1 日起实施。

《条例》共 8 章 102 条。制定本条例的目的是加强危险化学品的安全管理，预防和减少危险化学品事故，保障人民群众生命财产安全，保护环境。本条例所称危险化学品，是指具有毒害、腐蚀、爆炸、燃烧、助燃等性质，对人体、设施、环境具有危害的剧毒化学品和其他化学品。

危险化学品目录，由国务院安全生产监督管理部门会同国务院工业和信息化、公安、环境保护、卫生、质量监督检验检疫、交通运输、铁路、民用航空、农业等相关主管部门,根据化学品危险特性的鉴别和分类标准确定、公布,并适时调整。

根据《条例》规定,危险化学品生产、储存、使用、经营和运输的安全管理等废弃危险化学品的处置,依照有关环境保护的法律、行政法规和国家有关规定执行。

六、防治船舶污染海洋环境管理条例

2009 年 9 月 9 日,国务院公布了《防治船舶污染海洋环境管理条例》。该条例自 2010 年 3 月 1 日起施行,并废止了 1983 年 12 月 29 日发布的《中华人民共和国防止船舶污染海域管理条例》。新旧两个条例有很多差别,所体现的意义也不尽相同。新条例与国际接轨,执行与 IMO 有关的公约、决议、规则和指南等。

该条例共 9 章 76 条。第一章总则,第二章防治船舶及其有关作业活动污染海洋环境的一般规定,第三章船舶污染物的排放和接收,第四章船舶有关作业活动的污染防治,第五章船舶污染事故应急处置,第六章船舶污染事故调查处理,第七章船舶污染事故损害赔偿,第八章法律责任,第九章附则。

七、港口危险货物管理规定

新修订的《港口危险货物安全管理规定》(交通运输部令 2017 年第 27 号,以下简称《规定》)于 2017 年 9 月 4 日签发,10 月 15 日起正式施行。

它是为加强港口危险货物管理,保障人民生命、财产安全,根据《中华人民共和国港口法》《中华人民共和国安全生产法》《危险化学品安全管理条例》等有关法律、行政法规而制定的。

《规定》共 8 章 88 条,分别为总则、建设项目安全审查、经营人资质、作业管理、应急管理、安全监督与管理、法律责任、附则。此次修订主要从完善管理职责、调整许可权限、落实企业主体责任、健全管理制度、强化法律责任五个方面进行了修改,进一步完善了危险货物港口建设项目在工程建设过程中的安全保障与安全监管制度,并着重加强了安全监管责任与企业主体责任的落实。

八、船舶载运危险货物安全监督管理规定

《船舶载运危险货物安全监督管理规定》是由中华人民共和国交通部 2003 年第 10 号令颁布,自 2004 年 1 月 1 日起施行,1981 年交通部颁布的《船舶装载危险货物监督管理规定》(〔81〕交港监字 2060 号)同时废止。

该规定于 2012 年和 2018 年分别进行了修订,新规定于 2018 年 9 月 15 日起实施。

本规定是为加强船舶载运危险货物监督管理,保障水上人命、财产安全,防止船舶污染环境,依据《中华人民共和国海上交通安全法》《中华人民共和国海洋环境保护法》《中华人民共和国港口法》《中华人民共和国内河交通安全管理条例》《危险化学品安全管理条例》和有关国际公约的规定而制定的。

本规定适用于船舶在中华人民共和国管辖水域载运危险货物的活动。

《船舶载运危险货物安全监督管理规定》共 8 章 52 条,分别为总则、船舶和人员管理、包装和集装箱管理、申报和报告管理、作业安全管理、监督管理、法律责任、附则。

本规定进一步统一了危险货物国内运输和国际运输适运要求，统一了船载危险货物与港口危险货物的范围，建立了危险货物申报人员和集装箱装箱现场检查员诚信管理制度，改革了船载危险货物安全适运报告和过驳作业行政许可制度，明确了船舶载运散装液化气体安全监管要求，明确了内河危险货物船舶强制洗舱相关要求。

其中第五十二条明确规定：2003 年 11 月 30 日以交通部令 2003 年第 10 号发布的《船舶载运危险货物安全监督管理规定》、2012 年 3 月 14 日以交通运输部令 2012 年第 4 号发布的《关于修改〈船舶载运危险货物安全监督管理规定〉的决定》、1996 年 11 月 4 日以交通部令 1996 年第 10 号发布的《水路危险货物运输规则》（第一部分水路包装危险货物运输规则）同时废止。

【本章小结】

本章主要介绍了海运包装危险货物运输的有关国际公约、规则、建议和指南，以及我国国内有关包装危险货物运输的安全管理法律法规，旨在使读者全面了解海运包装危险货物法律体系，其中着重理解和掌握《国际危规》的内容和使用。

【思考题】

1.《国际危规》如何查阅？

2. 简述我国《船舶载运危险货物安全监督管理规定》的主要内容。

3. 目前主要海运危险货物国际公约及规则有哪些？

4. 我国国内有关海运危险货物运输相关法律法规有哪些？

5.《国际危规》危险货物一览表中用何种办法归纳条目？举例说明。

6.《国际危规》版本如何编号？现行《国际危规》是哪个版本？

7.《国际危规》的主要内容有哪些？分别在哪一册？

8.《国际危规》编撰依据和适用范围分别是什么？

9.《国际危规》如何使用？

10. 在《国际危规》危险货物一览表中可查阅到哪些内容？

第二章
包装危险和有害物质的分类及特性

《国际危规》第 2 章序言部分阐明，就本规则而言，有必要将危险货物划分为不同的类别，部分类别再细分，对将划分到各类别、分类的物质、材料和物品进一步定义并详细描述其特点和特性。而且，按《经 1978 年议定书修正的 1973 年国际防止船舶造成污染公约》（《MARPOL 73/78 公约》）附则Ⅲ关于海洋污染物确定的标准，各类别中的许多危险物质也已经被认定为对海洋环境有害的物质，即海洋污染物（Marine Pollutants）。

符合《国际危规》规定的物质（包括混合物和溶液）和物品，按照它们所呈现的危险性或最主要的危险性分成 1~9 类。部分类别又进一步细化，具体如下：

第 1 类：爆炸品（Explosives）。

第 1.1 类：具有整体爆炸危险的物质或物品。

第 1.2 类：具有抛射的危险，但无整体爆炸危险的物质或物品。

第 1.3 类：具有燃烧危险和有较小爆炸或较小抛射危险或同时具有此两种危险，但无整体爆炸危险的物质或物品。

第 1.4 类：无重大危险的物质或物品。

第 1.5 类：具有整体爆炸危险的很不敏感的物质。

第 1.6 类：无整体爆炸危险的极不敏感的物质。

第 2 类：气体（Gases）。

第 2.1 类：易燃气体。

第 2.2 类：非易燃、无毒气体。

第 2.3 类：有毒气体。

第 3 类：易燃液体（Flammable Liquids）。

第 4 类：易燃固体；易自燃物质；遇水放出易燃气体的物质（Flammable Solids；Substances Liable to Spontaneous Combustion；Substances Which，in Contact with Water，Emit Flammable Gases）。

第 4.1 类：易燃固体、自反应物质和固体退敏爆炸品。

第 4.2 类:易自燃物质。

第 4.3 类:遇水放出易燃气体的物质。

第 5 类:氧化物质和有机过氧化物(Oxidizing Substances and Organic Peroxides)。

第 5.1 类:氧化物质。

第 5.2 类:有机过氧化物。

第 6 类:有毒物质和感染性物质(Toxic and Infectious Substances)。

第 6.1 类:有毒物质。

第 6.2 类:感染性物质。

第 7 类:放射性物质(Radioactive Material)。

第 8 类:腐蚀性物质(Corrosive Substances)。

第 9 类:杂类危险物质和物品(Miscellaneous Dangerous Substances and Articles)。

各类别、分类的排列号不代表其危险程度的顺序。

第一节 爆炸品

一、定义和一般规定

(1)《国际危规》把下列物质和物品划归第 1 类:

①爆炸性物质(本身不是爆炸品但能形成爆炸性气体、蒸气或烟尘的物质不包括在第 1 类中),那些特别危险以至于不能运输的物质或主要危险适用于其他类别的物质除外;

②爆炸性物品,其装置内含有的爆炸性物质的数量和特性在运输过程中由于偶然或意外被点燃或引爆后,不会因抛射、着火、烟、热或巨大响声等对装置外部产生任何影响的除外;以及

③不属于①和②所述,目的在于产生实用爆炸或烟火视觉效果而制造的物质或物品。

注:禁止运输过度敏感或易发生自发反应的爆炸性物质。

(2)爆炸品就《国际危规》而言适用于下列定义:

①爆炸性物质是指固体或液体物质(或几种物质的混合物),能通过本身的化学反应产生气体,其温度、压力和速度对周围环境造成破坏,包括甚至不放出气体的烟火物质。

②烟花是指一种物质或几种物质的混合物,设计通过产生热、光、声、气体或所有这些的组合达到一种效果。这些效果是通过非爆燃性、自续的放热化学反应产生的。

③爆炸性物品是指含有一种或多种爆炸性物质的物品。

④整体爆炸是指实际上几乎在瞬间影响到整个装载的爆炸。

⑤减敏系指将一种物质(或减敏剂)加入爆炸物中,以增加搬运和运输过程中的安全。减敏剂使爆炸物不敏感或降低爆炸物对以下情况的敏感度:热、振动、撞击、打击或摩擦。典型的减敏剂包括但不限于蜡、纸、水、聚合物(如氯氟聚合物)、酒精和油(如凡士林

油和石蜡)。

二、危险性分类

第一类货物按其危险性分为 6 小类:

(1)第 1.1 类——具有整体爆炸危险的物质或物品,如起爆药、爆破雷管、黑火药、导弹等。

(2)第 1.2 类——具有抛射的危险,但无整体爆炸危险的物质或物品,如炮弹、枪弹、火箭发动机等。

(3)第 1.3 类——具有燃烧危险和有较小爆炸或较小抛射危险或同时具有此两种危险,但无整体爆炸危险的物质或物品。该类物质能产生相当大的辐射热。

本类包括:产生相当大的热辐射;相继燃烧,产生较小爆炸或抛射作用或同时具有两种作用,如导火索、燃烧弹药等。

(4)第 1.4 类——无重大危险的物质或物品。其影响限于包件本身,如演习手榴弹、安全导火索、礼花弹、烟火、爆竹等。

(5)第 1.5 类——具有整体爆炸危险的很不敏感的物质。当在船上大量运载时,该类物质由燃烧转为爆炸的可能性较大,如 E 型或 B 型引爆器、铵油、铵沥蜡炸药等。

(6)第 1.6 类——无整体爆炸危险的极不敏感的物质。该类仅含由极不敏感的物质组成的物品,该物品意外起爆或传爆的可能性可以忽略。

三、配装类和分类代码

在第 1 类物质中,如果在一起能安全地积载或运输而不会明显地增加事故率或在一定量的情况下不会明显地提高事故后果等级,可视为“可配装的”。根据这一标准,本类中所列货物被分成若干配装类,每一类用英文字母 A 到 L(不包括 I)及 N 和 S 来表示。配装类和分类代码如表 2-1 所示。

表 2-1 配装类和分类代码

要分类的物质和物品种类	配装类	分类代码
起爆物质	A	1.1A
含有起爆物质,但不具备两种和两种以上有效保护装置的物品。有些物品,诸如爆炸性炸药,为爆炸和起爆物品配装的炸药,帽形的,即使不含有起爆物质,也属于该类物质	B	1.1B 1.2B 1.4B
推进性的爆炸性物质或其他爆燃性爆炸物质或含有该种爆炸物质的物品	C	1.1C 1.2C 1.3C 1.4C
能够引爆的次级爆炸物质或黑火药或含有能够引爆的爆炸物质的物品,在每种情况下,没有点火装置和推进剂时,或含有起爆物质并具备两种或两种以上的保护装置的物品	D	1.1D 1.2D 1.4D 1.5D

续表

要分类的物质和物品种类	配装类	分类代码
含有能够引爆的次级爆炸性物质，不带有点火装置但带有推进剂（含有易燃液体或凝胶体或自燃液体的物品除外）的物品	E	1.1E 1.2E 1.4E
含有能够引爆的次级爆炸品的物质，自带点火装置和推进剂（含有易燃液体或凝胶体或自燃液体的物品除外）或不带推进剂的物品	F	1.1F 1.2F 1.3F 1.4F
烟火物质，或含有烟火物质的物品，或同时含有爆炸性物质和照明物质的物品，燃烧的，产生烟雾和催泪的物质（水激活物品或含有白磷、磷化物、发火物质、易燃液体或凝胶体或自燃液体的物品除外）	G	1.1G 1.2G 1.3G 1.4G
同时含有白磷和爆炸性物质的物品	H	1.2H 1.3H
同时含有爆炸性物质和易燃液体或凝胶体的物品	J	1.1J 1.2J 1.3J
同时含有爆炸性物质和有毒化学制剂的物品	K	1.2K 1.3K
含有爆炸性物质并具有特殊危险性（例如由于水激活或含有易自燃液体、磷化物或发火物质）并且需要彼此隔离的物品	L	1.1L 1.2L 1.3L
仅含有极不敏感的爆炸性物质	N	1.6N
物质或物品的包装或设计能确保发生事故时，所产生的危险性影响能够限制在包件内，除非包件在遇火时已经受损，在这种情况下，所遇的爆炸或抛射影响都应限制在与包件临近的地方不致阻止或妨碍救火或采取其他应急反应措施	S	1.4S

四、爆炸危险性衡量指标

（一）敏感度

爆炸品的敏感度（简称感度）是指在外界能量作用影响下发生爆炸反应的难易程度，通常以引起爆炸品爆炸所需的最小外界能量来表示。引起爆炸所耗费的外能越小，其感度越高。爆炸品的感度随起爆能的形式不同，有不同的表示方法，可分为冲击感度（撞击感度）、摩擦感度、热感度、爆轰感度（起爆感度）。

1. 冲击感度（撞击感度）

冲击感度是指爆炸物质在机械冲击的外力作用下对冲击能量的敏感程度。在装卸过程中，物质可能受到冲击、磕、碰、摔等，冲击感度高，即对外界能量的敏感程度高的爆炸品，就可能因此而引起爆炸。因此，冲击感度是爆炸品安全运输和分类的重要指标之一。

冲击感度的测定目前普遍采用的是爆炸百分数法，用立式落锤试验仪来测定。即以一定重量（10 kg）落锤，从一定高度（25 cm）处落下撞击爆炸品，试验 50～100 次，以发生爆炸次数与总试验次数求得的爆炸百分数表示。把 10 kg 锤重、25 cm 落高和爆发率 2% 以上作为爆炸品分类的标准。

2. 摩擦感度

摩擦感度是指爆炸品受到短暂的强烈摩擦作用后的起爆程度。

极敏感的引爆药，摩擦感度也高。运输中必须严格避免强烈摩擦。

我国一般采用摩擦感度仪或摩擦摆来测定摩擦感度，同样以试验 50～100 次爆炸的百分数表示。

3. 热感度

热感度是指爆炸品因受热引起爆炸的敏感程度。

热感度的测定方法很多，一般用 5 s 延滞期的爆发点来表示。在 5 s 延滞期下，爆发点低于 350 ℃，是确认爆炸品的一个参考标准。

爆发点是指爆炸品在一定的延滞期内发生爆炸的最低温度。

延滞期是指从开始对爆炸品加热到发生爆炸所需要的时间。由于加热速度不一样，同一爆炸品因延滞期不同，爆发点也不同。延滞期越短，爆发点越高；延滞期越长，爆发点越低。例如：TNT 的爆发点在不同的延滞期下，其爆发点差别很大。TNT 爆发点与延滞期的关系如表 2-2 所示。

表 2-2 TNT 爆发点与延滞期的关系

爆发点（℃）	475	320	285	270
延滞期	5 s	1 min	5 min	10 min

鉴于爆发点与延滞期的关系，在运输中一定要使爆炸品远离热源或采取隔离措施，否则将产生危险。

4. 爆轰感度（起爆感度）

爆轰感度（起爆感度）是指爆炸品对起爆药爆炸产生的爆轰波能量的敏感程度，通常以“极限起爆药量”（g）来表示。

极限起爆药量是指起爆药爆炸时，能引起所试验的爆炸物质完全爆轰所需要的最少起爆药量（g）。

不同的起爆药对同一种爆炸品引爆所需的药量不同；同一种起爆药对不同的爆炸品引爆所需的药量也不同。

（二）爆轰速度（爆速）

爆轰速度（爆速）是指爆炸品爆炸时，爆轰波沿炸药内部传播的速度，一般以每秒传播的长度（m/s）来表示。爆轰速度大于 3 000 m/s 是确认爆炸品的一个参考指标。

爆速的大小在一定程度上反映了爆炸物质的爆炸功率及破坏能力。

（三）威力和猛度

威力和猛度都是用来衡量爆炸品对周围环境的破坏程度的参数。

1. 威力(爆炸力)

威力是指爆炸品爆炸时做功的能力,一般用来衡量爆炸品爆炸时的总体破坏能力。威力大小主要取决于爆热、气体生成量和爆温的高低。

通常用铅铸扩大法测定炸药的威力,即以一定量(10 g)的炸药,装于铅铸的圆柱形孔内爆炸,测量爆炸后圆柱形孔体积的变化,以其体积增量(mL)表示威力的大小。

2. 猛度(猛性作用、粉碎作用)

猛度是指爆炸品爆炸后爆轰产物对周围物体破坏的猛烈程度,一般用来衡量炸药的局部破坏能力。

猛度的大小取决于爆轰压力的大小和压力作用的时间。

通常用铅柱压缩试验来测定炸药的猛度,即将 50 g 爆炸物质置于铅柱上,经爆炸后测量铅柱被压缩的情况,用长度单位(mm)表示。

(四)安定性(稳定性)

爆炸品的安定性是指爆炸品在一定储存期间内,不改变自身的理化和爆炸性质的能力,包括物理安定性和化学安定性。

1. 物理安定性

物理安定性是指爆炸品的吸湿性、挥发性、可塑性、机械强度、结块老化、冻结和收缩变形等一系列物理性质不容易改变的能力。如黑火药、硝铵炸药等易吸湿受潮,严重时丧失爆炸能力。

2. 化学安定性

化学安定性是指爆炸品不容易发生分解而变质的能力。化学安定性取决于化学物质本身的化学性质和环境温度。化学安定性用“热分解速度”来表示。热分解速度越快,其化学安定性越低。如黑火药、硝铵炸药、TNT 等在正常储存条件下较稳定,不改变性能;而硝化甘油类化学稳定性很低,即使在常温下也会分解。爆炸品长期存放会加速分解,甚至发生自燃或爆炸。温度、湿度和日光会使爆炸品分解速度加快。所以,仓库或船舱都需要加强通风。

上述冲击感度、5 s 延滞期的爆发点和爆速三个参数,只需满足其中的任何一个,都可确认为爆炸品。

五、装卸预防措施

(1)装卸、运输爆炸品过程中,应悬挂国际通用语信号“B”字旗,或长方形红旗,夜间悬挂一盏红色环照灯。运输船应与其他船舶及人口聚集处保持适当的安全距离。

(2)装卸爆炸品时必须轻拿轻放,不得使用铁质工具和明火灯具,撒漏之处应洒水湿润后轻轻用扫帚等松软物质和木质器具扫集,防止混入杂质,严禁踩踏。用水润湿的目的是降低炸药及爆炸性物质的敏感度。使用木质或松软物质是避免用摩擦、撞击引起燃爆。

(3)发生火灾时,消防人员应戴防毒面具,一般应采用大量冷水降温灭火。严禁用砂土压盖,一旦发生爆炸,产生的高速气浪将带动周围压盖的泥沙以极大的速度向四周飞溅,加大了爆炸威力和破坏能力。大量冷水可吸收和消耗爆炸品引爆时的部分能量,使其温度达不到其爆发点,从而防止爆炸。

第二节 气体

一、定义和一般规定

气体是一种物质,它在 50 ℃时的蒸气压力大于 300 kPa;或在标准大气压 101.3 kPa,在温度为 20 ℃时,完全呈气态。

气体的运输条件根据其物理状态描述如下:

(1)压缩气体:气体在压力下包装运载,当处于-50 ℃时,完全呈气态。本类包括临界温度低于或等于-50 ℃的所有气体。

(2)液化气体:气体在压力下包装运输,当温度高于-50 ℃时,部分呈气态,其特性可分为高压液化气体(即临界温度在-50~65 ℃之间的气体)和低压液化气体(即临界温度在 65 ℃以上的气体)。

(3)冷冻液化气体:当包装载运时,由于温度低而部分气体处于液态。

(4)溶解气体:在压力下包装载运时,溶解在液相溶剂中的气体。

(5)吸附气体:以包装形式运输,吸附到固体多孔材料上的气体,其内容器压力在 20 ℃时不超过标准大气压,在 50 ℃时的蒸气压力大于 300 kPa。

本类别包括压缩气体、液化气体、溶解气体、冷冻液化气体、吸附气体、一种或多种气体的混合物、充注了气体的物品、气溶胶和加压化学品。

二、危险性分类

(1)在运输过程中,根据气体的主要危险性,将气体再细分为:

①第 2.1 类 易燃气体(Flammable Gases)

该气体在温度 20 ℃、标准压力 101.3 kPa 条件下:

a. 在与空气混合物中所占体积为 13%或更低时可点燃;

b. 不管最低燃烧极限是多少,与空气混合形成的燃烧范围至少有 12%。

②第 2.2 类 非易燃、无毒气体(Non-flammable, Non Toxic Gases)

a. 窒息性——在大气中,该气体通常会稀释或替代氧气;

b. 氧化性——该气体通常以提供氧气的方式,比空气更易于造成或导致其他材料燃烧;

c. 在其他类别里没有列入。

③第 2.3 类 有毒气体(Toxic Gases)

该气体:

a. 被认为是对人类有毒或有腐蚀性以至于危害健康;或

b. 被推定对人类有毒或有腐蚀性,因为气体的半致死浓度(LC_{50})值等于或低于 5 000 mL/m^3(ppm)。

注:在腐蚀性上符合上述标准的气体将分类为带有腐蚀性副危险性的有毒气体。

(2)气体和气体混合物的危险性超过一种时,按以下顺序排列先后:

①第 2.3 类优先于其他所有分类；

②第 2.1 类优先于第 2.2 类。

(3)第 2.2 类气体，若在 20 ℃时以低于 200 kPa 的压力运输并且不是液化气或冷冻液化气，不适用《国际危规》的规定。

(4)下列物品中所含有的第 2.2 类气体不受本规则限制：

①食品，包括碳酸充气饮料(UN 1950 除外)；

②体育用球类；

③轮胎(航空运输除外)。

注：该豁免不适应于灯，对灯的豁免参照《国际危规》中 1.1.1.9 的相关规定。

三、气体的物理特性

(一)可压缩和液化性

1. 压缩和液化气体

在一般情况下，气体是一种十分疏散的物质，气体内各分子间的距离相当大，少量的气体占据着很大的空间。气体被压缩，压力明显增大，即压力与体积成反比。气体被加热，压力会上升，即压力与温度成正比。如果对压缩气体继续施加压力，并降低温度，压缩了的气体就会转变成液体。

2. 临界温度

在对气体施加压力时，只有当温度降到一定程度时，再施加压力才能使其液化。在这一温度以上，无论施加多大压力都不能使其液化。这个加压使气体液化时所允许的最高温度叫作临界温度(Critical Temperature)。

3. 临界压力

在临界温度时，使气体液化所需的最小压力叫作临界压力(Critical Pressure)。当温度在临界温度以下时，使气体液化所需的压力小于临界压力；当温度降至沸点温度时，在常压下即能得到液化气体。由此可见，液化气体比起压缩气体，其体积压缩的程度更大，所以危险性也更大。临界温度和临界压力是了解气体液化的两个重要数据。不同物质，其临界温度、临界压力也不相同。

(二)流动扩散性

当在同一空间有两种不同密度的气体共存时，气体遵循扩散规律，密度大的要往密度小的方向扩散，气体表现出流动扩散性。

在海上运输中，一旦盛装气体的容器发生溢漏，气体就会逃逸到环境中去，比空气重的气体会沉滞于货舱或甲板的底部，带来潜在的危险，可能会引起燃烧、爆炸、毒害、窒息等。比空气轻的气体，也会带来一系列潜在的上述危险。所以，在海上运输压缩气体、液化气体或加压溶解气体时，对钢瓶质量和检验有严格规定。船舶应备有能有效地将自积载处所气体排除的通风设备；卸货时，应做到先开舱通风而后作业。

(三)加压溶解性

许多气体能溶解于水和某些溶剂中，有的甚至溶解量非常大。例如：氨可以大量溶解在水中；乙炔可以大量溶解在丙酮中。利用这一性质可以储运某些不易液化或压缩的气体,如在乙炔钢瓶内填充多孔性物质,然后注入丙酮,再把乙炔加压灌入,使其溶解在丙酮中。这种溶解在溶剂中的气体被称为溶解气体。其溶剂受热后,气体会大量逸出,从而使容器的压力升高,甚至发生爆炸。

四、气体的化学特性

从化学和生理影响角度出发,《国际危规》把气体分为易燃的、非易燃的,有毒的、无毒的,助燃的和有腐蚀性的;有的还可能同时具备上述两种或两种以上性质,因此从这个角度看,气体在运输中最忌讳的是热和溢漏。其主要化学和生理特性如下:

1. 易燃性

气体中的易燃气体和某些有毒气体容易引起燃烧,如乙炔、一氧化碳、烃类、氢气等。它们之中有的自燃点很低,在常温下不需要点火即能自燃;有的闪点很低,遇火即能燃烧。因此,装有易燃性气体的容器在运输过程中应保持阴凉,远离一切热源、火源、电源(包括蒸气管道、炉灶等),照明设备和电力电缆及装置应保持良好状态,对构造不安全可靠的电缆或电力设备应将电源切断。一旦发生火灾时,应用大量水喷洒气体容器,以使其保持冷却状态。只要可能,就应将其从货场或危险地区移走。当从容器溢漏出的气体着火时,如可能,应将相邻的容器移至安全距离处,并应设法制止溢漏。应特别注意的是,在舱室内由于漏出的气体被点燃而造成的火灾被扑灭后,若溢漏并没有被制止,则气体仍会继续聚集,从而产生有爆炸性的混合物或有毒性或窒息性的混合气体环境,潜伏着更大的危险。当溢漏的容器装在舱面而风向又有利于气体的安全消散时,可用正常的方法将火扑灭。否则,可用下列方法扑灭:

(1)当内部气体压力高时,喷水;

(2)容器投弃。

若钢瓶漏出的易燃气体扩散到空气中,可与空气形成爆炸性混合气体,当达到爆炸或燃烧极限(范围)时,遇火花易引起爆炸。

气体燃烧或爆炸极限(范围)是指一种可燃性气体或蒸气和空气形成的混合物遇火花能发生爆炸的浓度范围。燃烧或爆炸极限(范围)一般用可燃性气体或蒸气在混合物中的体积百分数表示。混合气体能发生燃烧爆炸的最低浓度叫作燃烧或爆炸下限(LEL),最高浓度叫作燃烧或爆炸上限(UEL)。爆炸上、下限之差叫作爆炸或燃烧范围。燃烧或爆炸下限越低、燃烧或爆炸范围越大的气体越危险。通常,把爆炸下限小于10%或爆炸范围大于12%的气体划为易燃气体。已列入《国际危规》易燃气体的物质中,爆炸下限小于10%的约占92%,其余的爆炸范围大于12%。

对于盛装易燃气体的容器,应特别注意防止溢漏扩散形成危险气体聚积而产生的危险。如曾发生过乙炔钢瓶因密封不良而漏气,操作人员采取措施制止漏气,因衣服和人体摩擦发生静电,而引起了爆炸事故。所以充灌乙炔后钢瓶必须严格检查。

2. 毒性

有毒气体在第2类气体中所占比重很大。有毒气体,尤其是剧毒气体对人、畜都有很大的毒害性,吸入少量即可引起中毒或死亡。氰化氢、一氧化碳、氯甲烷、氯气、氯化氢和光气等都是剧毒气体。当空气中含0.01%~0.02%氰化氢气体时,吸入即中毒,吸入30~60 min能引起严重中毒甚至死亡。尤其是装有剧毒气体的钢瓶漏气时危害性更大,多数毒气体比空气重,因而会造成大面积空气污染,应迅速果断处理。

一般发现漏气时应先通风,然后倾注大量冷水,再拧紧开关。若不能迅速制止,应立即将钢瓶浸入水中,或浸入石灰水中(除液氨外)。其目的是:

(1)降温,减小瓶内压力;

(2)多数剧毒气体溶于水,可防止其扩散到空气中;

(3)多数剧毒物质是酸性物质,能与石灰水中的 $Ca(OH)_2$ 中和。

本类许多气体具有麻醉作用,在浓度很低时即可发生作用。

有毒气体(包括腐蚀性气体)如果发生溢漏,主要通过呼吸道进入人体,这是中毒最危险的途径。因此,有毒气体的储存、积载应特别注意远离一切食品及居住处所。同时,有毒气体之间有些物质必须相互隔离。如液氨和液氯都属于剧毒气体,它们之间可进行下列一系列化学反应,这些反应有一定的危险性,所以不能在同一舱内配装,否则有爆炸的危险:

(1)在空气中的水分参与下发生反应,生成氯化氢等;

(2)在强光照射下可直接进行剧烈反应,在明火作用下氨可在氯中燃烧;

(3)产物三氯化氮与有机物接触或受振动均易发生爆炸性分解。

3. 助燃性和窒息性

助燃气体本身虽不能燃烧,但有很强的助燃性,如氧气就是典型的助燃剂。如果装有高压氧气的钢瓶和油脂配装在一起,高压氧气钢瓶被油脂污染,一旦氧气钢瓶漏气,就有可能引起燃烧甚至爆炸。所以严格规定:

(1)储氧钢瓶不得与油脂配装;

(2)储运氧气钢瓶的仓库、集装箱、货舱、车厢不得有残留的油脂;

(3)氧气钢瓶及其专用工具严禁与油脂接触;

(4)操作人员绝不能穿沾有油脂或油污的工作服和戴沾有油脂或油污的手套。

使用氧气后必须在钢瓶内留有一定压力的余气防止外界气体进入钢瓶,所以按普通货物运输的氧气钢瓶并不是真空的,因此氧气钢瓶也要遵守上述限制。

值得提出的是,和助燃气体同属于非易燃气体类的惰性气体,通常在冶金、焊接、电子管、消防等方面,不与金属作用,也不燃烧、不助燃。这些气体在高浓度时有窒息性。

4. 腐蚀性

大多数的酸性气体有较强的腐蚀性,不仅侵蚀金属结构、建筑材料,而且对庄稼植物、人体皮肤黏膜也有很大的危害。运输中应注意严格执行《国际危规》的规定,与食品和居住处所远离。

第三节 易燃液体

易燃液体的闪点可能会因杂质的存在而发生改变。《国际危规》危险货物一览表列出的第 3 类物质一般须视为化学纯物质。一般商业产品可能含有添加物质或杂质,所以闪点可能会变化,而且会影响该产品的分类和配装类的确定。对物质的分类或包装类产生怀疑时,该物质的闪点应通过实验确定。

一、定义和一般规定

(1)第 3 类包括下列物质:

①易燃液体;

②液体退敏爆炸品。

(2)易燃液体是闭杯试验在 60 ℃(相当于开杯试验 65.6 ℃)或在 60 ℃以下时放出易燃蒸气的液体或液体混合物,或含有处于溶液中或悬浮状态的固体或者液体(如油漆、清漆、真漆等,但不包括由于其危险性已列入其他类别中的物质),上述温度通常指闪点。本类还包括:

①温度等于或高于闪点温度的交付运输的液体;

②在加温条件下运输的或交付运输的,在温度等于或低于最高运输温度时会放出易燃蒸气的液体。

(3)《国际危规》的规定不适用闪点高于 35 ℃不助燃的液体。就本规则而言,如遇下列情况时,液体不应视为助燃:

①液体通过了适当的燃烧性试验(《联合国试验和标准手册》第Ⅲ部分 32.5.2 规定的助燃试验);

②根据 ISO 2592:2017,其着火点大于 100 ℃;

③它们是与水混合的溶液,按质量计含水量大于 90%。

(4)液态退敏爆炸品是指溶于或悬浮于水或其他液态物质,形成均一的液体混合物以抑制其爆炸特性的爆炸性物质。危险货物一览表中液体退敏爆炸品的条目有 UN 1204、UN 2059、UN 3064、UN 3343、UN 3357 和 UN 3379。

二、闪点的确定

1. 闪点

闪点(Flash Point)是易燃液体的蒸气和空气形成的混合物与明火接触时可以发生瞬间闪燃的最低温度。闪点相当于易燃液体的蒸气达到爆炸下限时的液体温度,是引起易燃蒸气燃爆的最低温度,虽然此时的易燃蒸气还不足以维持持续的燃烧,但从安全角度看,把它作为一个危险的信号是非常恰当的,且容易把握。所以,闪点既是易燃液体危险性的衡量指标,又是划分包装类的依据之一,可作为衡量易燃液体发生火灾危险程度的重要标志。

在通常环境条件下,易燃液体闪点越低,其易燃性就越大,发生火灾危险程度就越高。如,松节油闭杯为 35~39 ℃,而二硫化碳为-30 ℃。当易燃液体的温度高于其闪点时,随时都有可能因接触火源被点燃。显然,二硫化碳发生火灾危险程度比松节油大。只要易燃液体的温度保持在其闪点温度以下,就不会被点燃。

2. 闪点的测试方法

对某一易燃液体闪点的测试方法是在预计的闪点以下温度下,将一定量的待测样品注入闪点测定仪器的容器中,然后对容器缓慢加热,每隔一段时间,用一小火苗划过液面瞬间闪火时液体所具有的温度即为闪点。闪点按测试仪器的类型分为闭杯闪点(Close Cup,简称 c. c)和开杯闪点(Open Cup,简称 o. c)。

闭杯闪点测试仪器的容器在加热过程中是关闭的,仅在用火苗划过液面时打开。开杯闪点测试仪器的容器在整个加热过程中是开放的。一般说来,开杯试验测得的闪点要比闭杯试验测得的闪点高几摄氏度。而闭杯闪点测试仪器的重复性比开杯闪点测试仪器好。

对某一易燃液体而言,闪点不是一个确切的物理量。在一定程度上,它的值依赖试验仪器的结构和试验程序。因此,闪点数据应标明试验仪器的名称。

三、易燃液体包装类的确定

易燃液体按其易燃性确定了包装类别,详见第三章。

四、易燃液体的理化特性及储运中的预防措施

(一)易挥发和蒸气燃爆性

1. 汽化和蒸发

静置的液体,表面看来似乎是静止不动的,实际上它的分子在不停运动。一些能量较高的液体分子通过运动,克服了液体分子间的作用力及气相分子的影响而进入气相,变为气体。这个过程一般称为汽化。

如果汽化只发生在液体的表面,这个过程又称为蒸发。蒸发是液体分子从液体表面不断进入气相变为气体的过程。当温度相当于或低于液体的沸点时都可以进行蒸发。

2. 易挥发性

液体在低于沸点温度下的蒸发现象又称为挥发。不同液体其挥发性不同,易燃液体大都易于挥发,如乙醚、丙酮、乙醇等挥发性都较大。

3. 蒸气燃爆性

由于易燃液体的沸点都较低,略高于常温,如乙醚(34.5 ℃)、二硫化碳(46 ℃),一般在常温下就能源源不断地挥发,液面附近蒸气浓度都很大,一旦从容器中出来,和空气混合易形成可燃性气体,接触火种就会引起燃爆。

不少易燃液体的蒸气又较空气重,一旦从容器中泄漏出来,易聚积不散,运输中易在低洼处所或积载舱室底部聚积,并不断向低处扩散蔓延,还有可能扩散到有火源的地方引起“返闪”,造成燃爆。

液体的燃烧与气体的燃烧不同,仅局限在液体表面,但其实质是液体在一定温度下,蒸气与空气混合达到一定浓度范围时才能点燃。所以,易燃液体的燃爆性也用燃烧或爆炸范围来表示。易燃液体一般燃烧或爆炸下限低,燃烧或爆炸范围大。如,二硫化碳爆炸下限、上限范围是 1%~44%,乙醚的燃烧或爆炸下限、上限范围是 1.85%~48%。因此易燃液体的储运应严格防止容器的泄漏,避免造成可燃蒸气的聚积。

(二)高度易燃性

1. 燃点(着火点)和自燃点

闪点是引起燃爆的最低温度,虽然遇明火会闪火,但仅仅是一闪即灭。

若在闪点温度上继续加热，使易燃液体挥发出来的蒸气闪火后能维持燃烧 5 s 以上，即能维持燃烧的最低温度称为燃点（或着火点）。燃点和闪点温度之间没有关系。不过闪点高的重质油品，其自燃点相对较低。

易燃液体的温度超过闪点和燃点时，如不与明火接触是不会发生燃烧和爆炸的。但当温度继续上升，达到某一温度时，无须明火点燃就能发生燃烧，这种现象称为自燃（Spontaneous Combustion）。发生自燃的最低温度称为自燃点。

根据自燃的特点，自燃又可分为热自燃和链锁自燃。

热自燃：可燃物质加热到某一温度下，其化学反应所释放的热量足以抵消并大于散失的热量，从而使反应自动地加速而着火。

链锁自燃：可燃物质不需外部加热，即使在常温下也可以依靠自身的链锁反应使化学反应自动地加速而着火。

实际上，着火方式的分类不是绝对的，热自燃和链锁自燃中都是既有链锁反应的作用，又有热的作用，只不过热自燃需要的热量较多或链锁反应的程度不如链锁自燃而已。热自燃与明火点燃的差别只是整体加热与局部加热的不同。

2. 着火能量

各种物质着火所需要的热量不同，易燃液体蒸气点燃所需要的能量极小，一般只需要 0.2 mJ。易燃液体沸点低，易于挥发，放出可燃蒸气，表面浓度大，且着火能量极小，因此一旦发生泄漏，具有高度易燃性，装卸运输时要予以高度注意。即使对闪点较高的液体也不要忽视，如闪点较高的重质油品自燃点相对较低，但也应防止其自燃。

（三）饱和蒸气压和受热膨胀性

1. 饱和蒸气压

如果把液体在一定温度下放在一个留有空间的密闭容器中，液体的蒸发不能无限地进行下去，当液体分子由液相进入气相的数量与由气相返回液相的数量一致时，达到了动态平衡，使液体上方的空间充满蒸气。如果温度不发生变化，这一平衡将一直维持下去。像这样在密闭容器中，一定的温度下处于平衡状态时液体蒸气所具有的压力叫作饱和蒸气压（简称蒸气压）。

饱和蒸气压也是衡量易燃液体危险性的指标之一。易燃液体沸点低，饱和蒸气压高。饱和蒸气压高的易燃液体易于产生能引起燃烧所需的最低蒸气量，所以饱和蒸气压越高，易燃液体的危险性越大。不同的液体，饱和蒸气压不同，同一液体温度升高，饱和蒸气压也随之升高。例如，乙醇 0 ℃时，饱和蒸气压为 12.2 mmHg（1 mmHg = 133.322 Pa）；30 ℃时，饱和蒸气压为 78.8 mmHg；50 ℃时，饱和蒸气压上升至 222.2 mmHg。

易燃液体的饱和蒸气压一般用雷特蒸气压（RVP）或真蒸气压（TVP）来表示。

雷特蒸气压（RVP）是在液面空当容积 4 倍于液体的容器中，液体为 125 mL，在 37.8 ℃下，按一定程序测得的蒸气压力。真蒸气压（TVP）是在给定温度下，液面空当最小时测得的最高蒸气压力。

2. 受热膨胀性

易燃液体的受热膨胀系数都比较大，其受热膨胀性相当突出。再加上受热后蒸气压也会提高，其增值很大。因此，装满易燃液体的容器，往往会因受热造成容器胀裂，液体外溢或爆炸。

(四)高度流动扩散性

液体分子间可以相对运动,具有流动性。流动时,分子与分子间相对运动会产生摩擦,这种摩擦力常用黏度表示。黏度是对液体流动的阻力,是液体内分子间摩擦的量度。液体分子的大小、形态和分子间力等因素是决定黏度的内因;温度、压力等环境条件则是影响黏度的外因。因此,表示黏度时,必须指明温度。

此外,液体物质能形成与重力方向垂直的水平面,在没有容器盛装的情况下迅速扩散。再加上渗透、毛细管、浸润等作用而扩大其表面积,使蒸发速度加快。因此,即使容器有细微裂纹,易燃液体也会渗出容器外壁,一旦溢出就迅速挥发、扩散。所以,一般直接装有易燃液体的包装要求气密封口,对任何怀疑有渗漏的包件应拒绝装船。

(五)能与强酸、氧化剂剧烈反应

易燃液体遇强酸(如硫酸、硝酸等)及氧化剂(如高锰酸钾等)会剧烈反应而自行燃烧。汽油遇到硫酸或高锰酸钾,酒精遇到硫酸、高锰酸钾或三氧化铬,松节油遇到发烟硝酸都会着火,引起火灾。因此,装运易燃液体时,应注意与强酸、氧化剂的有效隔离。

(六)毒性

大多数易燃液体及其蒸气都有不同程度的毒性或麻醉性。液体可以通过不同途径,如吸入蒸气、皮肤接触或口摄入等方式使人中毒,产生致毒效应。有的毒性很大,如苯、二甲苯、二硫化碳等吸入较多会引起急性中毒,出现头痛、眩晕、麻醉、昏迷、休克等急性症状。因此,装载易燃液体的库房、船舱应适时通风,开舱卸货之前应先通风,以控制蒸气浓度。

(七)易积聚静电

1. 静电

当两种不同性质的物体相互摩擦或接触时,由于它们的原子核对电子的吸力大小各不相同,而发生电子转移,使甲物失去一部分电子而带正电荷,乙物获得一部分电子而带负电荷。

如果该物体对大地绝缘,则电荷无法泄漏,而停留在物体内部或表面呈相对静止状态,这种电荷称为静电。

大部分易燃液体的电阻率正处于易生静电范围,且着火能量极小,在装卸、运输过程中易积聚静电,往往容易被静电火花点燃,引起可燃性蒸气混合物的燃烧爆炸。因此,应特别注意采取相应对策。

2. 因静电放电引起火灾必须具备的条件

(1)必须有产生静电的 4 个条件,即摩擦起电、附着带电、感应电、极化起电;

(2)具备静电积聚的条件;

(3)积聚的静电必须能产生火花放电;

(4)火花间隙中必须有一定量的可燃气体。

(八)密度小

液体物质的相对密度是相对于水测定的,水的密度为 1 g/cm^3,密度比水小且不混溶于水的液体物质,就会浮于水上。如苯的密度为 0.88 g/cm^3,且不混溶于水,因此苯是浮在水面上的。不少易燃液体的密度都很小且不混溶于水。当这类物质发生火灾时，用水去灭火是无效的，不但起不到覆盖、降温作用，当液体不只限于某一容器时，还会由于水的流动性，而使火灾蔓延。但对于能溶于水的易燃液体如乙醇、丙酮等则可以用水灭火。较水重的二硫化碳等也可用水灭火。因此对于易燃液体的火灾，要有针对性地采取措施，选择适当的灭火剂。

(九)装卸、运输预防措施

(1)开卸前应先开舱通风，以排除可能聚积的易燃液体蒸气或降低舱内蒸气浓度。

(2)装卸工具应使用有防火星镀层的，机械作业时应设置火星熄灭器。

(3)装卸时应轻拿轻放，尽可能避免滚动，积载时应桶口向上，衬垫牢固。

(4)有渗漏的包件应拒绝装船。

(5)堆场应选用阴凉通风场所，设置合适的消防器材。

(6)气温过高时应停止作业。

第四节 易燃固体、易自燃物质、遇水放出易燃气体的物质

一、定义和一般规定

第 4 类涉及除划分为爆炸品以外的在运输条件下易燃烧或可能引起或导致起火的物质。第 4 类物质细分如下：

第 4.1 类　易燃固体

本类物质是在运输所遇条件下，易于燃烧或易于通过摩擦可能起火的固体、易于发生强烈热反应的自反应物质(固体和液体)；如果没有充分稀释的情况下有可能爆炸的固体退敏爆炸品。

第 4.2 类　易自燃物质

在正常运输条件下易于自发升温或易于遇空气升温，然后易于起火的液体或固体物质。

第 4.3 类　遇水放出易燃气体的物质

与水反应易自发成为易燃或放出达到危险数量的易燃气体的液体或固体物质。

二、固体物质燃烧特性

固体物质之所以能燃烧，本质上是由其化学组成和结构决定的，无机还原剂和有机固体化合物都易燃。但固体的燃烧又不同于气体和液体，大致上以是否产生可燃气体分为两种类型：

(1)固体物质能产生可燃气体，燃烧在气相进行。固体物质产生可燃气体的途径可分为三种：

①因升华产生可燃蒸气。如硫黄、萘、樟脑等受热后直接由固体升华在其表面形成可燃蒸气，遇明火、火花或高温立即燃烧。

②因分解产生可燃气体。如硝化纤维素受热后分解放出可燃气体 NO，燃烧在硝化纤维的表面进行，放出的热量又传到下面的硝化纤维促使其再分解燃烧。

③固体物质与水反应放出可燃气体。如碱金属、镁、锆、钛、铝、锌粉、电石等遇水都反应剧烈，放出氢或乙炔气等。

(2)在固体物质表面高温氧化，不分解可燃气体，也不产生蒸气，与氧在高温下直接化合，氧化反应放热以光和热的形式释放，不产生火焰。如木炭燃烧时只是表面红热，金属燃烧时温度达数千度，放出强光，处于白热状态。

三、第 4.1 类　易燃固体、自反应物质和固体退敏爆炸品

第 4.1 类又分为易燃固体、自反应物质、固体退敏爆炸品，另外还有聚合性物质及其混合物(稳定的)。

(一)易燃固体

1. 易燃固体的概念

易燃固体系指易于燃烧和经摩擦可能起火的固体。

易燃固体是指纤维状、粉末状、颗粒状或糊状物质，如果该物质与燃烧着的火柴等火源短暂接触时易于点燃且火焰迅速蔓延，该物质就具有危险性。其危险性不仅来自火，还可能来自有毒的燃烧产物。金属粉末尤其危险，一旦着火难以扑灭，常用的灭火剂，如二氧化碳或水，只能增加其危险性。

2. 易燃固体的分类

粉末状、颗粒状或糊状物质，如果按照《联合国试验和标准手册》第Ⅲ部分 33.2.1 的试验方法，一个或多个试验的燃烧时间低于 45 s 或燃烧率高于 2.2 mm/s，该物质就须被划分为第 4.1 类易燃固体。金属粉末或金属合金如果可被点燃且反应在 10 min 以内蔓延到样品的全部长度时，则该物质也被划分到第 4.1 类。

直到确定明确的标准以前，经摩擦可能起火的物质须比照现行条目(如火柴)划分到第 4.1 类。

(二)自反应物质

1. 自反应物质的概念

自反应物质是热不稳定物质，即使没有氧(空气)参与也易产生强烈的放热分解。以下物质不能视为第 4.1 类的自反应物质，如果：

(1)根据第 1 类的标准它们是爆炸品；

(2)按照第 5.1 类物质的分类程序，除含 5%及以上可燃有机物的氧化性物质应按注 3 定义的分类程序进行分类外，其余物质为氧化性物质；

(3)根据第 5.2 类的标准，它们是有机过氧化物；

(4)其分解热小于 300 J/g；或

(5)对于 50 kg 的包件，其自行加速分解温度(SADT)大于 75 ℃。

注 1:分解热可用任何国际公认的方法如差式扫描量热法和绝热量热法来确定。

注 2:凡显示自反应物质性质的物质都须按上述标准进行划分,包括根据《国际危规》2.4.3.2 第 4.2 类划分标准得出肯定结果的物质。

注 3:满足第 5.1 类标准,但不满足上述(1)(3)(4)(5)标准的,含易燃有机物为 5%及以上的氧化性物质混合物应按自反应物质分类程序进行分类。具有 B 型至 F 型自反应特性的混合物,须列入 4.1 类的自反应物质。呈现 G 型自反应物质特性的混合物,根据《国际危规》2.4.2.3.3.2.7 的原则,须考虑划分为第 5.1 类。

自反应物质的分解可因加热、与催化剂杂质(如酸、重金属化合物、碱)接触摩擦或撞击产生。分解速度随温度升高而升高,也随物质不同而不同。该物质的分解,特别是没有着火的情况下,可能导致有毒气体或蒸气的产生。对特定的自反应物质,须控制温度。一些自反应物质可能会爆炸分解,尤其是在封闭条件下。这些特性可以通过加入一些退敏物质或使用合适的包装进行改变。有些自反应物质可猛烈燃烧。

2. 自反应物质的分类

按危险程度,自反应物质可划分为从 A 到 G 的 7 种类型。对于 A 类物质,即使包装通过检验,也不允许在此种包装中运输。对于 G 类物质,则不必遵循第 4.1 类中自反应物质的规定。另外 B 类至 F 类物质的划分与允许的单位包装最大重量直接相关。

3. 自反应物质的温度控制规定

自加速分解温度(SADT)小于或等于 55 ℃的自反应物质,应在控制温度下进行运输。对于目前划定的自反应物质,其控制和应急温度见《国际危规》2.4.2.3.2.3。温度控制的规定见《国际危规》7.3.7 的相关内容。

(三)固体退敏爆炸品

固体退敏爆炸品是指被水或醇类浸湿或被其他物质稀释后,形成均一的固体混合物来抑制其爆炸性质的爆炸性物质。在运输状态中,退敏试剂须均匀地分布在所运物质中。对于含有水或被水浸湿的物质,如果预计需在低温条件下运输,可添加诸如乙醇等适当的相容的容积来降低液体的冰点。在这些物质中,有的在干燥状态下被划定为爆炸品。提及被水或其他液体浸湿的物质时,它只有在明确说明的浸湿条件下,才须作为第 4.1 类物质交付运输。

(四)聚合性物质及其混合物(稳定的)

聚合性物质及其混合物(稳定的)是指在不加稳定剂且在正常运输条件下,易发生强烈的放热反应,从而形成大分子聚合物的物质。该类物质指在有或者没有化学稳定剂的运输条件下,在使用包装、中型散装容器或移动式罐柜中,自加速聚合温度小于或等于 75 ℃;和该物质表现的反应热大于 300 J/g;以及不满足其他任何 1~8 类的分类标准。

在包装、中型散装容器中的聚合类物质,自加速聚合温度小于 50 ℃或在移动式罐柜中自加速聚合温度小于或等于 50 ℃的聚合类物质,应在运输中进行温度控制。

(五)危险特性及储运预防措施

第 4.1 类易燃固体主要特性是燃点较低,燃烧速度较快,燃烧的产物是产生毒气和金属氧化物的高温粒子。

(1)表现出强还原性,与氧化剂接触引起剧烈燃烧和爆炸。如硫黄粉和氯酸钾配装混合后经撞击和摩擦就会燃烧、爆炸。红磷常温下不太活泼,但与硫酸钾接触摩擦即引起剧烈的燃烧。

(2)与强酸接触引起爆炸、燃烧。如粉状的铝、镁等金属能与硝酸起爆炸性反应。萘和浓硫酸也可发生燃烧、爆炸。

(3)粉状或雾状易燃固体达到爆炸极限可发生粉尘爆炸。易燃固体,如镁粉、铝粉、硫黄粉等若均匀地分散在空气中达到爆炸下限时,遇明火即引起燃烧爆炸。这是粉尘粒子燃烧的急剧传播,在瞬间内完成整个燃烧过程的现象。

当粉尘是金属粉末时,会生成金属氧化物的高温粒子,引起的烧伤较严重。

(4)有些遇水反应剧烈,引起燃烧爆炸,如铝粉、镁粉、闪光粉等遇水生成可燃氢气,即能引起燃烧爆炸。

(5)有些受到摩擦、撞击后即能引起燃烧,如五硫化磷、火柴、红磷等曾引发这类事故。

(6)有些在燃烧同时产生有毒气体。如三硫化四磷等燃烧过程产生的五氧化二磷是有毒的白色烟雾;硫黄和含硫化合物燃烧时产生腐蚀性的硫氧化物。

(7)预防措施:

易燃固体虽然很容易燃烧,但如果没有外界因素作用和助燃物质存在也不易发生事故。因此,在装运易燃固体时,严禁与明火、水、酸类和氧化剂接触,避免受摩擦、撞击,以免发生燃爆事故。

在装卸过程中一旦发生火灾事故,要根据易燃固体的不同性质选择合适的灭火剂。必须注意:

①粉状物品,如铝粉、闪光粉等着火不可用水扑救。因为它们不但能与水产生剧烈反应,而且被水冲散到空气中的粉末可能引起粉尘爆炸。

②有爆炸危险的,禁用砂土压盖。

③遇水或酸产生剧毒气体的严禁用酸碱泡沫灭火剂。

发生溢漏时应迅速采取收集和清扫措施,但应注意:

①收集的溢漏物不得任意抛弃入水。

②对遇水反应的溢漏物不得用大量水冲洗。

③对易放出毒气的溢漏物所在船舱应及时做好通风。

四、第 4.2 类　易自燃物质

1. 定义

第 4.2 类包括:

(1)引火物质是指即使量很少,与空气接触后 5 min 之内即可着火的物质,包括混合物和溶液(液体或固体),这些物质是最容易自燃的;和

(2)自热物质是指除引火物质以外,在不供能量的情况下与空气接触易于自行发热的物质,这些物质只有在数量大(若干千克)、时间长(若干小时或若干天)的情况下才会着火。

2. 危险特性及储运预防措施

(1)自燃点较低

黄磷燃点在 34 ℃,所以一般把它放在水中运输,但撞击、振动、摔碰等原因造成容器破损漏水,或因倒置发生封口渗漏,使黄磷漏出水面,发生自燃。

(2)易于被氧化分解

尤其是受潮、受热后放出热量,这些热量又加剧氧化反应,产生热量越来越多,很容易达到自燃点。如硝化纤维废胶片,在受湿、热后逐渐氧化分解,生成 NO_2,与空气中水分接触时生成硝酸和亚硝酸,这些酸附着在硝化纤维废胶片表面时,又加快了其分解速度和热量积聚,从而引起自燃或爆炸。

(3)有些物质在周围缺氧的情况下也能自燃,如油布、硝化纤维等压挤在一起时,虽不接触空气中的氧气,也能进行氧化分解、发热,引起自燃。

(4)有些物质自燃时还放出毒气,如黄磷暴露在空气中能迅速氧化,同时生成 P_2O_5 白色毒性烟雾,被人体吸收会造成中毒,危及人身安全。

(5)预防措施

收集的该类溢漏物品要装在封闭的容器中妥善处理,不得随意抛弃到水域中。黄磷溢漏时应迅速用水浸湿,再装入容器中。与空气能发生燃烧的溢漏物品应用干燥的惰性材料,如硅藻土等覆盖,再清除,与水反应的溢漏物严禁用水处理。

五、第 4.3 类　遇水放出易燃气体的物质

该类物质无论是固体还是液体,与水作用易于自燃或放出一定数量的易燃气体,放出的气体与空气混合形成爆炸性混合物,很容易被普通的火源点燃。

遇湿放出易燃气体的物质化学特性极其活泼,一般具有一种共同的特性,即遇水(湿)、酸、氧化剂等能发生剧烈的化学反应,同时放出可燃性气体和热量,当达到其燃点时立即引起燃烧和爆炸。在运输中该类货物的主要危险性有:

1. 遇水燃烧性

金属钾、钠、锂等遇水反应异常激烈。

2. 爆炸性

电石等物品遇湿与水反应放出乙炔气,与空气混合达到爆炸极限时遇明火即会爆炸。

3. 毒害性

该类物质有较强的吸水性,和水反应后生成强碱或有毒气体,使人的皮肤干裂、腐蚀,引起中毒。如 Ca_3P_2 与水作用生成剧毒性 PH_3 气体;钠汞齐含有金属汞,汞的蒸气有较大毒性。

4. 自燃性

硼氢类物质、某些化学性质极其活泼的金属及其氢化物(在空气中露置时)均能发生自燃。

5. 预防措施

该类物质运输中绝对不能与水、水蒸气、酸类、氧化剂接触。严禁用水冲刷溢漏物品,收集后不得任意抛弃入水域中,注意防毒。医疗急救注意对中毒或灼伤人员的救护。

该类物质发生火灾时应注意:

(1)迅速将临近未燃物质从火场撤离或进行有效隔离;

(2)严禁用水扑救;

(3)能产生易燃或有毒气体的物质不得使用泡沫灭火剂;

(4)与酸、氧化剂、氢化物反应的物质,禁止使用酸碱式泡沫灭火剂;

(5)活泼金属禁止使用二氧化碳灭火剂,消防人员注意防毒。

第五节 氧化物质和有机过氧化物

一、第5.1类 氧化物质

本类物质本身未必燃烧,但在一定情况下易于分解,直接或间接地放出氧气,从而促成与其接触的可燃物质燃烧,增加了发生火灾的危险性和剧烈程度,而且这类火灾极难扑灭。

氧化物质与可燃物质的混合物,甚至与诸如糖、面粉、食油、矿物油等物质的混合物都是危险的。这些混合物易于点燃,有时因摩擦或碰撞着火。混合物能剧烈燃烧并导致爆炸。

大多数氧化物质和液体酸类接触会发生剧烈反应,释放有毒气体。某些氧化物质遇火时亦可释放有毒气体,如溴酸钾、硝酸钠、高锰酸钾、过氧化氢、次氯酸钙(漂白粉)等。

(一)主要危险特性

(1)分子组成中含有高价态的原子或过氧基,具有极强的得电子能力,显示出强氧化性。如果这些化合物是含氧化合物,一般在受热情况下易于分解放出氧气。如常见的硝酸、硝酸铵、高锰酸钾等都显示强氧化性,具有潜在的危险。

(2)不稳定,易于受热分解,放出氧,促使易燃物燃烧。

氧化剂分解温度小于500 ℃,有的常温下即可分解,如常见的硝酸铵化肥曾造成严重的氧化剂事故。

(3)能和其他物质发生缓慢的氧化反应,并因释放热量的积聚引起这些物质的自燃。尤其是绝不能和酸、碱、硫黄、粉尘类(炭粉、糖粉、面粉、洗涤剂、润滑剂、淀粉)、油脂类货物相混。否则可发生强烈的氧化还原反应,放出大量的热,使可燃物质剧烈燃烧,遇粉尘发生爆炸。有时摩擦、碰撞也可能起火。

(4)大多数氧化剂和液体酸接触发生剧烈反应,散发有毒气体;某些氧化剂遇火散发有毒气体。

(二)储运预防措施

(1)远离热源,严禁受热。因为氧化剂热稳定性差,遇热会分解,引起燃烧或爆炸。

(2)装卸中避免摩擦、振动、冲击。由于氧化剂的不稳定性及其反应活泼性,对摩擦、振动、冲击等作用都很敏感,因此氧化剂装卸过程中要严守操作规程,杜绝野蛮装卸作业。

(3)注意防毒。对于具有毒性和腐蚀性的氧化剂应注意安全防护，堆放位置远离生活区，并制定相应的应急治疗措施。

(4)发生火灾时，用大量水灭火。氧化剂发生火灾时，应迅速使用大量水，因为用水控制这类火灾是最有效的方法，即使是遇水能放出氧气的物质也是如此。大量的水能使其温度降到燃点以下，从而控制火情。

二、第 5.2 类　有机过氧化物

它是含有两价的-O-O-结构，可被认为是过氧化氢的衍生物的有机物质，其中一个或两个氢原子被有机原子团取代。有机过氧化物是遇热不稳定的物质，它可发热并自行加速分解。

(一)主要危险特性

大多数有机过氧化物本身是易燃的，表现出强烈的氧化性能，极不稳定，易分解及爆炸性分解，无论是固态、液态都可同其他物质发生危险反应，燃烧迅速，并对碰撞、摩擦敏感，危险性极强。主要危险特性有：

(1)由于含有过氧基(-O-O-)极不稳定，易分解，振动、冲击、摩擦或遇热就能引发分解。过氧基两个氧原子间的共价键是一种弱键，正是因为该键较弱，才导致有机过氧化物及其他过氧化物很不稳定，振动、冲击、摩擦或遇热，就会因该键的断裂而分解。

(2)对杂质很敏感，液体酸类、重金属氧化物、胺类会引起其剧烈分解。

(3)过氧基断裂所需能量不大，所以其分解温度很低，有的甚至在常温下即能分解，因此许多有机过氧化物运输时需要控制温度。有些会爆炸性分解，特别是在封闭情况下。

(4)有机过氧化物的分解产物是活泼的自由基，由自由基参与的反应属于联锁反应，很难用常规的抑制方法扑救；而且许多分解产物是有害或易燃的蒸气，再加上可提供氧气，就会发生爆炸。

(5)许多种有机过氧化物如与眼睛接触，即使是短暂的，也会对角膜造成严重的伤害，有的对皮肤也有腐蚀性，有的具有很强的毒性。

(二)储运预防措施

1. 载运注意事项

(1)有机过氧化物的积载位置只限于舱面，而且要放在避光、阴凉、通风、散热良好的处所。

(2)有些有机过氧化物要放入稳定剂方可运输。

(3)有些有机过氧化物对温度要求高，需要冷藏运输。

2. 装卸要求

(1)一切容器都应采用液密封，如设通风装置，则应装载于保护液面以上。

(2)已有破损的包件应拒绝运输。

(3)装卸中撒漏物要用已由水浸湿过的蛭石(无机矿物，形似云母，含 Mg、Ag、Fe、Si)与撒漏物混合，收集起来装在塑料桶内立即处理(把收集起来的有机过氧化物放在远处的露天地面上，用一根长棒点燃烧尽，该空容器必须用清水充分洗刷干净，或者烧掉，或者用 10%的 NaOH 溶液洗刷)。

（4）绝对禁止用金属和可燃物（纸、木等）处理撒漏物，千万不能自行将破损包装换好包装，这都可能造成严重后果。包装破损后，很难判定有无混入杂质，尤其是酸类、金属氧化物、胺类等杂质，哪怕这类杂质是痕量的也会引起有机过氧化物的剧烈分解，这样的分解反应使反应系统中自由基大量增加，最后导致系统爆炸。

3. 稳定性的控制

储运过程中应防止振动、冲击、摩擦及热等敏感因素，现有的有机过氧化物要求控制温度的约占1/3以上，最需控制温度一般在-25～30 ℃之间。此外，对有机过氧化物本身必须做稀释处理，或加一定量的迟钝剂，或加一定量的惰性无机固体物质，这些方面都符合要求时方可储运。如能严格做到这些要求，那么其危险性将被控制在最低限度。

4. 消防与急救

（1）如有机过氧化物包件或容器发生火灾，可用雾状水或泡沫状水来扑灭。

（2）对液体有机过氧化物最好用二氧化碳或某种卤剂（如3211）来灭火，但最切实可行的办法是用大量的水，将包件浸没其中，使其保持冷却状态。

第六节 有毒物质和感染性物质

一、第6.1类　有毒物质

这类物质如吞咽、吸入或与皮肤接触，会严重伤害或损害人体健康，甚至造成死亡。

（一）定义

急性口服毒性的 LD_{50} 系指统计方法得出的，通过口服，能够在14天内使刚成熟的天竺鼠半数死亡所施用的物质剂量。LD_{50} 值用试验物质的质量与试验动物的质量的比值来表示（mg/kg）。

（1）急性皮肤接触毒性的 LD_{50} 系指在白兔裸露的皮肤上连续24 h接触，在14天内使试验动物半数死亡所施用的物质剂量。试验动物数目应足以做出有效的统计结果并应与良好的药理学实践一致。其结果以身体质量（mg/kg）表示。

（2）急性吸入毒性的 LC_{50} 系指雄性和雌性刚成熟的天竺鼠连续吸入1 h，在14天内使试验动物半数死亡所施用的蒸气、烟雾或粉尘的浓度。其试验结果，粉尘和烟雾用在每升空气中的毫克数（mg/L）表示；蒸气用在每立方米空气中的毫升数（mL/m^3 或 ppm）表示。

（二）特性

（1）这些物质所固有的毒性危险视其与人体的接触状况而定，即与货物在一定距离内不留心者吸入了蒸气，或身体与物质接触的直接危险。

（2）几乎所有有毒物质遇火时或受热分解时都会释放毒性气体。

（3）规定为“稳定的”物质不得在未经稳定的状况下运输。

(三)有毒物质进入人体的途径

1. 呼吸道

呼吸中毒不仅速度较快,而且严重,据统计,95%的职业性中毒是呼吸中毒。引起呼吸中毒的常见毒物有氢氰酸、溴甲烷、苯胺、农药1605、三氧化二砷等蒸气和粉尘。

2. 皮肤

虽然健康的皮肤有屏障作用,但是一些有毒物质可以不同程度地通过表皮、毛囊或汗腺进入人体。经皮肤吸收有毒物质的数量和速度与物质的溶解性、浓度、接触时间,皮肤是否有破损、出汗等因素有关。引起皮肤中毒的常见毒物有硝基苯、苯胺、联苯胺、乙醚、丙酮、醇、农药中的有机磷产品等。

此外,有些毒物对人体的黏膜有强烈的刺激性,如氯苯乙酮、二氧化硫等。

3. 消化道

在一般情况下,有毒物质经消化道进入人体的可能性不大。除误服外,可能会由于在作业现场进食或饮水,作业后未进行彻底清洗,一些在呼吸道中吸收较慢的粉尘状毒物可随痰咳出又重新咽下,导致有毒物质通过消化道进入人体。

引起消化道中毒的常见毒物多为剧毒性粉末状的氰化物、砷化物、汞盐等。

(四)有毒物质的中毒类型

1. 急性中毒

超过致死量的毒害品一次侵入人体,引起迅速中毒,发生全身症状,甚至死亡,此类称为急性中毒。由于较大量的有毒物质在短时间内进入人体,一般在接触有毒物质后很短的时间发病,从几秒到数十小时不等。

2. 慢性中毒

长期接触少量毒物后,逐渐侵入人体,积聚起来而引起中毒,此类称为慢性中毒。受害者经常是数月、数年接触该有毒物质,造成积累性中毒。

3. 亚急性中毒

亚急性中毒是介于急性和慢性中毒之间的类型。

(五)装卸保管预防措施

1. 装卸

(1)作业时,挂满舱双层安全网,剧毒品再加一层油布或塑料薄膜。用网兜货盘装货,机具按额定负荷减少25%。

(2)作业中,轻拿轻放,堆垛整齐,桶的箭头朝上,货要装紧。

(3)高温季节采用轮班方式安排在早晚作业。

(4)邻舱不得装卸粮食、食品等。

(5)装卸工具、车、船应清洗消毒。

2. 通风、检测

卸货前后应开舱通风或排风,必要时应检测有毒气体或蒸气的浓度。

3. 个人防护

(1)穿戴个人防护用品,用前检查,用后清洗。

(2)毒害品沾污衣服后要及时更换,接触皮肤后要及时清洗。

(3)工前工后不宜饮酒,饮食前洗手、洗脸。

4. 防污染

有毒污物要妥善处理,禁止随意倾倒、排放。

5. 消防

(1)毒害品发生火灾时可用水、雾状水、泡沫、干粉、二氧化碳扑救,但氰化物及忌水毒害品禁止使用酸碱、泡沫及水灭火。

(2)施救人员必须穿好防护服和戴好隔绝式呼吸器,下舱应系好安全带,并有人监护。

二、第6.2类　感染性物质

感染性物质系指已知或有理由认为含有病原体的物质。病原体系指能引起人或动物感染疾病的微生物(包括细菌、病毒、寄生虫、真菌)和其他病原体,如朊病毒。

感染性物质须归入第6.2类,并酌情归入UN 2814、UN 2900、UN 3291、UN 3373或UN 3549。

感染性物质划分为以下类别:

A类:以某种形式运输的感染性物质,当接触该物质时,可造成健康的人或动物的永久性伤残、生命危险或致命疾病。

B类:不符合A类标准的感染性物质。B类感染性物质须指定为UN 3373。

1. 生物制品

生物制品是从活生物体取得的,根据可能有特别许可证发放要求的国家主管机关的要求制造或发放的,并用于预防、治疗或诊断人或动物的疾病,或用于与此类活动有关的开发、实验或调查目的的产品。生物制品包括但不限于诸如疫苗等成品或半成品。

直接从人或动物采集的受感染的样本包括(但不限于)为研究、诊断、调查、治疗及预防疾病而运输的排泄物、分泌物、血液及其成分、组织及其组织液,以及身体的某部位。

就本规则而言,生物制品分为以下种类:

(1)按照国家主管机关要求生产和包装,并为了最后包装或经销目的进行运输,用于医疗机构或个人的人体健康治疗的。本类物质不适用本规则的规定。

(2)未归划到(1),已知或有理由相信其含有感染性物质,并符合A类或B类标准的。本类物质须指定为UN 2814、UN 2900、UN 3373。

注:有些许可的生物物品可能只对部分地区造成生物危害。主管机关可要求此类生物制品遵守对感染性物质的地方规定或进行其他限制。

2. 转基因微生物和生物体

转基因微生物和生物体指的是其遗传物质已经通过遗传工程,有目的地以非自然方式进行改变的一些微生物和生物。

不符合感染性物质定义的基因重组微生物须根据《国际危规》第2.9章分类。

3. 医疗或临床废弃物

医疗或临床废弃物指的是从人类或动物的医疗中或从生物研究中产生的废料。

含有A类感染性物质的医疗或临床废弃物须相应指定为UN 2814、UN 2900或UN 3549;含有B类感染性物质的医疗或临床废弃物须指定为UN 3291。

有理由相信含有感染性物质的可能性极低的医疗或临床废弃物须指定为 UN 3291。

经过消毒的原先含有感染性物质的医学或临床废弃物不适用本规则的规定，除非这些废弃物满足划入其他类别的标准。

4. 受感染动物

除非感染性物质不能以其他任何方式运输，否则不能使用活体动物作为载体运输该物质。故意使感染和已知或怀疑含有感染性物质的活体物体，只能在主管机关批准的条件下运输。

受 A 类病原体感染的动物材料，或仅在培养物中被划分为 A 类的动物材料，须被相应地指定为 UN 2814 或 UN 2900。指定为 A 类之外的受 B 类病原体感染的动物材料，如果是培养物，须被指定为 UN 3373。

第七节 放射性物质

一、定义

放射性物质指的是在该批托运货物中活性浓度和总活度都超过《国际危规》2.7.7.2.1 至 2.7.7.2.6 中规定的数值的任何含有放射性核素的物质。

二、射线的种类及危害

放射性物质放射出的射线通常有三种，即 α 射线、β 射线和 γ 射线。此外，还有一种中子流，是原子核分裂的产物，不是原子核衰变的产物。

1. α 射线

α 射线是一种带正电的粒子流，α 粒子即氦离子 He^{2+}，带两个正电荷。

通过物质时，电离作用很强，本身则不断损耗能量，故射程很短。如 U238 放出来的 α 射线，在空气中能走 2.7 mm，在生物体中能走 0.035 mm，在金属铅中只能走 0.017 mm。α 射线穿透能力很弱，用两张纸、一层金属片、普通衣服、木板或一定厚度的空气层就能将 α 射线挡住。但是由于它的电离本领强，一旦进入体内，能引起很大伤害。

所以，α 射线内照射危害大，外照射危害不大。

2. β 射线

β 射线是一种带负电的电子流。β 粒子即电子，由于 β 射线电荷少，质量小，运动速度快，所以它的穿透能力很强，射程比 α 射线大，但电离作用比 α 射线弱得多，约为 1/100。

所以，β 射线内照射危害小，外照射危害大。

3. γ 射线

γ 射线是一种波长很短的电磁波，即光子流，与 X 射线相似，不带电，速度快（3×10^8 m/s），能量大，穿透能力强，比 β 射线强 50～100 倍，比 α 射线强 10 000 倍。又因为光子通过物质的能量损失只是光子数量减少，而剩余光子的速度不变，要使任何物质完全吸

收 γ 射线是很困难的。γ 射线电离能力最弱,只有 α 射线的 1/1 000,β 射线的 1/10。因此,γ 射线主要是外照射危害,内照射危害很小。

4. 中子流

只有在原子核发生裂变时,才能从中释放出中子流。运输中常见的是由中子源放出的一种不带电的粒子源。因为中子不带电,不能直接产生电离,所以它的穿透能力也是很强的。

使中子减速的办法是通过中子和其他物质原子核碰撞从而损耗能量。中子最容易被氢原子或含有氢原子的碳水化合物吸收。常用的减速剂有石蜡、有机纤维等碳水化合物,以及水、水泥等。

中子对人体的危害主要是外照射,一般认为,中子引起人体损伤的有效性是 γ 射线的 2.5~10 倍。

三、装卸及防护措施

(一)包装一般要求

放射性物品的包装与其余各类危险货物的包装相比,有许多不同的要求。放射性物品的运输包装,除必须具备危险货物包装和标志的一般要求外,还应注意以下各点:

(1)包装容器不应有突出部分,铅封和封严部位应在凹处,以免碰撞失封而造成危险。包件的外表面应平整光滑,以利于去除污染。包件的外层设计,必须做到避免集水和积水,以避免水漏进内包装而引起恶果。

(2)包装的材料和结构应具有封严、抗压、抗腐蚀和抗辐射线穿透(即屏蔽作用)的化学性能和物理性能。同时应保证运输过程中温度在-40~70 ℃之间变化时,不会使内容物受影响,不会失封和泄漏弥散。包装的屏蔽作用应能将包装表面辐射水平减至允许的强度。

(3)包装必须设计得能够经受住在常规运输条件下可能引起的任何撞击、振动和跌落的影响,密闭器件的有效性或整个包件的完好性不会破坏。特别是紧固器件不会松动和脱落,经重复使用后,也能防止松动和散开。

(4)包装的密封性应做到,在遇到一般运输事故时放射性内容物不会逸出,未经批准的装卸操作也不会使内容物逸出,包件的外表面都必须有证明货包在运输途中未被开启过的铅封之类的封口部件。

(5)放射性物质同时具有其他危险特性时,包装应同时考虑这些危险特性的防护要求。

(6)放射性包件表面的放射性污染不得超过规定的水平。

(二)装卸作业预防措施

装卸作业时,装卸工人直接接触放射性货包,必须注意做到下列几点:

(1)要做好充分的准备工作,尽量减少接触包件的时间。每人每天的接近作业时间必须根据包件运输指数在规定的时间内进行。

(2)装卸人员必须穿好防护服,戴好口罩和手套等劳动保护用品,搬运时应使用工具,不可肩扛背负,不可坐在货包上,避免身体直接接触。

(3)装卸过程中必须注意保护货物包装完好无损,严防撞击、跌落,不准翻滚、倒置。

(4)装卸过程中严禁吸烟、饮水、进食。作业完毕后,要淋浴换衣或用肥皂洗净手脸。特别是放射性矿石、矿砂包装外易污染,作业后,要检查身上确无放射性矿砂沾污才能进食。

(三)辐射防护方法

射线对人体的照射有两种:一种是人体处在空间辐射场中所受到的外照射;另一种是摄入放性物质对人体或人体的某器官组织所形成的内照射。对两种照射都要进行防护。

1. 外照射的防护

防护原则:缩短受照射时间,加大与辐射源之间的距离,屏蔽射线。

(1)屏蔽防护

屏蔽防护的基本原理是针对同一射线而言,物质的密度越大,电离密度越大,该物质对射线阻挡作用一般也就越大。屏蔽防护有两种:一种是对辐射源进行屏蔽,如将其放在特制的容器内。这就要求按照规定对放射性货物进行包装,并使之牢固完整无损。另一种是对操作者进行屏蔽,如铅手套、铅围裙、防护眼镜等,可减少所受的辐射剂量。对不同的射线应采取不同的屏蔽材才能收到好效果。

①防护 γ 及 X 射线:选原子序数较高的重金属,如 Pb、Fe 等,或用混凝土防护。

②防护 β 射线:选原子序数较低的物质,如有机玻璃、铝等。

③防护 γ 射线及中子流双重辐射:采用重金属和含氢物质相间的多层防护。

汽车运输的屏蔽防护还有与火车、轮船运输的不同之处。汽车本身长度有限,装载放射性货物起运后,驾驶员、押车员与放射源的距离受车身长度的限制,且汽车行车途中往往还要经过人口稠密地区,所以装运放射性货物的汽车本身应在车厢四周附加屏蔽层。

(2)距离防护

其基本原理是利用空气对射线有一定的吸收作用,人体与放射源距离越大,接受的剂量就越小。即辐射源产生的剂量率与接受体接受到的剂量率并不是等值的。在点源窄束情况下,空间辐射场中某点的剂量率与该点到源的距离平方成反比。加大与辐射源的距离能减少操作者所接受的剂量。

在装卸作业中,使用适当的工具,增大操作距离,就能起到防护作用。包件与人员之间有另外屏蔽层的情况下必须遵守安全距离的规定。所谓安全距离是在这个距离以外人员与放射性包件相处,可以不受时间的限制。汽车运输中行车人员与放射性包件的距离,中转储存时仓库保管人员与包件之间的距离都必须考虑安全距离的规定。

(3)时间防护

其基本原理是人体所受到外照射的总量越大,危险性也越大,而人体所受到外照射的总剂量与剂量率和时间成正比,工作人员在现场所接受的总剂量是剂量率对时间的积分。因此,辐射防护的最简单的手段是缩短接受照射的时间。对装卸人员每人每天的接触或接近放射性物品的作业时间必须进行限制。可采取工作前做好充分准备,熟练操作,高剂量率情况下采取换班操作等措施。换下的人员当天不得再接近放射性物品。

2. 内照射的防护

内照射需放射性物质经消化系统、呼吸系统或皮肤进入人体内才会发生。为防止放射性物质通过这些途径进入人体,应采取下列措施:

(1)防止放射性物质经消化系统进入体内。作业时禁止饮食、饮水及吸烟,或以其他部位接触口腔。穿好工作服、戴手套和口罩,作业完毕后应立即清洗并换上清洁衣服。对手以及可能污染的部位进行检查,必须在容许程度以下时才能进食及和他人接触。

(2)防止放射性物质经呼吸系统进入体内。仓库内应保持清洁,并有良好的通风。清扫时,要用潮湿的拖布拖拭。装卸放射性矿石、矿砂应喷洒雾状水润湿,防止粉尘飞扬。

(3)防放射性物质经皮肤进入体内。作业时要注意防止物品的外包装(特别是沾有放射性物质的部分)割坏皮肤。如果皮肤破伤,应立即停止作业,并送医院治疗。禁止皮肤有伤口的人员、孕妇或哺乳妇女参加作业。

(四)表面放射性污染的清除和放射性物质的撒漏处理

在运输保管过程中,由于发生事故或包装表面放射性污染的扩散,可能会引起人体、作业工具、工作服、车辆和货舱的污染。这样的污染不仅会造成外照射,也很容易造成放射性物质侵入人体产生内照射。及时清除这些污染,是内外照射防护的共同要求。

所谓清除放射性污染,并不能消灭放射性,而是将污染的放射性物质转移到安全场所,以便于辐射防护。因此,在除污过程中,首先要防止污染面扩大。清除污染过程中所产生的废液、废物也有放射性,要按照放射性废物处理办法妥善处置,不能随意排放、倾倒。

清除污染要及时。实践证明,清除越及时,除污效果越好,污染面扩散的机会也越小。对于高放射水平的污染,清除后应做辐射测定,检查是否达到安全水平。

由于放射性制剂的理化性质不同,被污染物体的表面性质不同,所以放射性物质与被污染物体表面的结合方式不同,随之应采用的除污染剂和除污染方法也不同。大致有以下一些方法:

(1)金属性的车辆、货舱和作业工具。一般用肥皂水或洗涤剂浸泡刷洗,再用清水冲净。也可用9%~18%的盐酸或3%~6%的硫酸溶液浸泡刷洗后,再用清水冲洗干净。

(2)橡胶制品,用肥皂水或稀硝酸溶液浸泡后再用清水冲洗干净。

(3)布质用品,一般可用肥皂水洗涤后,再用清水冲洗干净。如污染严重而放射性核素半衰期又较长的,宜做废物处理。

(4)正常皮肤及黏膜除污染,首先应在辐射仪检查下确定污染范围及程度,先保护好未被污染的皮肤,然后用温肥皂水轻拭污染部位,继而用温清水洗涤,这样可以去除绝大部分的污染。如还未达到要求,可用10%的二乙胺四醋酸(EDTA)溶液或6.5%的高锰酸钾(P.P.)溶液清洗,再用清水冲洗干净。最后用辐射仪监测,直至达到要求。千万不要用有机溶剂洗手。

(5)病态或破损皮肤及黏膜被污染后,要立即送医院。

放射性物品的撒漏对环境影响的程度区别很大,应针对不同的撒漏情况采取相应的处理方法:

(1)剂量率较小的放射性物品的外层辅助包装损坏时,应及时修复。不能修复的,应换相同的外包装。调换后外包装的运输指数不得大于原来的运输指数,或者按新包装修改相应的运输文件和运输标志。

(2)放射性矿石、矿砂撒漏时,应将撒漏物收集,并调换破包。

(3)如果A、B、C型包件内容器受到破坏,放射性物质扩散到外面,或者外层包装受到严重破坏时,运输人员不能擅自处理,应立即向公安部门和卫生监督机构报告事故,并在事故地点标示出适当的安全区,设置警戒线,悬挂警告牌。安全区半径大小根据放射性活度(或剂量率)确定。

在划定安全区的同时,要用适当的材料进行屏蔽。对于粉末状物品,应该尽快将它覆盖,以防粉尘飞扬扩大污染区域。铁板、铝片、铅片、有机玻璃、混凝土、岩石、土壤、砖、石蜡等都可作为屏蔽材料。

四、相关术语

1. 放射性活度(又称放射性强度)

放射性活度是量度放射性物质放射性的一个物理量,反映了某放射性物质放射性的强弱程度。用每秒内某放射性物质发生核衰变的数目或每秒内射出的相应粒子数目来表示某物质的放射性活度。国际计量单位(SI 制)用贝可勒尔表示,简称贝可,记为 Bq。

2. 放射性比活度(又称比度、比强度)

放射性比活度,即放射性物质单位质量(或体积)所具有的放射性活度。

使用放射性比活度,可以更确切地表示某种物质的放射性活度的大小。故各种运输方式都以放射性比活度来度量某一种物品是否应列入放射性物品。计量单位(SI 制)是:贝可/千克(Bq/kg)、贝可/克(Bq/g)。

3. 剂量当量

剂量当量是表示人体对一切射线所吸收能量的剂量单位。

国际单位:将焦耳每千克命名为希沃特(Sievert),简称为希,简记为 Sv,1 Sv=1 J/kg。

并用单位:雷姆(rem)。

换算:$1\ \text{rem}=10^{-2}\ \text{Sv}=10^{-2}\ \text{J/kg}$。

4. 剂量当量率

剂量当量率是指单位时间所受到的剂量当量,又称辐射水平或辐射强度。

国际单位:希[沃特]/秒(Sv/s)、微希[沃特]/秒(μSv/s)、毫希[沃特]/小时(mSv/h)。

并用单位:微雷姆/秒(μrem/s)、毫雷姆/小时(mrem/h)、雷姆/周(rem/w)、雷姆/年(rem/y)。

5. 低比活度(LSA)放射性物质

低比活度放射性物质是指本身的比活度有限的放射性物质,或适用估计平均比活度限值的放射性物质。在估计平均比活度时不考虑 LSA 物质外部的屏蔽材料。

6. 表面污染物体(SCO)

表面污染物体是指本身不具有放射性但其表面分布有放射性物质的固体物体。

7. 运输指数(TI)

运输指数是表示经控制后的辐射水平的指标,它是指距放射性货物包件和其他运输单元外表面,或表面放射性污染物和无包装的低比活度放射性货物表面 1 m 处测得的辐射水平的最大值(Sv/h);对大尺度货物如罐柜、货物集装箱等,其 TI 值还应乘以在《国际危规》中提供的与货物横截面尺寸有关的放大系数。

8. 独家使用

对于第 7 类物质的运输而言,独家使用是指由一个发货人独自使用的一个运输工具或一个大的货物集装箱,有关起始、中途和最终的装卸作业全部按照发货人或收货人的指示进行。

第八节 腐蚀性物质

一、定义

腐蚀性物质是指通过化学作用会对皮肤造成不可逆损伤,或在渗漏时会对其他货物或运输工具造成实质性损害甚至毁坏的物质。

二、特性

(1)对人体有特别严重的伤害,《国际危规》第3.2章危险货物一览表中已注明:“严重灼伤皮肤、眼睛和黏膜”。

(2)很多物质易挥发,产生的蒸气刺激眼、鼻。若如此,《国际危规》第3.2章危险货物一览表中已注明:“蒸气刺激黏膜”。

(3)有些物质由于高温而分解,产生有毒气体。该种情况《国际危规》第3.2章危险货物一览表中已注明:“遇火时,产生有害气体”。

(4)除与皮肤或黏膜接触时有直接损害作用外,该类物质有些还有毒或有害。吞咽或吸入蒸气能中毒;该类物质有些能渗入皮肤。

(5)本类中所有物质对金属及纺织品之类的物品都有或多或少的损坏作用。

①在《国际危规》第3.2章危险货物一览表中,“对大多数金属有腐蚀性”意指任何作为船上结构或作为货物的金属,都可能被该物质或其蒸气侵蚀。

②“对铝、锌和锡有腐蚀性”一语的含义为铁或钢与该物质接触无损害。

③本类中有少数物质能腐蚀玻璃、陶瓷和其他硅质材料。

(6)本类中许多物质只有与水和潮湿空气发生反应后,才会具有腐蚀性。该种情况在《国际危规》第3.2章危险货物一览表中注有“遇潮时……”的字样。许多物质与水反应时,伴随着放出刺激性和腐蚀性气体。这些气体像空气中的烟雾一样,通常是可见的。

(7)本类中少数物质与水或有机材料包括木、纸、纤维、某些衬垫物和某些脂肪及油类等发生反应产生热量。

(8)指定为“稳定的”物质不应在未进行稳定的状态下运输。

三、腐蚀品的包装类

腐蚀品按危险程度由相应标准确定包装类,具体详见第三章叙述。

四、装卸预防措施

(1)装卸作业前应检查封口,包装是否良好,有无渗漏,严禁破漏包装上船。

(2)装货前舱内应打扫干净,不得留有氧化剂、易燃品及稻草、油脂等有机物地脚。

(3)积载操作应按箭头朝上的标记,桶口、瓶口朝上,堆码要整齐牢固,靠紧,不得装在其他货物上面。

(4)装卸工具不得沾有氧化剂、易燃品。

(5)工作人员应穿戴必要的防护用品。

(6)轻装轻放,防止撞击。

(7)现场应备有清水、苏打水或稀醋酸、食醋等(中和用)以应急救,严禁火种接近现场并有相应的防火设备。

第九节 杂类危险物质和物品(第9类)及环境有害物质

一、定义

第9类杂类物质和物品(杂类危险物质和物品)是指在运输中呈现出未列入其他类别的危险的物质和物品。

二、第9类物质和物品的确定

1. 第9类物质和物品

第9类物质和物品包括:

(1)未列入其他类别的物质和物品,根据已经表明或可以表明该物质或物品具有的危险性须适用经修订的《1974年国际海上人命安全公约》第Ⅶ章A部分规定。

(2)不适用上述公约第Ⅶ章A部分规定,但适用经修订的《MARPOL 73/78公约》附则Ⅲ的物质。

2. 第9类物质和物品细分

第9类物质和物品细分如下:

(1)以微细粉尘吸入可危害健康的物质,如UN 2212石棉(铁石棉、透闪石、角闪石、阳起石、直闪石、青石棉),UN 2590石棉、纤维蛇纹石。

(2)会放出易燃气体的物质,如UN 2211聚苯乙烯珠粒料,可膨胀,可放出易燃气体;UN 3314塑料造型化合物,呈面团状、薄片或挤压出的绳索状,可放出易燃蒸气。

(3)锂电池组,如UN 3090锂金属电池组(包括锂合金电池组),UN 3091装载设备中的锂金属电池组(包括锂合金电池组),UN 3091同设备包装在一起的锂金属电池组(包括锂合金电池组),UN 3480锂离子电池组(包括聚合锂离子电池组),UN 3481装载设备中的锂离子电池组(包括聚合锂离子电池组),UN 3481同设备包装在一起的锂离子电池组(包括聚合锂离子电池组)。

(4)电容器如UN 3499电容器,双电层(储能容量大于0.3 W·h);UN 3508电容器,非对称的(储能容量大于0.3 W·h)

(5)救生设备,如UN 3268安全装置,电启动的。

(6)一旦发生火灾可形成二噁英的物质和物品,如UN 2315多氯联苯,液态;UN 3432

固态多氯联苯。

(6)在高温下运输或提交运输的物质,包括 UN 3257 高温液体,未另列明的,温度等于或高于 100 ℃、低于其闪点(包括熔融金属、熔融盐类等);UN 3258 高温固体,未另列明的,温度等于或高于 240 ℃。

(7)危害环境物质,包括 UN 3077 对环境有害的固态物质,未另列明的;UN 3082 对环境有害的液态物质,未另列明的。

(8)转基因微生物(GMMOs)和转基因生物体,包括 UN 3245 转基因微生物或 UN 3245 转基因生物体。

不符合 6.1 类毒性物质和 6.2 类感染性物质定义的基因改变的微生物或基因改变的生物体,应划为 UN 3245。

基因改变的微生物或基因改变的生物体,如得到原产地国、过境国和目的地国政府主管机关的使用批准,则无须满足本规则规定。

基因改变的活动物,应根据原产地国和目的国政府机关的规定和条件运输。

(9)运输过程中存在危险但不能满足其他类别定义的其他物质和物品,如 UN 1845 固态二氧化碳(干冰);UN 3509 废气包装,空的,未清洁的,等等。

三、环境有害物质(水环境)

环境有害物质(水环境)主要包括对水环境造成污染的液体或固体物质及此类物质的溶液和混合物(如制剂和废弃物)。

根据表 2-3,符合急毒 1、慢毒 1 或慢毒 2 的标准,即应列为“环境(水环境)有害物质”。这些标准以分类类别方式进行描述,以图标的方式做了概括。水环境有害物质的类别具体如表 2-3 所示。

表 2-3 水环境有害物质的类别(见注 1)

①急性(短期)水生生物危害

类别:急毒 1(见注 2)	
96 h LC_{50}(鱼类)	≤1 mg/L 和/或
48 h EC_{50}(甲壳纲动物)	≤1 mg/L 和/或
72 h 或 96 h ErC_{50}(藻类或其他水生植物)	≤1 mg/L(见注 3)

②长期水生生物危害

a. 有充足慢毒数据可用的非快速降解物质(见注 4)

类别:慢毒 1(见注 2)	
慢毒 NOEC 或 LC_x(鱼类)	≤0.1 mg/L 和/或
慢毒 NOEC 或 EC_x(甲壳纲动物)	≤0.1 mg/L 和/或
慢毒 NOEC 或 EC_x(藻类或其他水生植物)	≤0.1 mg/L

类别:慢毒 2	
慢毒 NOEC 或 LC_x(鱼类)	≤1 mg/L 和/或
慢毒 NOEC 或 EC_x(甲壳纲动物)	≤1 mg/L 和/或
慢毒 NOEC 或 EC_x(藻类或其他水生植物)	≤1 mg/L

b. 有充足慢毒数据可用的快速降解物质

类别:慢毒 1(见注 2)	
慢毒 NOEC 或 LC_x(鱼类)	≤0.01 mg/L 和/或
慢毒 NOEC 或 EC_x(甲壳纲动物)	≤0.01 mg/L 和/或
慢毒 NOEC 或 EC_x(藻类或其他水生植物)	≤0.01 mg/L

类别:慢毒 2	
慢毒 NOEC 或 LC_x(鱼类)	≤0.1 mg/L 和/或
慢毒 NOEC 或 EC_x(甲壳纲动物)	≤0.1 mg/L 和/或
慢毒 NOEC 或 EC_x(藻类或其他水生植物)	≤0.1 mg/L

c. 没有充足慢毒数据可用的物质

类别:慢毒 1(见注 2)	
96 h LC_{50}(鱼类)	≤1 mg/L 和/或
48 h EC_{50}(甲壳纲动物)	≤1 mg/L 和/或
72 h 或 96 h ErC_{50}(藻类或其他水生植物)	≤1 mg/L(见注 3)
且该物质须不可快速降解,和/或实验确定 $BCF \geq 500$(或,如果没有 BCF 数据,需 $\log K_{ow} \geq 4$)(见注 4 和 5)	

类别:慢毒 2	
96 h LC_{50}(鱼类)	>1 至≤10 mg/L 和/或
48 h EC_{50}(甲壳纲动物)	>1 至≤10 mg/L 和/或
72 h 或 96 h ErC_{50}(藻类或其他水生植物)	>1 至≤10 mg/L
且该物质不可快速降解,和/或实验确定 $BCF \geq 500$(或,如果没有 BCF 数据,需 $\log K_{ow} \geq 4$)(见注 4 和 5)	

注 1:鱼类、甲壳纲和藻类等生物体作为覆盖一系列营养层级和门类的替代物种进行试验,而且试验方法高度标准化。假如有等效的物种和试验终点指标,其他生物体数据也可以使用。

注 2:在对物质做急毒 1 和/或慢毒 1 分类时,必须同时指出求和法使用的适当的 M 因数(见 2.9.3.4.6.4)。

注 3:如果藻类毒性 ErC_{50}[$=EC_{50}$(生长率)]下降到下一种最敏感物种的 100 倍水平之下,而且导致仅以该效应为基础的分类,那么应当考虑这种毒性是否代表对水生植物的毒性。如果能够证明不是如此,那么应使用专业判断来确定是否应当进行分类。分类应以 ErC_{50} 为基础。在未规定 EC_{50} 基准,而且没有记录 ErC_{50} 的情况下,分类应以可得的最低 EC_{50} 为基础。

注 4:断定不能快速降解的依据,是本身不具备生物降解能力,或有其他证据证明不能快速降解。在不掌握有意义的降解性数据的情况下,不论是试验确定的还是估计的数据,物质均应视为不能快速降解。

注 5:生物积累潜力以试验得到的 BCF 2 500 为基础,或者,如果没有该数值,那么以 $\log K_{ow}$ 24 为基础。但前提是 $\log K_{ow}$ 是物质生物积累潜力的适当描述指标。$\log K_{ow}$ 测定数值优先于估计数值,BCF 测定数值优先于 $\log K_{ow}$ 数值。

未按本规则分类的对水环境有害物质或混合物须被指定为：
UN 3077 对环境有害物质，固体的，未列明的；或
UN 3082 对环境有害物质，液体的，未列明的。
这些物质须被指定为包装类Ⅲ。

第十节 海洋污染物

一、定义

海洋污染物系指适用于经修正的《MARPOL 73/78 公约》附则Ⅲ规定的物质。

二、一般规定

(1)海洋污染物须按修正的《MARPOL 73/78 公约》附则Ⅲ的规定运输。

(2)索引 MP 栏中以字母 P 标记的物质、材料和物品被确定为海洋污染物。

(3)如满足《国际危规》第 1 至 8 类的标准，海洋污染物须根据其特性相应的条目下运输；如不满足这些类别的标准，除非在第 9 类有专门条目，须按下列条目运输：UN 3077 对环境有害物质，固体的，未另列明的；或 UN 3082 对环境有害物质，液体的，未另列明的(选合适者)。

(4)如果一种物质、材料或物品具有符合海洋污染物标准的性质，但未在本规则中列明，此种物质、材料或物品须按本规则作为海洋污染物要求运输。

(5)经主管机关批准，被本规则列明为海洋污染物但不再符合海洋污染物标准的物质、材料或物品，不需要按照本规则适用海洋污染物的运输规定。

三、分类

海洋污染物须按照《国际危规》2.9.3[环境有害物质(水环境)]进行分类。2.9.3 的分类标准不适应于第 7 类物质及材料。

【本章小结】

本章着重介绍了《国际危规》对包装危险货物，包括环境有害物质和海洋污染物的分类，及各类危险品的特性和相关定义，是理解和掌握危险货物运输知识的基础。

【思考题】

1.《国际危规》对包装危险货物如何分类？

2. 什么叫爆炸品的摩擦感度、安定性？

3. 什么叫临界温度和临界压力？

4. 什么叫闪点？为什么闪点既是易燃液体危险性的衡量指标，又是划分包装类的依据之一？

5.《国际危规》把何种物质划归到第 4 类？怎样对第 4 类物质再做细分类？

6. 有毒物质中毒有哪几种类型？其主要特征是什么？毒性衡量指标是什么？

7. 什么叫表面污染物体（SCO）、低比活度放射性物质（LSA）？

8. 第 8 类腐蚀品有哪些特性？

9. 第 9 类包括哪些物质？

10. 什么是海洋污染物？

第三章 包装危险和有害物质的包装与标志

货物的包装具有保护产品、防止产品遗失、方便储运装卸、加速交接和点验等作用，也是美化、宣传和促进产品销售的主要手段之一。但是危险货物的包装更具有特殊性，除了上述作用外，它必须保证与所装货物的危险性相容，即能承受所装货物的侵蚀、化学反应等，同时还要确保货物在运输、装卸、储存、销售等过程中的安全及能承受正常的风险。

为了能使危险货物安全装卸、运输和储存，促进对外贸易的发展，保障装卸、运输和储存人员的安全，保护环境，防止污染以及财产毁损，必须对拟运输的危险货物进行科学、合理的包装或选用科学、合理的包装。危险货物的包装除了已阐述的各种功能外，其还有一个更重要的作用，就是通过包装来抑制或钝化所盛装危险货物的危险性，使可能施于危险货物并引发危险的外界条件（如热源、火源、水、杂质、各种机械振动、摩擦、撞击等的影响）及危险品本身对外界环境可能造成的危害，限制在最小的范围内，使其能更加安全、保质保量地运往目的地，同时为运输、装卸人员提供良好的作业环境。

第一节 包装的基础知识

一、包装的相关定义

单一包装是指直接将货物盛装在包装容器中的包装，如钢桶、塑料桶、塑料罐等。其最大净重不超过 400 kg，最大容积不超过 450 L。

内包装是指运输中其外面需要外包装的包装。组合包装中的内层包装就称为内包装。

内容器是指起盛装作用并需要有外包装的容器。

复合包装是指由一个外包装和一个内容器组成的在结构上形成一个整体的包装。该包装一旦组装好后，无论在充罐、储存、运输或卸空时始终是一个单一的整体，如钢塑复合桶。其最大净重不超过 400 kg，最大容积不超过 450 L。

组合包装是指为了运输将一个或多个内包装装在一个外包装内组成的包装。如塑料罐装在木箱中，其最大净重不超过 400 kg。

外包装是指复合包装和组合包装的外部保护部分及其吸附性材料、衬垫材料和为保持内容器或内包装有效所需的任何其他组成部分。

中层包装是指置于内包装或物品与外包装之间的包装。

大(宗)包装是指由装有物品或内包装的外包装组成的包装，且符合下列条件：

(1)设计上适合于机械装卸；

(2)净载重量超过 400 kg 或容量超过 450 L，但容积不大于 3 m^3。

重复使用的包装是指那些被再填充的包装。这些包装经检验发现没有影响性能实验的缺陷。重复使用的包装还包括那些再次填充同样的或类似的内装物，由产品发货人控制的营销链进行运输的包装。

修复的包装是指已经使用并将内容物清净后需更换部分辅件的包装。如钢桶和塑料桶、罐，更换不完整的垫圈、封闭器盖等。

再生包装是指从一个非 UN 型改成 UN 型或从一种 UN 型改变成另一种 UN 型(如塑料桶从 1H1 改成 1H2)或某些结构部件经过更换(如钢桶的非移动盖)的包装。

救助包装是指为了达到运输、回收或处理的目的，在其中可盛放损坏、破损或渗漏的危险货物包件，或溢漏或渗漏出的危险货物的一种特殊包装。

中型散装容器是指刚性和柔性的可移动包装。设计适合于机械装卸并经过检验能够承受装卸和运输过程中所产生的各种应力。其容积为用于第 7 类放射性物质和用于包装类Ⅱ和Ⅲ的固体和液体，以及使用金属中型散装容器装运包装类Ⅰ的固体不大于 3 m^3；使用柔性、刚性塑料、复合型、纤维板或木质中型散装容器装运包装类Ⅰ固体不大于 1.5 m^3。

罐柜是指装载固体、液体或液化气体的可移动罐柜(包括罐式集装箱)、公路罐车、铁路罐车或容器，当用于运输《国际危规》2.2.1.1 定义的气体时容量不小于 450 L。

公路罐车是指装有容量超过 450 L 的罐柜并备有减压装置的车辆。

钢瓶是指水容量不超过 150 L 的可运输的压力容器。

钢瓶组是指一组钢瓶的组合体，这些钢瓶捆绑在一起，用一根总管彼此相连并作为一个组件运输。钢瓶组的总水容量不得超过 3 000 L，但用于第 2.3 类气体运输的钢瓶组的总水容量限于 1 000 L。

金属氢储存系统是指单一完整的氢储存系统，包括贮器、金属氢、施压装置(压力释放装置)、截止阀、服务设备和只供运输氢使用的内部元件。

管状容器是指水容量超过 150 L 但不超过 3 000 L 的无缝可运输压力容器。

压力桶是指水容量超过 150 L 但低于 1 000 L 的焊接的可运输的压力容器(例如，在支架上配备有转动箍或转动球的圆柱形容器)。

低温容器是指用于装载冷冻液化气体的可运输的绝热容器，其水容量不超过 1 000 L。

多单元气体容器(MEGCs)是指用一个总管进行内部连接并组装在一个框架内的各种钢瓶、管状容器和钢瓶的组合体。多单元气体容器包括气体运输所需的附属设备和构件。

二、包装的封口

所有的危险货物包装,当其充装危险货物时,其封口分为牢固封口、有效封口和气密封口三种。

牢固封口是指所装的固体物质在正常装卸、运输过程中不会撒漏的封口,这是对任何封口的最低要求;有效封口是指不透液体的封口;气密封口是指不透蒸气的封口。除非在危险货物一览表中另有规定,否则盛装具有以下特性物质的包件应装设气密封口:

(1)产生易燃气体或蒸气;

(2)在干燥情况下,可能有爆炸性;

(3)产生有毒气体或蒸气;

(4)产生腐蚀性气体或蒸气;或

(5)可能与空气发生危险性反应。

如果由于内装物释放气体而使包装内产生压力(由于温度增加或其他原因),在释放的气体不会因其毒性、易燃性及排放量等问题而造成危险时,包装或中型散装容器可安装通气孔。

三、包装类的划分

危险货物的包装除第1、2、7、5.2、6.2类和4.1类自反应物质外的所有物质,按其呈现的危险程度划分为三个包装类,即:

包装类Ⅰ:具有高度危险性的物质。

包装类Ⅱ:具有中度危险性的物质。

包装类Ⅲ:具有低度危险性的物质。

1. 第3类易燃液体包装类的确定

(1)根据易燃性划分危险类别

就包装而言,根据其闪点、沸点和黏度对易燃液体进行分类。易燃液体包装类确定如表3-1所示,并指出这些特征中两项之间的关系。

(2)呈现出由易燃性引起危险的液体,其危险类别由上述(1)的标准来确定。

(3)只具有易燃性危险的液体,该物质的包装类由上述(1)的标准来确定。

(4)对于具有其附加危险性的液体,须考虑上述(1)确定的危险类别和基于其附加危险性确定的危险类别,按《国际危规》第2.0章规定确定分类和包装类,具体如表3-1所示。

表3-1 易燃液体包装类确定

包装类	闪点(℃)闭杯(c.c)	初沸点(℃)
Ⅰ	—	≤35
Ⅱ	<23	>35
Ⅲ	≥23且≤60	>35

(5)由于加温运输或交付运输而划分为易燃液体的物质应包括在包装类Ⅲ中。

(6)符合《国际危规》2.3.2.2、2.3.2.3和2.3.2.5要求的闪点低于23 ℃的黏性易燃液体,如油漆、瓷釉、真漆、清漆、胶黏剂和上光剂,可划入包装类Ⅲ。

2. 第4.1类中的易燃固体包装类的确定

参照联合国《试验和标准手册》第Ⅲ部分33.2.1的试验方法确定易燃固体包装类别:

(1)对于易燃固体(金属粉末除外),如其燃烧时间低于45 s,且火焰通过浸湿区,应划归包装类Ⅱ。对于金属粉末或合金,如反应区覆盖该样品整个长度的时间等于或少于5 min,应划归包装类Ⅱ。

(2)对于易燃固体(金属粉末除外),如其燃烧时间低于45 s,且浸湿区阻止火焰蔓延至少4 min,应划归包装类Ⅲ。对于金属粉末,如反应区覆盖该样品整个长度的时间大于5 min,且小于10 min,应划归包装类Ⅲ。

3. 第4.2类易自燃物质包装类的确定

(1)所有引火性固体和液体应划归包装类Ⅰ。

(2)自热物质,在140 ℃情况下使用25 mm的立方体样品的试验中得到肯定的结果,须将其划到包装类Ⅱ。

(3)下列自热物质须划到包装类Ⅲ:

①在140 ℃情况下使用100 mm的立方体样品的试验中得到肯定的结果,并且使用边长25 mm立方体样品的试验得到否定的结果,并且该物质交付运输的包件容积大于3 m^3。

②在140 ℃情况下使用100 mm的立方体样品的试验中得到肯定的结果,并且使用边长25 mm立方体样品的试验得到否定的结果,在120 ℃情况下使用边长为100 mm的立方体样品的试验中得到肯定结果,并且该物质交付运输的包件容积大于450 L。

③在140 ℃情况下使用100 mm的立方体样品的试验中得到肯定的结果,并且使用边长25 mm立方体样品的试验得到否定的结果,并且在100 ℃情况下使用边长为100 mm的立方体样品的试验中得到肯定结果。

4. 第4.3类遇水放出易燃气体的物质

(1)应划归包装类Ⅰ的物质是在大气温度下与水剧烈反应,通常表现出产生易燃气体的趋势,或在大气温度下很容易与水反应,其产生易燃气体的速率等于或大于每千克该物质每分钟10 L。

(2)应划归包装类Ⅱ的物质是在大气温度下很容易与水反应,其产生易燃气体的最大速率等于或大于每千克该物质每小时20 L,且不满足包装类Ⅰ的标准。

(3)应划归包装类Ⅲ的物质是在大气温度下缓慢与水反应,其产生易燃气体的最大速率等于或大于每千克该物质每小时1 L,且不满足包装类Ⅰ或Ⅱ的标准。

5. 第5.1类氧化物质包装类的确定

氧化性固体物质和氧化性液体物质分别按照《试验和标准手册》第Ⅲ部分34.4.1和34.4.2的试验程序,以及《国际危规》2.5.2.2.2和2.5.2.3.2的标准,划分包装类Ⅰ、Ⅱ、Ⅲ和未划入第5.1类。

6. 第 6.1 类有毒物质包装类的确定

(1)根据运输中毒害危险程度,划分有毒物质包装类如下:

①包装类Ⅰ:呈现剧毒危险的物质和物品。

②包装类Ⅱ:呈现中等毒性危险的物质和物品。

③包装类Ⅲ:呈现较低毒性危险的物质和物品。

(2)第 6.1 类有毒物质包装类的确认,是根据其经三种途径(经口吞咽、皮肤接触和吸入粉尘、烟雾或蒸气)进行动物试验,经测试后所显示的毒性划分。如果一种物质经两种或多种致毒途径试验所得结果显示不一致时,使用试验中显示最高危险性的一种来确定包装类。

①经口吞咽、皮肤接触和吸入粉尘、烟雾的分类标准在表 3-2 中列出:

表 3-2　经口吞咽、皮肤接触和吸入粉尘、烟雾的分类标准

包装类	经口吞咽毒性 LD_{50}(mg/kg)	皮肤接触毒性 LD_{50}(mg/kg)	吸入粉尘、烟雾毒性 LC_{50}(h)(mg/L)
Ⅰ	≤5	≤50	≤0.2
Ⅱ	>5~50	>50~200	>0.2~2
Ⅲ*	>50~300	>200~1 000	>2~4

* 催泪气体尽管其毒性数据与包装类Ⅲ的数值相对应,它们仍应当被分类为包装类Ⅱ。

注:符合第 8 类标准,并且其吸入粉尘、烟雾的毒性(LC_{50})达到包装类Ⅰ的物质,如果其经口吞咽或皮肤接触毒性至少属于包装类Ⅰ或包装类Ⅱ的范围,只能被确定为第 6.1 类。反之,适用时可定为第 8 类。

②上述①中的吸入粉尘和烟雾毒性标准是基于 1 h 暴露过程中的 LC_{50} 数据,如果能获得这种资料即可使用,但如果得到的 LC_{50} 数据仅涉及 4 h 暴露于粉尘和烟雾中,那么这个数据可乘以 4,所得结果可以代替上述标准,即:LC_{50}(4 h)×4 被视为 LC_{50}(1 h)的相应值。

③含有毒性蒸气的液体应按下列方法确定包装类,"V"代表在 20 ℃、标准大气压下的每立方米空气饱和蒸气浓度毫升数(mL/m^3)。

包装类Ⅰ:若 $V \geqslant 10LC_{50}$ 和 $LC_{50} \leqslant 1\ 000$ mL/m^3。

包装类Ⅱ:若 $V \geqslant LC_{50}$ 和 $LC_{50} \leqslant 3\ 000$ mL/m^3 并且未达到包装类Ⅰ的标准。

包装类Ⅲ:若 $V \geqslant 1/5LC_{50}$ 和 $LC_{50} \leqslant 5\ 000$ mL/m^3 并且未达到包装类Ⅰ或Ⅱ的标准。

注:毒性数据相当于包装类Ⅲ的催泪性毒性物质,应将其列入包装类Ⅱ。

7. 第 8 类腐蚀性物质包装类的确定

(1)按运输中的危险程度,将第 8 类的物质和制剂分成以下包装类:

包装类Ⅰ:适于具有严重危险性的物质和物品。

包装类Ⅱ:适于具有中等危险性的物质和物品。

包装类Ⅲ:适于具有一般危险性的物质和物品。

(2)腐蚀性物质根据以下标准确定其包装类:

①包装类Ⅰ是在 3 min 或少于 3 min 的暴露时间后开始直到 60 min 的观察期内,能使动物完好的皮肤组织出现坏死现象的物质。

②包装类Ⅱ是在 3 min 至 60 min 以内的暴露时间后开始直到 14 天的观察期内,能使动物完好的皮肤组织出现坏死现象的物质。

③包装类Ⅲ

a. 是在 60 min 以上直到 4 h 以内的暴露时间后开始直到 14 天的观察期内，能使动物完好的皮肤组织出现坏死现象的物质。

b. 虽不会在完好的皮肤组织引起可见坏死现象，但在试验温度为 55 ℃时对试验用钢材或铝的表面年腐蚀率超过 6. 25 mm。

8. 第 9 类杂类危险物质和物品及环境有害物质包装类的确定

(1)本类物质和物品被分为包装类Ⅱ和包装类Ⅲ。

(2)未按《国际危规》分类的对水环境有害物质或混合物被指定为：UN 3077 或 UN 3082，这些物质须被指定为包装类Ⅲ。

四、包装的一般规定

(1)包装与内装物直接接触部位不得因危险物质而受到影响或强度受到严重削弱，并且不得产生危险影响，如催化反应或与危险货物发生反应，在正常运输条件下不得渗入危险货物产生危险。必要时进行内部刷涂层等适当处理。

(2)盛装危险货物的包装，当灌装货物时必须留有足够的膨胀余位(预留容量)，以防止在装卸运输过程中由于温度的变化而可能导致渗漏或变形。当中型散装容器装载液体时，液面上方须留有足够大膨胀余量，以保证平均温度 50 ℃时充灌度不超过其容量的 98%；用于运输液体和固体的压力容器，50 ℃时充灌度不得超过 95%。

(3)盛装危险货物的包装应质量良好，具有相应的强度，其构造和封闭装置能经受正常装卸运输条件的风险，不应由于温、湿度或内部压力的变化而泄漏。包装表面不应黏附有残余物、雨、雪或其他物质。

(4)包装的材质、形式、规格方法和包件重量等应与拟装危险货物相适应，并应便于装卸和运输。

(5)包装内所使用的衬垫材料或吸收材料应是惰性材料，并与内装货物的性质相适应。

(6)包装的封闭装置能保证在整个运输过程中不会将危险货物中所装的水或稀释剂降至规定的范围。

(7)盛装液体的包装，若散发气体而可能增加内压，则在包装上可安装一个安全阀(泄压阀)，确保在装卸、运输过程中不应因内压增大而产生危险。但所安装的安全阀(泄压阀)不应致使所散发的毒性、易燃或腐蚀性气体的量而造成危险，其安全阀(泄压阀)应能防止内装货物的泄漏以及外界物质的进入。

(8)装载固体物质的包装，如果该固体物质在装卸运输过程中有可能因温差而变成液体，那么这种包装还必须具备装载液态物质的能力。

(9)组合包装的内包装装入外包装，应保证在正常装卸运输条件下不破裂、被戳穿或渗漏。易于破裂或被戳穿的内包装，如玻璃、瓷器或陶器或某些合成材料制成的内包装，应使用合适的衬垫材料紧固于外包装内。内容物的任何泄漏不应削弱衬垫材料或外包装的保护性能。

(10)任何曾盛装过危险货物的空包装，应按原装危险货物的要求来处理，除非能证明将危险货物的残余物已清除。

(11)新的、再生的、重复使用的包装或经修复的包装均应经过相应的检验合格方可使用。这些包装在盛装危险货物交付运输之前,都应经过检查,确保无任何腐蚀、污染或损坏。一旦发现有削弱包装强度的情况,该包装不得重复使用,或应进行修复处理使其能够通过设计类型检验。

五、特殊包装规定

除《国际危规》中有相关规定,用于第1类爆炸品、第4.1类中自反应物质和第5.2类有机过氧化物的包装,包括中型散装容器和大宗包装,须满足包装类Ⅱ的要求。

1. 爆炸品

部分爆炸品,因对防火、防振、防磁等有特殊要求,需要选用《国际危规》危险货物一览表中规定的或主管部门批准的包装材料、类型和规格的专用包装。

2. 气体

适用于运输第2类气体的压力容器结构和密封性须能够在正常运输条件下防止由于振动及温度、湿度或压力的变化(如因纬度不同所致)而引起的任何内装物的渗漏。压力容器中直接与危险货物接触的部分,不得受到危险货物的影响或损坏,且不得产生危险反应(如催化反应或与危险货物发生的反应)。

压力容器的阀门在设计和构造上须保证能有效抵御损害,不致泄漏内装物,或能避免可导致内装物外泄的损害,方法如下:

(1)阀门至于压力容器的颈项内,并利用螺栓或盖帽加以防护;

(2)阀门用盖帽防护,盖帽上须有截面足够大的通气孔,以便泄漏时将气体排出;

(3)阀门用遮盖物或挡板防护;

(4)压力容器用框架运输(如钢瓶组);或

(5)压力容器装入外包装中进行运输,准备运输的包装须能达到《国际危规》6.1.5.3有关包装类Ⅰ的跌落试验性能指标。

3. 有机过氧化物(第5.2类)和第4.1类中的自反应物质

对于有机过氧化物,所有盛装容器须为"有效封口"的。当包件中有气体产生时,便会随之产生强大的内部压力,在这种情况下,可安装通气孔。有机过氧化物和自反应物质包装须满足包装类Ⅱ的试验要求,包装方法列在《国际危规》包装导则P520中,具体划归OP1到OP8。在包装导则IBC520中列明的有机过氧化物可按本导则要求用的中型散装容器装运,并满足包装类Ⅱ的试验要求。

4. A类感染性物质(第6.2类UN 2814和UN 2900)

感染性物质的发货人须确保其包件制作足以使其以良好的状态抵达目的港,而且在运输过程中不会对人和动物构成危害。

空包装在送还发货人或送到任何地方之前,必进行彻底灭菌和消毒处理来消除任何危险,且任何显示该包装曾装过感染性物质的标志和标记都必须予以清除或擦掉。

5. 放射性物质

放射性物质包件按照《国际危规》的要求,须满足相应放射性活度、表面污染物、射线的辐射限量等要求,并且在大多数的情况下,放射性物质包件的运输都需要经主管机关签发批准运输证明书方可使用。适用的包件类型包括:

(1)例外包件;
(2)工业包件(分 IP-1、IP-2、IP-3 三种);
(3)A 型包件;
(4)B(U)型包件;
(5)B(M)型包件;
(6)C 型包件。

含有裂变物质或六氟化铀的包件要符合补充规定。

第 7 类物质包件和集合包件须按要求和表 3-3 规定的条件被指定为Ⅰ类、Ⅱ类和Ⅲ类。

(1)在确定其使用哪一类适当类别时须考虑运输指数和表面辐射水平两个条件。如果运输指数满足一个类别的条件但表面辐射水平却满足另一不同类别的条件,该包件或集合包件须被指定为较高的类别。Ⅰ类—白色须被认为是最低的类别。

(2)如果表面运输辐射水平大于 2 mSv/h,该包件或集合包件须酌情按照《国际危规》7.2.3.1.3、7.2.3.2.1 或 7.2.3.3.3 段的规定和独家使用运输。

(3)包件的国际运输需要主管机关的设计或运输批准,不同批准类型适用于不同的运输国家,分类须遵守设计原产国证书。

(4)除上述(3)规定外,在特殊安排下运输包件和含有按照特殊安排运输包件的集合包件须被指定为Ⅲ类—黄色。

表 3-3 包装和集合包件的级别

条件		类别
运输指数	外表面任何一点的最大辐射水平(*MaxRL*)	
0[a]	*MaxRL*≤0.005 mSv/h	Ⅰ类—白色
0<*TI*≤1[a]	0.005 mSv/h<*MaxRL*≤0.5 mSv/h	Ⅱ类—黄色
1<*TI*≤10	0.5 mSv/h<*MaxRL*≤2 mSv/h	Ⅲ类—黄色
10<*TI*	2 mSv/h<*MaxRL*≤10 mSv/h	Ⅲ类—黄色[b]

注:a. 如果测量的 *TI* 不大于 0.05,按照《国际危规》5.1.5.3.1.3 的要求所引用的数值可为零。
b. 须按照"独家使用"运输。

6. 其他

其他有关的特殊包装规定见相对应的"包装导则"。

第二节 包装类型和试验

危险货物包装是指根据危险货物的性质特点,按照有关的法律、法规、标准及国际公约和规则而专门设计、建造,并经过检验、试验和批准用于盛装危险货物的桶、罐、箱、袋等包装物及容器等。

一、常规包装

常规包装是指容器及其为形成盛装功能所必需的任何其他构件或材料,形状有箱、桶、罐、袋、复合包装和组合包装等;材料包括钢、铝、天然木、胶合板、塑料、纺织品、纸、玻璃、瓷器或粗陶瓷等,其最终形式是由包装和所装的用于运输的内装物组成的包件。

常规包装既可以单独用于包装危险货物,也可以同时使用多个包含进行包装。此时,包件就形成了内包装和外包装,在这种情况下,为保证包件的安全和内、外包装的有效性,在内、外包装之间通常需要添加数量足够的吸附材料或衬垫材料。吸附材料用于吸收内包装破损情况下溢漏的所有危险货物;衬垫材料用于防止内外包装发生相互摩擦或碰撞等引起包装破损。当同时使用多个包装进行危险货物的装运时,按照多个单一包装的使用方式不同,可分别形成复合包装和组合包装两种类型。

1. 包装代码

代码应包括:

(1)一个表示包装种类的阿拉伯数字;

(2)一个或多个表示材料性质的大写拉丁字母;

(3)如需要再接一个表示包装归属类型内某一类别的阿拉伯数字。

复合包装须在代码的第二个位置依次使用两个大写拉丁字母,第一个表示内容器的材料,第二个表示外包装的材料。但是,对于组合包装,由于其内外包装的组合并不固定,无法运用统一的包装代码进行标注,在实际应用中,仅使用其外包装的材料代码。

若在包装代码后加上字母“T”“V”或“W”,分别表示救助包装、特殊包装或等效包装。

下列数字用于表示包装的种类:

1——桶;

2——(保留);

3——罐;

4——箱;

5——袋;

6——复合包装。

下列大写字母用于表示包装材料的种类:

A——钢(所有类型及表面处理);

B——铝;

C——天然木材;

D——胶合板;

F——再生木材;

G——纤维板;

H——塑料;

L——纺织品;

M——纸(多层的);

N——金属(不包括钢和铝);

P——玻璃、陶瓷和粗陶瓷。

包装种类、材料、类型代码表如表 3-4 所示,其指出的代码用来标明根据包装种类、构造所用材料和类别而确定的包装类型。

表 3-4 包装种类、材料、类型代码表

种类	材料	类型	代码
1. 桶	A 钢	不可拆装桶顶	1A1
		可拆装桶顶	1A2
	B 铝	不可拆装桶顶	1B1
		可拆装桶顶	1B2
	D 胶合板	—	1D
	G 纤维板	—	1G
	H 塑料	不可拆装桶顶	1H1
		可拆装桶顶	1H2
	N 金属(不包括钢和铝)	不可拆装桶顶	1N1
		可拆装桶顶	1N2
2.(保留)			
3. 罐	A 钢	不可拆装罐顶	3A1
		可拆装罐顶	3A2
	B 铝	不可拆装罐顶	3B1
		可拆装罐顶	3B2
	H 塑料	不可拆装罐顶	3H1
		可拆装罐顶	3H2
4. 箱	A 钢	—	4A
	B 铝	—	4B
	C 天然木材	普通的	4C1
		箱壁防撒漏的	4C2
	D 胶合板	—	4D
	F 再生木材	—	4F
	G 纤维板		4G
	H 塑料	膨胀的	4H1
		硬质的 4H2	
5. 袋	H 编织塑料	无内衬或涂层的	5H1
		防撒漏的	5H2
		防水的	5H3
	H 塑料薄膜	—	5H4
	L 纺织品	无内衬或涂层的	5L1
		防撒漏的	5L2
		防水的	5L3
	M 纸	多层的	5M1
		多层的,防水的	5M2

续表

种类	材料	类型	代码
6. 复合包装	H 塑料	在钢桶内	6HA1
		在钢条箱或钢箱内	6HA2
		在铝桶内	6HB1
		在铝条箱或铝箱内	6HB2
		在木箱内	6HC
		在胶合板桶内	6HD1
		在胶合板箱内	6HD2
		在纤维桶内	6HG1
		在纤维板箱内	6HG2
		在塑料桶内	6HH1
		在硬塑料箱内	6HH2
	P 玻璃、陶瓷和粗陶瓷	在钢桶内	6PA1
		在钢条箱或钢箱内	6PA2
		在铝桶内	6PB1
		在铝条箱或铝箱内	6PB2
		在木箱内	6PC
		在胶合板桶内	6PD1
		在柳条筐内	6PD2
		在纤维桶内	6PG1
		在纤维板箱内	6PG2
		在膨胀塑料包装内	6PH1
		在硬塑料箱内	6PH2

2. 包装标记

按《国际危规》要求，每个用于运输危险货物的包装须带有持久、清晰的标记，用于表明该包装已经通过设计、检验、注册等相关信息，其位置和尺寸应易于看到。对于总重超过 30 kg 的包装，其标记或复制标记须标在包件的顶部或一侧，字母、数字和符号须不小于 12 mm 高。30 L 或 30 kg 或更小的包装，其标记须至少有 6 mm 高。对于 5 L 或 5 kg 或更小的包装，其标记须为一种适当的尺寸。对于合格的包装，《国际危规》给出了标记方法。危险货物包装标记实例如图 3-1 所示。

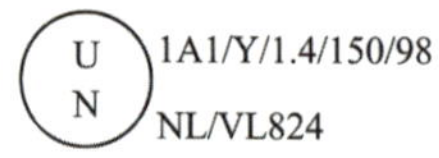

图 3-1 危险货物包装标记实例

图 3-1 中各项的含义：

UN——联合国包装符号。

1A1——包装指定代码（参照上述 1 的解释）。

Y——表明其设计类型已顺利通过试验的包装类字母，有 X、Y 和 Z 三种。X 表示包装类Ⅰ、Ⅱ和Ⅲ；Y 表示包装类Ⅱ和Ⅲ；Z 表示包装类Ⅲ。

1.4——表示液体的相对密度，当液体的相对密度不超过 1.2 时可免除此项；盛装固体物质或带有内包装的包装则是以千克表示最大总重量。

150——该项表示包装用于盛装液体或固体。用于盛装固体或内包装时，用字母“S”表示；拟装液体时，表示包装所能承受的液压试验压力，用千帕表示，四舍五入到最近的10 kPa。

98——表明包装制造年份的后两位阿拉伯数字。

NL——授权使用标记的国家，用国际交通中机动车辆使用的标记符号表示。

VL824——制造商的名称或主管机关规定的其他识别标志。

3. 包装试验

危险货物包装在投入使用前，其设计类型必须通过试验，包括设计、规格、材料、材料厚度、生产和包装方式、表面处理等，并在规定的时间间隔内进行重复试验，如包装的设计、材料或包装制造方法每进行一次变动，都必须进行重复试验。在进行试验前，除袋装之外的内包装或单一容器或包装所盛装液体不得少于其容量的98%，盛装的固体不得少于95%。袋装包装应装至最大使用重量。纸制或纤维板包装应在受控制的温度和相对湿度(r. h)的大气环境中至少处理24 h。可从下述方法中选择一种，最好是采用23±2 ℃和50%±2% r. h的大气条件。另外两种方法是20±2 ℃和65%±2% r. h或27±2 ℃和65%±2% r. h。常规包装的试验项目包括：

(1)跌落试验，目的在于模拟运输、装卸和储存中，包件可能遭受跌落时，其强度能否保证货物的完整无损；

(2)渗漏试验，目的在于检验盛装液体包装的封闭容器的加工工艺是否合格；

(3)液压试验，目的在于检验盛装液体的包装是否能承受内部气体或蒸气在温度变化时所引起的压力变化；

(4)堆码试验，目的在于检验包装在正常运输条件下的规定期间，是否能承受一定的压力负荷，而不改变其形状和盛装性能。

包装在经过试验之后，试验机构须就试验的项目出具试验报告提供给包装用户，包装用户应将试验报告的副本提供给相应的主管机关。

二、中型散装容器(IBCs)

中型散装容器须能抵御或受到足够的保护以致在外界环境影响下不会发生变形。在正常运输条件下，包括振动的影响或温度、湿度或压力的变化，其结构和封口须保证其内货物不会溢漏。如果中型散装容器由框架内装主体组成，框架和主体之间应不发生摩擦而造成主体材料损坏，并且主体应始终保持在框架内，如果主体和框架的连接部分允许相对膨胀或运动，则中型散装容器的各种设备须固定在合适的位置，使各种设备不会因为这种相对运动而被破坏。中型散装容器及其附属、辅助和结构性设备在设计上须能承受所装内容物的压力及正常装卸运输过程中的应力，不会发生内装物的流失。如果底部有卸货阀，该卸货阀应具备关闭紧固特性，整个卸货装置须保护得当以免损坏。

(一)包装代码

包装代码由表示IBCs种类的两位阿拉伯数字，后接表示材料性质的一个或多个大写字母及表示类型的一位阿拉伯数字组成。对于复合型中型散装容器，须在代码的第二个位置上依次标上两个大写拉丁字母。第一个表示IBCs内容器的材料，第二个表示IBCs外包装的材料。对于等效使用的IBCs，应在代码后紧接字母“W”。

表示 IBCs 种类的数字如表 3-5 所示。

表 3-5 表示 IBCs 种类的数字

类型	固体,装卸		液体
	重力	在大于 10 kPa(0.1 bar)的压力下	
刚性	11	21	31
柔性	13	—	—

用于表示 IBCs 材料种类的拉丁字母:

A——钢(所有类型及表面处理);

B——铝;

C——天然木材;

D——胶合板;

F——再生木材;

G——纤维板;

H——塑料;

L——纺织品;

M——纸(多层的);

N——金属(不包括钢和铝)。

IBCs 类别与代码表如表 3-6 所示。

表 3-6 IBCs 类别与代码表

材料	类别	代码
金属		
A 钢	适用于固体,重力装卸 适用于固体,压力装卸 适用于液体	11A 21A 31A
B 铝	适用于固体,重力装卸 适用于固体,压力装卸 适用于液体	11B 21B 31B
N 金属(不包括钢和铝)	适用于固体,重力装卸 适用于固体,压力装卸 适用于液体	11N 21N 31N
H 塑料(柔性的)	编织塑料,无涂层或内衬 编织塑料,有涂层的 编织塑料,有内衬的 编织塑料,有涂层和内衬的 塑料薄膜	13H1 13H2 13H3 13H4 13H5

续表

材料	类别	代码
L 纺织品	无涂层或内衬的 有涂层的 有内衬的 有涂层和内衬的	13L1 13L2 13L3 13LA
M 纸	多层的 多层的,防水的	13M1 13M2
H 塑料(刚性的)	适用于固体,重力装卸,配有结构设备 适用于固体,重力装卸,独立式 适用于固体,压力装卸,配有结构设备 适用于固体,压力装卸,独立式 适用于液体,配有结构设备 适用于液体,独立式	11H1 11H2 21H1 21H2 31H1 31H2
HZ 带有塑料内容器的复合包装	适用于固体,重力装卸,带有刚性塑料内容器 适用于固体,重力装卸,带有柔性塑料内容器 适用于固体,压力装卸,带有刚性塑料内容器 适用于固体,压力装卸,带有柔性塑料内容器 适用于液体,带有刚性塑料内容器 适用于液体,带有柔性塑料内容器	11HZ1 11HZ2 21HZ1 21HZ2 31HZ1 31HZ2
G 纤维板	适用于固体,重力装卸	11G
木质		
C 天然木材	适用于固体,重力装卸,带有内衬	11C
D 胶合板	适用于固体,重力装卸,带有内衬	11D
F 再生木材	适用于固体,重力装卸,带有内衬	11F

(二)IBCs 标记

1. 主要标记

按照《国际危规》生产和拟使用的 IBCs 均须具有持久、清晰的标记。IBCs 标记实例如图 3-2 所示。标记须位于容易看到的位置,且字母、数字和符号高度不应小于 12 mm。附加标记和主管机关批准的其他标记须能保证标记各部分的正确识别。标记须显示如下内容,并按顺序使用:

(1)联合国包装符号。

(2)IBCs 指定代码。

(3)表明其设计类型被批准适用的包装类大写字母。X 表示包装类Ⅰ、Ⅱ和Ⅲ(仅适用于盛装固体的 IBCs);Y 表示包装类Ⅱ和Ⅲ;Z 表示包装类Ⅲ。

(4)生产月份和年份(后两位阿拉伯数字)。

(5)授予该标记的国家,用机动车国际交通识别符号表示。

(6)生产厂的名称或符号及主管机关所规定的 IBCs 的其他识别标记。

(7)以千克(kg)表示的堆码试验负荷,对于设计上不能堆码的 IBCs,应标注“0”。

(8)以千克(kg)表示的所允许的最大总重量。

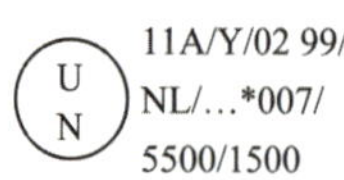

表示用于装运固体的钢制金属中型散装容器采用重力方式卸货/适用于包装类II和III/生产厂是…*（注明厂名）/主管机关对设计类型授予的系列号为007/千克（kg）表示的堆码试验负荷/最大所允许的总重量（kg）。

图 3-2　IBCs 标记实例

2. 附加标记

每一个中型散装容器除按上述(1)内容进行标记外,不同类型的 IBCs 所要求的附加标记如表 3-7 所示。其内容应标于防腐蚀的标牌(金属中型散装容器应为金属标牌)上并持久地固定在易于检查的位置。柔性 IBCs 也可标明表示建议提升方法的象形标识。

表 3-7　IBCs 所要求的附加标记

附加标记	中型散装容器类别				
	金属	刚性塑料	复合式	纤维板	木制
20 ℃时,用升(L)表示的容量[a]	×	×	×		
用千克表示的皮重[a]	×	×	×	×	×
试验(表)压,如适用,用 kPa 或巴表示[a]		×	×		
最大装卸压力,如适用,用 kPa 或巴表示[a]	×	×	×		
主体材料和最小厚度,用 mm 表示	×				
上次渗漏试验的时间,如适用(月和年)	×	×	×		
上次检验的时间(月和年)	×	×	×		
生产商的系列编号	×				
最大允许堆码负荷[b]	×	×	×	×	×

注:a. 须标明所采用的单位

b. 本附加标记应用于 2011 年 1 月 1 日起适用于所有生产的、修复的或改造的中型散装容器。

当使用中型散装容器时须将适用的最大允许堆码负荷标于图 3-3 所示的符号上。

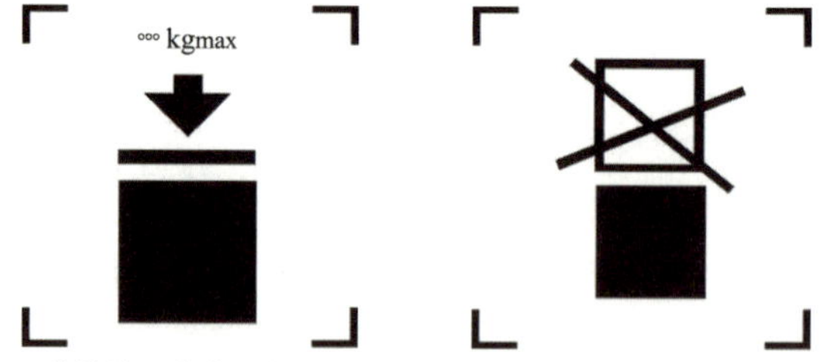

(a)能够堆码的中型散装容器　(b)不能够堆码的中型散装容器

图 3-3　最大允许堆码负荷符号

该符号应不小于 100 mm×100 mm,持久并清晰可见,标明质量的字母和数字应至少为 12 mm 高。符号上方标记的质量应不超过设计类型试验时施加负荷的 1/1.8。

(三)IBCs 试验

IBCs 须按照主管机关满意的质量控制体系进行生产、改造、维修和试验,以保证每个生产、改造或维修出来的 IBC 均符合《国际危规》的要求。中型散装容器设计类型试验顺序要求如表 3-8 所示。

表 3-8 中型散装容器设计类型试验顺序要求

IBC 类型	振动[f]	底部提升	顶部提升[a]	堆码[b]	渗漏	液压	跌落	扯裂	倒塌	正位[e]
金属:										
11A、11B、11N	—	第 1[a]	第 2	第 3	—	—	第 4[e]	—	—	—
21A、21B、21N	第 1	第 1[a]	第 2	第 3	第 4	第 5	第 6[e]	—	—	—
31A、31B、31N	第 1	第 2[a]	第 3	第 4	第 5	第 6	第 7[e]	—	—	—
柔性的[d]	—	—	×[c]	×	—	—	×	×	×	×
刚性塑料.										
11H1、11H2	—	第 1[a]	第 2	第 3	—	—	第 4	—	—	—
21H1、21H2	—	第 1[a]	第 2	第 3	第 4	第 5	第 6	—	—	—
31H1、31H2 第 2[a]	第 3	第 4	第 5	第 6	第 7	—	—	—		
复合型:										
11HZ1、11HZ2	—	第 1[a]	第 2	第 3	—	—	第 4[e]	—	—	—
21HZ1、21HZ2	—	第 1[a]	第 2	第 3	第 4	第 5	第 6[e]	—	—	—
31HZ1、31HZ2	第 1	第 2[a]	第 3	第 4	第 5	第 6	第 7[e]	—	—	—
纤维板	—	第 1	—	第 2	—	—	第 3	—	—	—
木质	—	第 1	—	第 2	—	—	第 3	—	—	—

注:a. 当中型散装容器被设计适用这种装卸方式时。

b. 当中型散装容器被设计用于堆码时。

c. 当中型散装容器被设计适用于从顶部或侧面提升时。

d. “×”标明所需进行的试验:已经通过了一项试验的中型散装容器,可以进行另一项试验,顺序不限。

e. 可使用另一个同样设计类型的中型散装容器进行跌落试验。

f. 可使用另一个同样设计类型的中型散装容器进行振动试验。

IBCs 在经过试验之后，试验机构须就试验的项目出具试验报告提供给 IBCs 用户，IBCs 用户应将试验报告的副本提供给相应的主管机关。

三、大宗包装

为确保每一个生产或改造出来的包装都符合《国际危规》的规定，大宗包装须按照主管机关满意的质量保证体系进行生产和改造。

(一)设计类型代码

用于大宗包装的代码包括：

两个阿拉伯数字："50"表示刚性大宗包装；"51"表示柔性大宗包装；后接表示材料性质的大写拉丁字母，表示材料的性质(与常规包装表示材料性质的字母一致)。

(二)大宗包装标记

大宗包装标记内容包括：

(1)联合国包装符号。

(2)设计类型代码。

(3)该设计类型被批准适用的包装类大写识别字母。X 表示包装类Ⅰ、Ⅱ和Ⅲ；Y 表示包装类Ⅰ和Ⅱ；Z 表示包装类Ⅲ。

(4)生产月份和年份(最后两个数字)。

(5)授予该标记的国家，用机动车国际交通识别符号表示。

(6)生产厂的名称或符号及主管机关所规定的大宗包装的其他识别标记。

(7)以千克(kg)表示的堆码试验负荷，对于设计上不能堆码的大宗包装，应标注"0"。

(8)所允许的最大总重量。

大宗包装标记实例如图 3-4 所示。

U/N	50A/X/05 01/N/PQRS 2500/1000	适用于堆码的钢质大宗包装，堆码 负荷：2 500 kg；最大总重1 000 kg

图 3-4　大宗包装标记实例

(三)大宗包装试验

每个大宗包装的设计类型均须根据主管机关确定的程序进行试验，成功通过试验的大宗包装方可使用。根据主管机关确定的试验间隔须对产品的样品进行重复试验，大宗包装涉及其设计、材料或结构发生改变时，也须进行重新试验，在不影响试验结果的效果的前提下，经主管机关允许，可用一个样品进行几项试验。试验项目包括：

1. 底部提升试验

该试验适用于所有装有底部提升装置的大宗包装。大宗包装须充装至其最大允许总重的 1.25 倍，负荷须分布均匀。经由叉车升、降两次，叉子的位置应在中央，使其之间的距离等于进入面长度的 3/4(进叉点固定的除外)。进叉深度须为进叉方向深度的 3/4。每一可能的进叉方向均须重复进行此项试验。合格标准为内装物无损失及大宗包装本身不会出现危及运输安全的永久变形。

2. 顶部提升试验

该试验适用于所有装有顶部提升装置的大宗包装。大宗包装须充装至其最大允许总重的2倍,柔性大宗包装须充装至其最大允许负荷的6倍,负荷应分配均匀。按照设计提升方法提升至脱离地面并保持高度至少5 min。对于金属、刚性塑料和复合大宗包装,合格标准为其箱底托盘(如果有)无影响运输安全性的永久变形,且无内装物撒漏;对于柔性大宗包装,合格标准为包装本身及其提升装置无影响其运输和装卸安全的破损,且无内装物撒漏。

3. 堆码试验

该试验适用于相互堆积存放的大宗包装。大宗包装须充装至其最大允许总重。底部向下置于坚硬平坦的地面,然后向其施加分别均匀的试验负荷至少5 min,负荷须相当于其运输中上面堆码的相同大宗包装最大允许负荷总和的1.8倍。木制、纤维板和塑料大宗包装置于该测试负荷下的时间至少为24 h。柔性大宗包装试验合格标准为无危及运输安全的包装毁损且内装物无损失。其他大宗包装合格标准为,包括其底盘,如果有的话,无导致运输不安全的永久变形,且内装物无损失。

4. 跌落试验

该试验适用于所有类型大宗包装。用于装运液体的内包装须充装至不低于其最大容量的98%,装运固体的内包装须充装至不低于其最大容量的95%。跌落到要求的无弹性、水平、平坦结实的刚性表面,并使基部被认为最脆弱的部位为冲击点。试验跌落高度要求为:

(1)第1类物质和物品的大宗包装须根据包装类Ⅱ类的性能水平进行试验。

(2)对于盛装液体或固体物质或物品的内包装,如果试验与要运输的液体、固体物品或其他物质或物品在本质上的特性相同,则:

包装类Ⅰ	包装类Ⅱ	包装类Ⅲ
1.8 m	1.2 m	0.8 m

(3)对于盛装液体的内包装,如果试验采用水,则:

①如果拟运输的物质相对密度不超过1.2:

包装类Ⅰ	包装类Ⅱ	包装类Ⅲ
1.8 m	1.2 m	0.8 m

②如果拟运输的物质相对密度超过1.2,跌落高度按照拟运输物质的相对密度(d)计算,结果取一位小数,如下:

包装类Ⅰ	包装类Ⅱ	包装类Ⅲ
d×1.5(m)	d×1.0(m)	d×0.67(m)

合格标准为大宗包装须无可能影响运输安全的损害,内包装或物品的充装物质须无泄漏;装有第1类物品的大宗包装须无导致其内装的松散型爆炸性物质和物品泄漏的破损;试验时如果内装物保持完整,即使关闭装置不再防止撒漏,则该样品通过试验。

四、可移动罐柜和公路罐车

(一)可移动罐柜

1. 定义

(1)可移动罐柜包括一个运输危险货物所必需配有的辅助设备和结构设备的罐壳。

在不必打开(或拆除)结构设备前提下装卸货物。另外,在其壳体外部须有固定的结构部件(稳性部件),装满后可被提升。罐柜的基本设计应确保其能被吊到车辆或船上。用于装运第 2 类气体(包括冷冻液化气体和非冷冻液化气体)的可移动罐柜,容积大于 450 L。

(2)辅助设备通常指测量、充灌、卸货、通风、加热、降温、安全、隔热设备等。

(3)结构设备是指罐壳外部的增强、系固、保护或稳定部件。

2. 检验和试验

可移动罐柜的罐壳和各设备部件在投入使用前都须经过初始检验和试验,之后在不超过 5 年内再进行一次 5 年的定期检验和试验,期间要进行一次中间检验和试验,两年半的中间检验可在规定之日后 3 个月之内完成。

3. 标记

(1)每个可移动罐柜须在易于检查的地方以永久的方式贴有防腐蚀标牌。如果因设置等原因不能将标牌永久地贴在罐壳上,罐壳上须至少标明压力容器规则中要求的内容。标牌上须至少以印戳或类似方式标明以下内容:所有人信息、生产商信息、批准信息、压力、温度、材料、容量、定期检查和试验。对于装运第 2 类冷冻液化气体的罐柜还须标注:绝热、允许用可移动罐柜运输的每种冷冻液化气体的维持时间。

(2)下列内容经标注于罐壳上或紧固与其上的金属标牌上:经营人名称(对于装运第 2 类冷冻液化气体的罐柜还须标注所有人名称)、最大允许总重(MPGM)、空载(皮)重。

对于装运第 2 类非冷冻液化气体的罐柜还须标注:允许装运的非冷冻液化气体名称、每一种允许运输的非冷冻液化气体的最大允许负荷。

对于装运第 2 类冷冻液化气体的罐柜还须标注:装运的冷冻液化气体的名称(最低平均散装温度)、所运气体实际维持时间。

(3)如果可移动罐柜设计并获准在海上作业,须在识别标牌上标注“近海可移动罐柜”(OFFSHORE PORTABLE TANK)字样。

除非另有规定,符合 1972 年《国际集装箱安全公约》中“集装箱”定义的任何形式的移动式罐柜和 MEGCs 还须符合该公约的要求。

(二)公路罐车

公路罐车是指装有容量超过 450 L 的罐柜并备有减压装置的车辆,包括罐柜和罐车两部分。罐柜须在罐车上进行运输,而且罐车的紧固能力须在罐柜所允许的最大负荷条件下承受《国际危规》中所要求的负荷力。

由于公路罐车包括罐柜和罐车两个部分,可用于公路和海上运输。一方面,罐柜须满足可移动罐柜的设计、批准和检验的要求;另一方面,公路罐车的车辆须按照车辆作业所在国主管机关的公路运输规定进行定期试验和检查。

五、散装容器

散装容器是指用于运输固体货物的盛装体系(包括任何内衬或涂层),其中的固体货物与盛装体系发生直接接触,散装容器不包括包件、中型散装容器、大宗包装和可移动罐柜。它具有永久性,强度足以供重复使用;经特殊设计便于用一种或多种运输方式运输货物而无须中间倒装;配备便于装卸的装置,并且容积不小于 1 m^3。散装容器包括集装箱、海上散装容器、吊货箱、散货箱、交换车体箱、槽型集装箱、滚动式集装箱、车辆装载舱。

1. 一般规定

散装容器及其功能和设备在设计和构造上应能承受货物产生的内压力及正常搬运和运输中所产生的应力。如果装有卸货阀,则卸货阀在关闭位置上须能将箱子关闭妥当,并且能够防止整个卸货装置受到损坏。用于开关杆控制的卸货阀应能防止非故意打开,并且开位和关位易于识别。由于散装容器涉及的种类和形式较多,且没有相对固定的设计和构造标准,考虑科技的进步,对于利用替代装置达到了至少等同于《国际危规》中关于散装容器的安全标准的容器,相关主管机关可予以考虑。

2. 散装容器分为帘布式(BK1)和封闭式(BK2)两种

(1)帘布式散装容器是指顶部开敞式容器,具有刚性底板(包括圆底边)、侧壁、端壁,但箱顶为非刚性的盖板。帘布式散装容器不得用于海上运输。

(2)封闭式散装容器是指具有刚性的箱顶、侧壁、端壁及底板(包括圆底边),包括可在运输中关闭的顶开门、侧开门和端开门容器。封闭式散装容器顶部可设有开口,用于箱内蒸气和气体与外界空气进行交换,但能在正常运输条件下防止箱内固体货物的漏出及雨水和海水的渗入。

3. 散装容器可分为用作散装容器使用的集装箱和除集装箱外的散装容器

(1)对于用作散装容器使用的集装箱,其检验和试验必须按照 1972 年《国际集装箱安全公约》的要求进行,并按照公约的要求做出"安全认可牌"。

(2)对于除集装箱外的散装容器,当用于运输时,必须得到主管机关的批准,且在运输文件中声明"经……主管机关批准的散装容器 BK2"。对于车辆装载舱,须符合负责散装危险货物运输的陆路运输主管机关的规定,并得到其认可。

六、压力容器

压力容器是一个包括钢瓶、管、压力桶、封闭的冷藏容器、金属贮氢系统和钢瓶组在内的集合术语。

(一)固定方式、歧管总成、隔离阀的注意事项

组装在捆包内的各压力容器,须在结构上作为一个单元予以支撑和固定。

固定方式须能防止容器与组装件之间的相对运动及可能会产生有害局部应力集中的移动。歧管总成(如歧管、阀门和压力表)须在设计和构造上防止碰撞损坏和一般在运输过程中遇到的作用力。歧管须至少具有与钢瓶相同的试验压力。运输有毒的液化气体时,每个压力容器须配备一个隔离阀,以保证每个压力容器能够单独充装并且在运输中不会发生压力容器内装物间的置换。

(二)辅助设备

每个压力容器须配备符合规定的压力释放装置。减压阀的设计应能防止外部物质的进入、内部气压的泄漏及防止内部产生危险的过大压力。除压力释放装置外,承受压力的阀门、管路和其他附件在设计和构造上须使其爆炸压力至少能承受压力容器试验压力的 1.5 倍。

(三)UN 压力容器和非 UN 压力容器

1. UN 压力容器

当压力容器的设计、制造、检验、试验和批准是按照国际标准化组织制定的有关标准进行,并满足《国际危规》的有关要求时,我们通常称之为 UN 压力容器。UN 压力容器的检验、试验和批准都须按照主管机关满意的质量体系控制程序进行,并签发相应的证书,有关标记的规定分为:

(1)UN 可重复充灌压力容器标记,主要内容包括三个部分:

①联合国包装标记,应标记联合国包装符号、设计制造和试验技术标准、批准国识别符号、检验机构识别符号和初始检验日期。

②压力容器操作性标记,应标记试验压力、空容器质量、最低壁厚及特殊物质的标记要求等。

③压力容器生产标记,应标记气瓶螺纹识别符号、生产商的注册标记和分配的序列号,运输特殊物质时需要标明钢的相容性。

(2)UN 非重复充灌压力容器的标记。相对 UN 可重复充灌的压力容器,可免除部分项目的标记。

(3)UN 金属氢化物储存系统的标记。

2. 非 UN 压力容器

当压力容器的设计、制造、检验、试验和批准未按照国际标准化组织制定的有关标准进行,而是依据主管机关认可的技术标准设计建造的满足一般要求的压力容器,我们称之为非 UN 压力容器。非 UN 压力容器的标记须符合使用国主管机关的要求。

第三节 包装危险和有害物质的标志、标记和标牌

本节主要针对危险货物性质做标志和标记,但包件上可视情况显示在搬运和储存时起警告作用的附加标记或符号(如表示须保持包件干燥的雨伞符号)。

一、包件(包括中型散装容器)标记

除《国际危规》另有规定外,每个装有危险货物的包件都须标有正确的运输名称和冠以字母“UN”的相应的联合国编号。对于未包件物品,须在物品、支架或搬运、储存或吊放装置上加以标记。对于 1.4 类、配装类 S 的货物,“分类”和“配装类”的字母也须标示出来,除非 1.4S 的标志已经显示。例如:腐蚀性液体,酸性,有机的,未另列明的(辛酰氯),UN 3265。

1. 包件标记的一般规定

(1)须清晰可见且易识别;

(2)须做到在海水中浸泡 3 个月以上标记内容仍清晰可辨,在考虑适当的标记方法

时,还须考虑所用包装材料及包件表面的耐久性;

(3)须和包件外表面的背景形成鲜明的颜色对比;

(4)不应与可能大大降低其效果的其他包件标记放在一起;

(5)救助包装还须额外标有“救助”(SALVAGE)字样;

(6)容量超过 450 L 的中型散装容器和大宗包装须在相对的两侧标记。

2. 海洋污染物的特殊标记规定

(1)满足环境有害物质(水环境)标准的海洋污染物包件,须耐久地标有环境有害物质的标记,但下述单一包装或含有内包装的组合包装除外:

①液体内装物,净重 5 L 或以下;或

②固体内装物,净重 5 kg 或以下。

(2)海洋污染物标记应位于《国际危规》5. 2. 1. 1 要求的标记的临近处。

(3)用于包装的海洋污染物标记尺寸至少为 100 mm×100 mm,除非由于包装尺寸的原因,只能使用更小的标记。

(4)《国际危规》5. 2. 1. 7. 1 要求的除外,内包装盛有液态危险货物的组合包装、装有通气孔的单个包装,以及拟装运冷冻液化气体的冷冻容器须明显地标示出包件指示箭头(根据 ISO 780:2015 要求)。指示箭头应张贴在包件外相对的两个竖直面上,箭头笔直地指向正确的方向。整个标记应为长方形,大小与包件相称。可以自由选择是否在箭头四周画一条长方形的边缘线。

3. 对于第 7 类的特殊标记规定

(1)每一包件须标出易识别、耐久的标记,用以识别发货人或收货人或两者的标记。

(2)例外包件须在其包装外表面清晰、耐久地标注:

①以 UN 开头的联合国编号;

②发货人或收货人,或其两者的身份信息;和

③如果超过 50 kg,允许的毛重。

(3)每一超过 50 kg 的包件都须用易识别、耐久的标记标出允许的最大总重量。

(4)每个对于 IP-1 型、IP-2 型或 IP-3 型包件设计,须相应用“IP-1 型”(TYPE IP-1)、“IP-2 型”(TYPE IP-2)或“IP-3 型”(TYPE IP-3)字样在其包装外表用易识别、耐久的标记标出。在设计结构上,应以易辨耐久的标记标示出设计证书颁发国的国际车辆注册码(VRI 代码),并附以生产厂家的名称或其原设计国主管机关规定的包装识别标记;A 型包件设计须在其包装外表标以易识别、耐久的“A 型”(TYPE A)字样。

(5)按《国际危规》6. 4. 22. 1~6. 4. 22. 5 或 6. 4. 24. 2~6. 4. 24. 3 的标准设计并经主管机关批准的包件须在其包装外表面以易识别、耐久的字样标出以下内容:

①由主管机关指定的设计识别标记;

②能够唯一标示符合该种设计的每一包装的系列号;

③B(U)型或 B(M)型包件设计应标上相应的“B(U)型”[TYPE B(U)]或“B(M)型”[TYPE B(M)]字样;

④C 型包件设计应标上相应的“C 型(TYPE C)”字样。

(6)每个 B(U)、或 B(M)或 C 型包件的设计结构上,还应在其最外层的耐火、防水容器表面,以凹凸印或其他耐火、防水的方法醒目地标示出三叶型符号标记。

(7)当 LSA-1 或 SCO-1 物质盛装在容器或包装材料中时,并且在《国际危规》4.1.9.2.3 中允许的独家使用条件下运输,这些容器或包装材料的外表面可带有“RADIOACTIVE LSA-1”或“RADIOACTIVE SCO-1”标记,取其使用者。

(8)如果包件的国际运输需要主管机关的设计或装运批准,而所涉及的国家的装运批准类型又各不相同,应根据最初设计国批准的证书做标记。

4. 向上标记

下列包装须如下列彩图所示或根据 ISO 780:2015 的要求明显地标注出包件的指示箭头。

(1)含有盛有液态危险货物内包装的组合包装。

(2)装有通气孔的单一包装。

(3)拟装运冷冻液化气体的冷冻容器。

5. 可免除量标记

装有可免除量危险货的包件须按 3.5.4 的规定标记。

6. 限量标记

装有限量危险货的包件须按 3.4.5 的规定标记。

7. 锂电池标记

装有锂电池或锂电池组的包装应张贴锂电池标记,如图 3-5 所示,锂电池标记为 100 mm×100 mm。

*联合国编号位置

* *电话号码额外信息位置

图 3-5 锂电池标记

二、包件(包括中型散装容器)标志

危险货物的标志是在包件上使用图案和相应的说明描述所运危险货物的危险性和危险程度。这是以危险货物分类为基础的,分为主标志和副标志。除标示危险性标志外,包件上可标示在搬运和储存时应加以注意的附加标记或符号。

1. 一般规定

(1)危险货物一览表中具体列出的物质或物品,须贴有危险货物一览表第 3 栏所示危害性的危险类别标志,并附加第 4 栏中所示的副危险性标志。当第 4 栏中未表明需标注副危险性标志或在表明副危险性的同时明示可以免除副危险性标志的要求时,第 6 栏的特殊规定还可能要求副危险性标志。

(2)包件中装有低度危险的危险货物可免除标志要求。在危险货物一览表的第 6 栏的特殊规定中会给出是否需要副危险性标志的规定。对于某些物质,包件须用特殊规定中显示的适当内容标记。

(3)标志可分为上下两部分。第 1.4、1.5 和 1.6 类的标志的上半部分标明分类号,下半部分标明配装类字母。第 1.4 类配装类 S 一般不需要标志,但如果认为需要,则须依照第 1.4 类标志的式样。除第 1.4、1.5 和 1.6 类外,标志的上半部分为表示其危险性的图形符号,下半部分为文字和类别或分类号和适当的配装类字母。除第 7 类物质的标志外,任何在标志下半部分显示的文字(不是类别或分类号)的内容须仅限于危险性质和在搬运中的注意事项。

(4)主危险性和副危险性的标志稍有区别,副危险性标志不显示标志最下部的类别号。

(5)所有标志上的符号、文字和号码须用黑色表示,但下面的情况除外:

①第 8 类的标志,文字(如果有)和类别号须用白色。

②标志底色全部为绿色、红色或蓝色时,符号、文字和号码可用白色。

③第 2.1 类标志粘贴在钢瓶和液化石油气气瓶上,符号、文字和号码可采用容器的背景色,但要与背景颜色反差足够大。

(6)除《国际危规》5.2.2.2.1.2 另有规定外,每 标志须:

①如果包件的尺寸足够大,贴在包件表面靠近正确运输名称标记的地方。

②贴在包件表面不会被覆盖或挡住的地方。

③当主危险性标志和副危险性标志都有时,须彼此紧挨着贴。一般要求主副标志上下对角粘贴,主危险性标志在上,副危险性标志在下;或主副表示上下对边粘贴,主危险性标志在左上部,副危险性标志在右下部;但是,由于受包装规格的限制只能横排显示时,主危险性标志在左,副危险性标志在右。

④当包件形状不规则或尺寸太小以致标志无法令人满意地贴上时,可用结实的签条或其他方法固定在包件上。

⑤容量超过 450 L 的中型散装容器须在相对的两侧贴标志。

⑥标志须贴在形成鲜明颜色对比的表面上。

(7)标志的具体要求:

①标志颜色、符号、数字和基本格式须符合《国际危规》的规定。

②对于第 2 类危险货物的气体钢瓶,由于其形状、运输中的积载方向和封装的机械结构,可依照 ISO 7225:2005 粘贴本节规定的较小些的具有代表性的标志,但要在钢瓶的非圆柱体部位(肩部)显示,表示主危险标志和标志上的数字须易辨可见。

③除对上述气体钢瓶要求外,包件上的标志须不小于 100 mm×100 mm,呈方形,其边与水平线呈 45°角(菱形)放置,除非因包件尺寸问题而只能粘贴较小标志。

④在装有危险货物的包件上粘贴标志或标志图案,应做到使其在海水中至少浸泡 3 个月后其标志或标志图案仍清晰可辨。在确定标志方法时,还须考虑所用包装材料及包件表面材料的耐久性。

(8)《国际危规》为每一类以及其中的每一小类规定了标志图案。

2. 特殊规定

(1)内装第 8 类物质的包装,如所具有的“毒性”只是引起生物组织的破坏,则不需贴带有第 6.1 类字样的副危险性标志。第 4.2 类物质不需贴带有第 4.1 类字样的副危险性标志。此外,如果某种物质符合几个类别的定义,而且其名称未在危险货物一览表中具体列出,须根据分类规定来确定其主危险性类别,除主危险性标志外,还须贴副危险性标志。

(2)第 2 类有三种不同的标志:一种表示第 2.1 类的易燃气体(红色);一种表示第 2.2 类的非易燃无毒气体(绿色);一种表示第 2.3 类的毒性气体(白色)。如果危险货物一览表表明第 2 类气体具有一种或多种副危险性,则须按《国际危规》表 5.2.2.1.4(具有副危险性的第 2 类气体的标志)所示进行标志。

(3)对于 B 型自反应物质须有“EXPLOSIVE”(爆炸品)第 1 类副危险性标志,允许免除该标志的除外。

(4)装有 B、C、D、E 或 F 型有机过氧化物的包件须贴第 5.2 类标志。不需要贴“FLAMMABLE LIQUID”(易燃液体)副危险性标志。此外还须贴以下副危险性标志:

①B 型有机过氧化物须贴有“EXPLOSIVE”(爆炸品)副危险性标志,除非主管机关因为试验数据已证明该有机过氧化物在此包装内不显示爆炸性能,已批准具体包件免贴这种标志。

②当符合第 8 类物质包装类Ⅰ或包装类Ⅱ的标准时,需要贴带有“CORROSIVE”(腐蚀性)副危险性标志。

(5)对感染性物质包件标志除了贴感染性物质 6.2 类的主标志外,还须贴带有根据内装物性质所要求的所有其他标志。

(6)对放射性物质标志的特殊规定:

①每一盛装放射性物质的包件、集合包件和集装箱至少须带有两个符合《国际危规》第 5.2 章中规定的 7A、7B 和 7C 式样的标志,根据包件、集合包件和集装箱的类型取其适用者。

②标志须相应贴在包件两个相对的外侧或集装箱的全部四个侧面。每一盛装放射性物质的集合包件至少应用两个标志贴在两个相对的外侧面。

③盛装裂变性物质的包件、集合包件和集装箱,不包括免除的裂变性物质,须张贴符合《国际危规》第 5.2 章中规定的 7E 号式样的标志;该标志如果适用,须贴在靠近放射性物质标志处,标志不应覆盖本章所述的标志。任何与内装物无关的标志须去除或覆盖。

④对符合 7A、7B 和 7C 式样标志的具体信息,《国际危规》也做了具体规定。

⑤标志应对具有主管机关颁发的特殊安排批准证书或包装设计批准证书所示的临界安全指数(CSI)。

三、货物运输组件的标牌

货物运输组件系指公路运输罐柜或货车、铁路运输罐柜或货车、多式联用集装箱或可移动罐柜或多单元气体容器(MEGC)。

1. 一般规定

(1)如果贴在包件上的标志和/或标记从其外面不能清楚可见的话,须将放大了的标志(标牌)、标记和符号粘贴在货物运输组件的外表面上,以警告人们在组件内装有危险货物并存在着危险。

(2)在货物运输组件上显示标牌和标记的方法,须做到在海水中至少浸泡3个月后货物运输组件上的标牌和标记仍清晰可辨。在考虑适当的标记方法时,还须考虑货物运输组件表面能进行标记的简易性。

(3)当货物运输组件内所装的危险货物或其残余物完全卸掉后,须立即除掉或遮盖掉那些由于装运此类物质而显示的标牌、橘黄色标签、标记或标志。

(4)货物运输组件的外表面上须带有标牌,以警告人们在组件内装有危险货物并存在危险。除以下情况外,标牌须和运输组件中货物的主危险性相对应:

①对装有任何数量配装类为S的第1.4类爆炸品、限量内运输的危险货物或豁免运输的第7类放射性物质的运输组件,不要求做标牌;

②当组件内装有的第1类物质或物品多于一个分类号时,可以只显示最高爆炸危险性质的标牌。

标牌应贴在底色与其本身颜色对比鲜明的位置,或有虚或实线边框。

(5)危险货物一览表第4栏规定的物质或物品的副危险性须用标牌显示。然而,当组件内危险货物多于一种类别时,如果其危险性已在主危险性标牌上显示出来,则不需要再贴副危险性标牌。

2. 贴标牌的要求

装有危险货物或危险货物残留物的货物运输组件,须按下列方式清楚地显示标牌:

(1)集装箱、半挂车或可移动罐柜:在其每侧和每端。

(2)铁路罐车:至少在每侧。

(3)盛装一种以上危险货物或其残留物的多隔间罐柜:在相关分格间的位置,沿每侧标记。

(4)其他任何货物运输组件:至少在组件背面和两侧。

3. 对第7类物质的特殊要求

(1)载运包件(例外包件除外)的大型集装箱及罐柜须贴有与上图式样相符合的四种标牌,该标牌须沿垂直方向贴在每侧和每端。任何与内装物无关的标牌都须被去除,不需要同时粘贴标志和标牌。

(2)铁路和公路货车载运贴有7A、7B、7C或7E式样的任何标志的包件、集合包件或集装箱,或装载着专用的托运货物,须在下列位置贴上《国际危规》第5.3章中规定的7D式样的标牌:

①铁路货车车厢的两个外侧面;

②公路货车的两个外侧面及后面外侧。

货车车厢在没有侧面的情况下,若容易看到,标牌可以直接贴在载货组件上;对体积大的罐柜或集装箱,上述标牌应能满足需要。若货车上没有足够大的地方粘贴大的标牌,则图中给出的标牌尺寸可缩小到100 mm×100 mm。与内装物不相关的任何标牌都须去除。

4. 对标牌的详细说明

(1)第7类标牌的尺寸至少为250 mm×250 mm[上述3.(2)允许的情况除外],边缘内5 mm有一圈同边缘平行的黑线。如果使用不同的尺寸,图中的相对比例仍须保持。

数字“7”须至少为 25 mm 高，标牌上半部的底色须为黄色，下半部为白色，三叶形和印字为黑色。下半部“放射性”(RADIOACTIVE)字样的使用是非强制性的，也允许在此位置显示所托运货物的联合国编号。

(2)除上述(1)中对第 7 类标牌规定外，标牌须为：

①尺寸不小于 250 mm×250 mm，并带有和符号颜色相同的线，该线距边缘向里 12.5 mm 且和边缘平行。

②与每一危险货物标志的颜色及符号相匹配。

③如同对标志的要求，在标牌的下半部的适当位置显示类别号(对于第 1 类货物，标明相应的配装类字母)，其数字的高度不应小于 25 mm。

四、货物运输组件的标记

《国际危规》要求将一些放大了的标记显示在运输组件的外表面上，以提醒人们注意组件内装有危险货物并存在危险。这些标记包括正确运输名称、联合国编号等。

1. 正确运输名称的显示

(1)内装物的正确运输名称须持久地标记于下述运输组件的至少两侧：

①含危险货物的罐柜运输组件；

②含危险货物的散货包装；或

③装有单一物品包装危险货物且无标牌、联合国编号或海洋污染物标记要求的任何其他货物运输组件，另一个方法是可以显示联合国编号。

(2)危险货物正确运输名称的显示字母不得小于 65 mm 高，颜色须与背景色形成鲜明对比。

2. 联合国编号的显示

(1)除第 1 类货物外，联合国编号须显示在下列托运货物上：

①在罐柜货物运输组件中运输的固体、液体或气体，包括多隔间罐柜货物运输组件的每个隔间上；

②包装危险货物，总重超过 4 000 kg，并针对该货物只有一个联合国编号，而且是货物运输组件中唯一的危险货物；

③在车辆或集装箱或罐柜中未包装的第 7 类 LSA-Ⅰ、SCO-Ⅰ或 SCO-Ⅲ的物质；

④当要求以独家运输时，装载于车辆或集装箱内或具有唯一联合国编号的包装放射性货物；

⑤在散装容器内的固体危险货物。

(2)联合国编号须以黑色数字表示，数字高度不小于 65 mm，且：

①与在主要危险类别标牌下半部白色背景颜色相反；

②显示于高不小于 120 mm，宽不小于 300 mm，四周带有 10 mm 黑框的橘黄色长方形板上，位置紧靠标牌或海洋污染物标记；当不需要标牌或海洋污染物标记时，联合国编号须紧靠正确运输名称。

3. 加温物质

(1)货物运输组件内的物质，如果液态物质运输或交付运输时温度等于或超过 100 ℃，或固态物质运输或交付运输时的温度等于或超过 240 ℃，那么这样的组件须在其每一侧和每一端面上粘贴加温标记。这个三角形标记边长须不小于 250 mm，且为红色。

(2)除了加温标记，在运输过程中预计物质达到的最高温度须耐久地标记在可移动罐柜或隔热护套的两端，并和加温标记紧相邻，字体高度至少为 100 mm。

4. 海洋污染物

装有海洋污染物的货物运输组件，即使包件上不需要粘贴海洋污染物标记，组件上也须清楚地显示海洋污染物标记。标记要符合规格要求，尺寸至少为 250 mm×250 mm。

5. 限量

仅含限量运输危险货物的货物运输组件不必挂标牌或做标记，但须在外表面恰当地标有最小尺寸为 250 mm×250 mm 的限量危险货物包件标志。

【本章小结】

本章介绍了危险货物的包装的基础知识，包括包装的定义、包装的封口以及包装类的确定，同时介绍了《国际危规》中专门用于海上运输危险货物的各类包装，包括常规包装、中型散装容器、大宗包装、罐柜、散装容器、压力容器，以及危险货物的标志、标记和标牌。本节内容与海上危险货物的运输工作息息相关，须着重掌握。

【思考题】

1. 危险货物包装的封口有哪几种类型？
2. 第 6.1 类危险货物如何确定包装类？
3. 危险货物主标志和副标志有何区别？
4. 包件的标记主要包括哪些内容？
5. 危险货物常规包装的包装合格标记中包含哪些信息？
6. 第 3 类危险货物如何确定包装类？
7. 常规包装的试验项目包括哪些？
8. 第 7 类物质包件和集合包件如何指定类别？
9. 何为大宗包装？何为中型散装容器？
10. 货物运输组件粘贴加温标记有何要求？

《国际危规》危险货物标志、标记和标牌

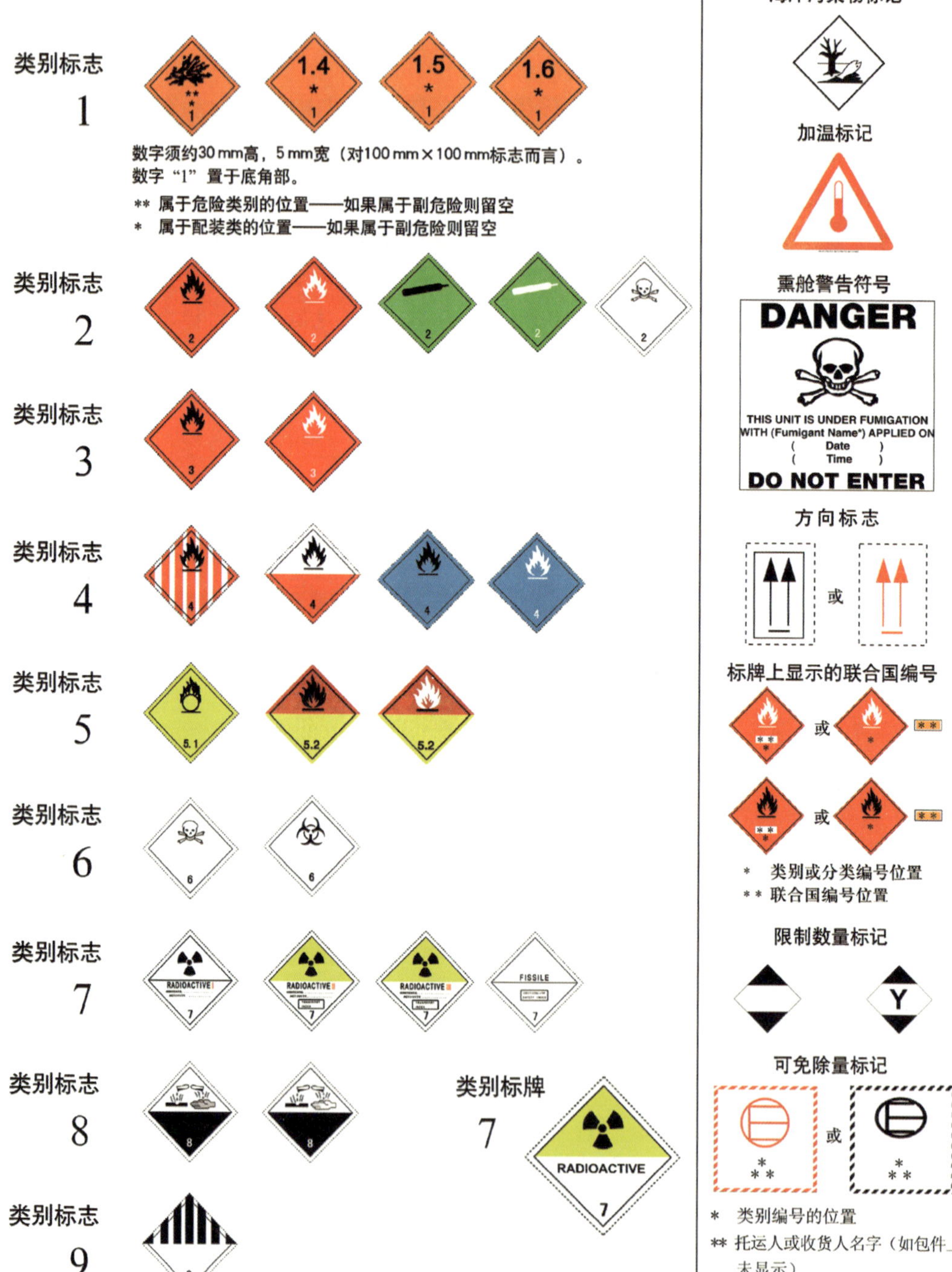

第四章 积载和隔离

第一节 危险货物的积载

一、危险货物积载的一般规定

(一)有关定义

(1)远离生活区是指包件或者运输组件须距住舱、进气口、机器出所和其他封闭工作区域至少 3 m。

(2)装运第一类货物的封闭货物运输组件是指用永久性的结构将内容物完全封装并能固定在船舶结构上的组件,并且除 1.4 小类外的组件是满足本节所定义的结构耐用的。顶部和侧壁为纤维材料的不是封闭货物运输组件。任何封闭货物运输组件的地面须是木质结构或是将货物布置或密合在格板、木质托盘或垫板上。

(3)可燃材料是指可能是或可能不是,但是能被轻易点燃并支持燃烧的材料。本定义不适用包装材料和衬垫。

(4)潜在火源是指但不限于开放火源、机器排气装置、厨房通风口、电插座和包括货物运输组件制冷或加热设备在内的电气设备,经认可的安全型电气设备除外。

(5)远离热源是指包件或货物运输组件温度超过 55 ℃受热的船舶结构至少 2.4 m 积载。受热结构的例子有蒸气管、加热盘、加热燃料和货物罐柜的顶部或侧壁及其处所的舱壁。热源包括太阳直射。

(6)积载是指为在航行确保安全和保护环境,将危险货物恰当地布置在船上。

(7)舱面积载是指在露天甲板上的积载。

(8)舱内积载是指不在露天甲板上的任何积载。

(9)对于第一类货物的结构耐用是指货物运输组件须在其结构部件上不能有主要缺陷,这些部件诸如集装箱的上下横梁、上下端梁、门槛门楣、地板底横梁、角柱和角配件。

(二)为适当积载而划分的船舶类型(除第1类爆炸品外)

(1)货船或载客限额不超过25人或船舶总长每3 m不超过1人的客船,以数额较大者为准。

(2)载客超过上述限制数额的其他客船。

(三)危险货物积载类及积载要求

为了确定适当的积载方式,除第1类爆炸品外,其他类别危险货物依据安全装运所需要的积载位置分为不同的积载类。这些积载类范围是从积载类A至E。

需要将船舶类型和危险货物积载类这两种因素综合考虑,才能最终确定适当的积载方式,即依据上述不同船舶类型,某种货物不同的积载类(从《国际危规》危险货物一览表第16a栏可查到),决定该货物是应当被积载在舱内还是在舱面。同一种积载类对不同类型船舶有不同的要求。在某些情况下,客船禁止运输危险货物。

《国际危规》第7.1章规定了各积载类对不同船舶类型的积载位置要求,现将其归纳于表4-1危险货物积载方式。

表4-1　危险货物积载方式

船舶种类	积载类A	积载类B	积载类C	积载类D	积载类E
货船①	舱面或舱内	舱面或舱内	只限舱面	只限舱面	舱面或舱内
客船②	舱面或舱内	只限舱面	只限舱面	禁止装运	禁止装运

注:①货船或载客限额不超过25人或船舶总长每3 m不超过1人的客船,以数额较大者为准。

②载客超过上述限制数额的其他客船。

(四)危险货物积载的一般要求

(1)由于涉及危险货物的事故可能迅速影响全船,那些需要在短时间内撤离大量人员的“其他客船”不得载运某些具有特殊危险的物质、材料或物品。此项已标明在危险货物一览表中。

(2)一般根据危险货物一览表第16a栏及承运该货物的(为适当积载而划分)船舶类型,即可明确正确的积载方式。

(3)如果允许舱面或舱内积载,除第1类中一些主要危险是产生烟雾或毒气的物品建议舱面积载外,建议其他危险货物尽可能在舱内积载。

(4)遇水易损坏的纤维板箱和其他包件须在舱内积载。如在舱面积载,须严加防护,任何时候都不能使其受天气和海水侵袭。

(5)虽然危险货物一览表中有规定,但对于在其装满货时仅限舱面积载的未经清洗的空容器,则可以在舱面或舱内有机械通风的处所积载。带有2.3类标志未经清洗的空钢瓶应仅限舱面积载。

(6)用于盛装危险货物的包装堆码试验最低高度是3 m。允许船长在考虑积载、支撑和加固条件下,自行选择较高的积载。

(7)除非经主管机关批准,桶装危险货物必须直立积载。

(8)在舱面积载时,须保证消火栓、测量管等类似设备和通道不受影响,并与之远离。

(9)任何时候危险货物积载都须做到:

①保证走道和通向所有船舶安全作业必需设备的通道不受影响;

②对具有特殊危险的货物,应遵守危险货物一览表及第7章积载的特殊规定。

(11)凡需防止压力增大、分解或聚合的物质的积载,须将包件遮蔽,使其不受辐射热,包括免受强烈的阳光照射。

(12)危险货物一览表中要求积载时遮蔽,使其不受辐射热的物质,舱内积载时须"远离"热源。

(13)如果某些危险货物要求隔热保护,这些热源须包括火花、火焰、蒸气管道、加热盘管、加热的燃油舱和液货舱侧壁顶壁,以及机器处所的舱壁;或者,对于后者,这种舱壁须达到A-60或等效标准,但对于爆炸品,除须达到A-60标准外,还要与这种舱壁保持"远离"积载。

(14)不得在可移动罐柜上部积载其他货物运输组件,除非是专门设计且用于专门船舶,或已对其专门防护并使主管机关满意。

(15)若危险货物在舱内发生泄漏,应采取预防措施,防止泄漏物通过机器处所污水管及泵系误排出去。

(16)对限量内危险货物的积载应遵守《国际危规》3.4.3的规定。

(五)危险货物特殊积载要求

除注意危险货物一览表第16a栏积载类外,当决定适当的积载安排时,还必须注意该栏中可能提供的一种或多种特殊积载要求。

1. 与生活居住处所有关的积载

如果要求避开生活居住处所积载,那么在决定积载安排时还应考虑泄漏的蒸气会通过舱壁的通道或其他开口,或通过通风管道进入居住处所、机器处所、其他工作处所的可能性。确定有"避开生活居住处所"积载要求的物质、材料、物品的标准如下:

(1)易挥发的有毒物质;

(2)易挥发的腐蚀性物质;

(3)遇潮湿空气产生有毒或腐蚀性蒸气的物质;

(4)释放强烈麻醉性蒸气的物质;

(5)第2类易燃、有毒或腐蚀性气体。

要求"避开生活居住处所"积载的物质列在危险货物一览表第16a栏中。

所有感染性物质必须采用隔离3,与生活居住处所"用一整个舱室或货舱隔离"。

2. 海洋污染物的积载

海洋污染物必须合理装载和系固,以将其对海洋环境的危害减至最低限度,使船舶和人员的安全不受损害。若允许在舱内或舱面积载,除非在露天甲板能提供等效的防护,否则最好在舱内积载。若仅限舱面积载,须选择在有良好防护的甲板或露天甲板遮蔽区域内积载。

3. 未清洁空包装(包括中型散装容器和大宗包装)

尽管危险货物一览表给出了积载规定,装满货物时仅限舱面积载的未清洁的空包装(包括中型散装容器和大宗包装)可以在舱面和舱内有机械通风的处所积载。然而,带有第2.3类标志的未清洁的空压力容器须尽在舱面积载(还见4.1.1.11)废气喷雾剂仅按照危险货物一览表第16a栏进行积载。

4. 限量和免除量的积载

限量和免除量的积载见《国际危规》第3.4章和第3.5章。

5. 积载代码

危险货物一览表第16a栏给出的积载代码如表4-2所示，从SW1～SW28共28个代码。

表4-2　积载代码

积载代码	描述
SW1	避开热源
SW2	避开生活居住场所
SW3	须在控制温度下运输
……	……

6. 操作代码

危险货物一览表第16a栏给出的操作代码如表4-3所示，从H1～H5共5个代码。

表4-3　操作代码

操作代码	描述
H1	在合理可行的条件下尽量保持干燥
H2	在合理可行的条件下尽量保持阴凉
H3	运输过程中应积载(或保存)在阴凉通风的地方
H4	如货物处所的清洁工作只能在海上进行时，所遵循的安全程序和使用的设备标准至少要同在港口采用的那样行之有效。在这样的清洁工作进行之前，装石棉的处所应关闭或禁止接近这些处所
H5	避免处理包件或大宗包件，或将处理量降至最低。在人员或动物可能接触到的地方，通知相应的公共卫生部门或兽医部门

二、第1类危险货物的积载和装卸

(一)用于第1类危险货物积载的定义

1. 封闭式货物运输组件

封闭式货物运输组件是指任何采用永久性结构将内装物封闭并能固定在船舶结构上的组件，包括弹药箱。顶部或侧部为纤维材料的运输组件不属于封闭式货物运输组件。当规定用这种方式积载时，在甲板室或桅房这样的小型舱室内积载是可接受的替代方法。任何封闭式货物运输组件或舱室的地面须是木质结构或是将货物布置或密合在格板、木质托盘或垫板上。

2. 弹药舱

《IMDG规则》不再使用“弹药舱”一词，不作为船舶固定部分的弹药舱须遵守装运第一类货物的封闭货物运输组件的规定(见 7.1.2)。作为船舶固定部分的弹药舱须遵守 7.6.2.4 的规定。

3. 固定在船舶结构上

就舱面积载第 1 类货物而言,其是指牢固积载和绑扎以防止货物移动的任何封闭式货物运输组件或大型未包装的物品。

(二)第 1 类危险货物积载类

第 1 类危险货物应根据其积载类按危险货物一览表第 16a 栏所列要求进行积载,若积载类表明该第 1 类货物可以在客船上装运,则可装运爆炸品的最大重量应按照《国际危规》7.1.7.5 确定。

对第 1 类危险货物共划分了 5 个积载类,从积载类 01 至积载类 05。《国际危规》7.1.3.1 规定了第 1 类危险货物积载方式。第 1 类危险货物积载方式如表 4-4 所示。

表 4-4 第 1 类危险货物积载方式

积载类 01	货船(不超过 12 名旅客)	在舱面封闭式货物运输组件内或舱内
	客船	在舱面封闭式货物运输组件内或舱内
积载类 02	货船(不超过 12 名旅客)	在舱面封闭式货物运输组件内或舱内
	客船	在舱面封闭式货物运输组件内 或按照 7.1.4.4.5 的规定在舱内封闭式货物运输组件内
积载类 03	货船(不超过 12 名旅客)	在舱面封闭式货物运输组件内或舱内
	客船	禁止装运除非满足 7.1.4.4.5 的规定
积载类 04	货船(不超过 12 名旅客)	在舱面封闭式货物运输组件内 或在舱内封闭式货物运输组件内
	客船	禁止装运除非满足 7.1.4.4.5 的规定
积载类 05	货船(不超过 12 名旅客)	仅在舱面封闭式货物运输组件内
	客船	禁止装运除非满足 7.1.4.4.5 的规定

(三)第 1 类危险货物一般积载规定

(1)500 总吨及以上的货船、1984 年 9 月 1 日前建造的客船和 1992 年 1 月 1 日前建造的 500 总吨以下的货船载运第一类货物(1.4S 除外)须仅在舱面积载,除非有关当局另有批准。

(2)除 1.4 类之外的第一类货物须与生活区、救生设备和公共通道区域的水平距离不少于 12 m。

(3)除 1.4 类之外的第一类货物不能积载在距船舷 1/8 船宽的等效距离或 2.4 m 以内,取较小者。

(4)第一类货物不能积载在离潜在火源水平距离 6 m 以内。

(5)客船积载

第 1.4 类配装类 S 的爆炸品可以在客船上运输,不受数量限制。除下列情况外,其他第一类爆炸品不得在客船上运输。

①对于配装类 C、D 和 E 的货物和配装类 G 的物品，如果每船爆炸性物质的总净重不超过 10 kg，并且以在舱面或舱内积载的封闭货物运输组件运输。

②对于配装类 B 的物品，如果每船爆炸性物质的总净重不超过 10 kg，并且仅以舱面积载的封闭货物运输组件运输。

③第 7.1 章所述对第一类货物的替代安排可由有关当局批准。

(6) 为了防止未经批准人员的进入，所有舱室和货物运输组件均需上锁或适当关闭。上锁或关闭的方法须使得船员在出现紧急情况时能紧急进入而没有延误。

(7) 所采用的装卸程序和使用的设备不应产生火花，特别是当货物舱室的地面不是由合拢式木材制成时，尤为如此。在开始装卸爆炸物品之前，所有货物装卸人员应由托运人或收货人简要告知可能的危险和必要的预防措施。当包件内货物在船上受潮时，须立即征求托运人意见，在得到指示前，须避免处理包件。

(8) 当不同积载类货物在舱面积载时，除非按 7.2.7 规定允许混合积载的，否则至少须隔开 6 m 积载。

三、第 2 类危险货物的积载

(一) 第 2 类危险货物一般积载预防措施

(1) 容器在运输过程中尽可能合理保持阴凉，容器的积载应“远离”一切热源。

(2) 气体容器须按下列方式积载：

①应进行隔垫防止其直接接触钢质甲板。

a. 除非容器置于框架中成为组件，否则其积载和楔垫须能防止容器发生移动；

b. 液化气体容器须保证其液相不会接触任何减压装置。

②容器垂向积载应成组积载，并且还应注意：

a. 用坚实的木材制成箱或框将容器围蔽；

b. 必须进行垫隔使之与钢质甲板保持间隙；

c. 在箱内或框内的容器应缚牢以防止移动；

d. 木箱或框须用楔垫固定并绑扎牢固以防止其任意移动。

③舱面积载应保护容器不受热辐射包括烈阳光照射。

④舱内积载时应积载于有机械通风装置的货舱中。

(3) 须采取足够措施防止泄漏气体蔓延到船舶其他地方。气体不一定比空气轻，它有可能聚集在货舱的低处，被意外点燃，甚至发生“回火”。运载有毒或窒息性气体时，对这方面也须引起注意。

(4) 其积载方式应保证泄漏气体不会通过入口处或舱壁其他开口或通风口进入生活、机舱处所和其他工作区域。

(5) 如气体容器装在封闭货物运输组件内，须特别注意进入前打开门通风。

(二) 易燃或有毒气体的一般积载预防措施

(1) 须采取措施防止易燃气体受热。须配备机械通风装置，使其能有效地将易燃气体从封闭货物处所中排出。

(2)在客船积载时应远离供旅客使用的甲板和舱室。在滚装船积载时须对《国际危规》第7.4章的有关要求予以特别注意。

四、第3类货物的积载

(一)第3类货物的危害

第3类所有物质的蒸气都有麻醉作用,长时间吸入可能导致意识不清,深度或长时间的麻醉可能致死。

(二)第3类货物的积载要求

(1)对第3类物质应按危险货物一览表中的规定积载,但对使用下列包装,闪点等于或低于23 ℃(c.c)的物质,除非将其装于封闭的货物运输组件,否则应只限舱面积载:

①塑料罐(3H1、3H2);

②塑料桶(1H1、1H2);

③塑料桶内的塑料容器(6HH1、6HH2)。

(2)在运输中应尽可能合理地保持阴凉,其积载一般应"远离"一切可能的热源。

(3)应采取足够的措施防止易燃液体受到热辐射或其他热源的影响。应配备通风设施使它能有效地将货物处所的易燃蒸气排出。

(4)须采取足够措施防止泄漏的液体或蒸气蔓延到船舶其他地方。蒸气并不一定比空气轻,它可能聚集在货舱的低处,蒸气可能被意外点燃,甚至发生"回火"将易燃液体点燃。

(5)无论何时,用可移动罐柜载运闪点等于或低于23 ℃(c.c)的易燃液体时,其积载应保证泄漏气体不会通过入口处或舱壁其他开口或通风口进入生活、机舱处所和其他工作区域。

(6)如认为本类某种物质的积载需"避开生活居住处所",该内容将在危险货物一览表中列明。

(7)在客船积载时应充分远离供旅客使用的任何甲板和处所。在滚装船积载时见《国际危规》第7.4章的有关要求。

五、第4.1、4.2和4.3类危险货物的积载

(一)第4.1、4.2和4.3类危险货物一般积载预防措施

(1)运输中应尽可能合理地保持阴凉,其积载一般应"远离"一切热源。

(2)如某一物质易于散发能与空气形成爆炸性混合物的蒸气或粉尘,应采取预防措施将它装在通风良好的处所。

(3)在航行期间,如有卷入火灾的危险,也许有必要将托运的本类物质中的一件或数件加以抛弃。当允许舱内装载时,必须考虑这一点。

(4)在客船积载时应充分远离供旅客使用的任何甲板和处所。在滚装船积载时见《国际危规》第7.4章的有关要求。

(二)装有自反应物质的积载要求

运输期间,装有自反应物质,UN 2956、UN 3241、UN 3242、UN 3251和固体退敏爆炸

品的包件应避开热辐射,包括阳光的直射。

(三)鱼粉的积载要求

在危险货物一览表中列入“鱼粉,未稳定的(UN 1374,包装类Ⅲ)”和“鱼粉,稳定的(UN 2216,第9类)”这两种品名。其运输方式有松散包装运输和集装箱运输两种。

1. 鱼粉松散包装运输

(1)航行期间每天3次测温并记录。

(2)货温超过55 ℃并继续升高时,应限制向舱内通风;如自热现象持续应施放二氧化碳或惰性气体。因此,船舶须配备向舱内施放二氧化碳或惰性气体的设备。

(3)货物积载须远离会受热的管路和舱壁(如机舱舱壁)。

(4)对UN 1374,使用松散袋运输时,如果袋面良好和顺畅通风,则建议采用双列式积载,以提供良好的表面和穿堂通风。

(5)对UN 2216,使用松散袋运输时,袋装货物的积载无须特殊通风。

2. 鱼粉集装箱运输

(1)货物装箱后,密封箱门和其他开口处,防止空气进入。

(2)每天凌晨读取舱内温度并记录。

(3)如果舱内温度急剧升高,并继续增高,应急时可考虑试用充足的水,但须考虑由此带来的对船舶稳性的危险。

(4)货物积载应避开易变热的管路和舱壁(如机舱舱壁)。

(四)种子饼(UN 1386)的积载要求

在危险货物一览表UN 1386中有两种种子饼:

(1)a类:UN 1386,种子饼,含植物油的,用机械压榨的种子,含油量在10%以上或所含油及水分含量合计超过20%;

a类种子饼的积载要求:

①需要穿堂风和表面通风。

②航程超过5天时,需要配备向货舱施放二氧化碳或惰性气体的设备。

③袋装应采用双列式积载。

④定时测量货舱内不同深度的温度并做记录。货温超过55 ℃并继续升高时,应限制向舱内通风;如自热现象持续,应施放二氧化碳或惰性气体。

(2)b类:UN 1386,种子饼,含植物油的,经溶剂萃取和压榨的种子,含油量不超过10%且当水分含量高于10%时,所含油及水分含量合计不超过20%。

b类种子饼的积载要求:

①需要表面通风,以消除溶剂蒸气。

②航程超过5天,袋子积载处无循环贯通的通风设备,应定时测量货舱内不同深度的温度并做记录。

③航程超过5天,应配备二氧化碳或惰性气体施放设备。

六、第5.1类危险货物的积载

(一)第5.1类危险货物一般积载要求

(1)除了用于积载货物运输组件的货物处所外,在装入氧化性物质之前,应将货物处所打扫干净,清除一切不必要的可燃物。

(2)须尽可能地使用非易燃的加固和防护材料,并且只能使用最少数量清洁、干燥的木质垫料。

(3)应采取措施避免氧化物质渗入到其他可能贮有可燃物质的货舱、舭部等处所。

(4)曾装运氧化物质的货舱,卸货后应检查有无污染物;在用于装运其他货物尤其是食品之前,原已被污染的货舱应做适当的清扫和检查。

(二)硝酸铵和硝酸铵化肥的积载要求

硝酸铵(UN 1942)和硝酸铵化肥(UN 2067)积载措施:

(1)可积载在紧急时可以开启的干净货物处所。

(2)在装货前须考虑到如果发生火灾,可能需要打开舱盖提供大量通风、紧急情况时可能需要注水以及因货物处所淹水可能造成的船舶稳性风险。

(3)无危险性的硝酸铵混合物与可能在同一处所内积载的其他物质的相容性须在装货前加以考虑。

七、第5.2类危险货物的积载

(1)有机过氧化物应当按照积载类D积载。

(2)由滚装船装运时,见《国际危规》第7.4章的相关规定。

(3)应"远离"生活居住处所或其通道积载。

(4)应"远离"一切热源积载。对包件应加以保护,使其不受日光直射,并积载在阴凉和通风良好的地方。

(5)积载时应考虑,必要时应采取适当的应急行动,例如抛弃货物或用水淹没容器。

八、第6.1类危险货物的积载

(1)卸货后应检查舱室污染情况;装运其他货物,尤其是食品之前,应对受污染的舱室进行适当的清洗和检查。

(2)对同时属于易燃液体的有毒物质的补充积载要求:

①在客船积载时应远离供旅客使用的甲板或处所。如在滚装船积载时应特别注意通风和隔热。

②在运输期间,这些物质应积载于机械通风处所,并尽可能合理地保持阴凉,一般情况下应"远离"一切热源积载。

九、第7类危险货物的积载

(1)按危险货物一览表第16a栏所列方式积载。

(2)在运输低比活度放射性物质(LSA)或表面污染物体(SCO)(IP-1、IP-2、IP-3型)。工业包装或未包装的LSA物质和SCO的运输活度限值如表4-5所示。海船上的单个货物处所内的总活度不得超过表4-5所示的限值。

表 4-5 工业包装或未包装的 LSA 物质和 SCO 的运输活度限值

物质特性	海船限值
LSA-Ⅰ	无限值
LSA-Ⅱ和 LSA-Ⅲ不易燃的固体	无限值
LSA-Ⅱ和 LSA-Ⅲ不易燃的固体、所有的液体和气体	$100A_2$
SCO	$100A_2$

注:A_2 系指特殊形式放射性物质以外的,在第 2.7.2.2.1 段的表中列出或在第 2.7.2.2.2 段推算出的放射性物质活度值,该活度值用于确定《国际危规》规定的活度限制。

(3)托运货物应牢固积载。

(4)除主管机关在适用的批准证书中专门要求外,只要其表面平均通热量不超过 15 W/m^2,且周边货物为非袋装,其包件或集合包件可与包装的一般货物一起运输或储存,而无特殊积载要求。

(5)集装箱装载和包件、集合包件、集装箱的堆积须做如下控制:

①除专门使用情况外,装在同一运输工具上的包件、集合包件和集装箱应予以限制,使该运输工具上的运输指数总和不超过表 4-6 中所列的值,对 LSA-I 物质的运输指数总和没有限制。

表 4-6 非专门使用条件下集装箱和运输工具的运输指数(*TI*)限值

货运集装箱类或运输工具类型	单个货运集装箱或同一运输工具运输指数总和限值
货运集装箱	50
小型集装箱	50
大型货物货运集装箱	50
内陆水道船舶(驳船)	50
海船[a]	
(1)舱、室或特定区域:	
包件、集合包件、小型货运集装箱	50
大型货运集装箱(封闭集装箱)	200
(2)整船:	
包件、集合包件、小型集装箱	200
大型货运集装箱(封闭集装箱)	无限值

注:a. 装在按照《国际危规》7.1.14.7[下述(7)]规定的车辆上运输的包件或集合包装可以用船舶进行运输,条件是装载于船舶上的任何时候都不得把其从车辆中移出。

②如果某一托运货物是在独家使用条件下运输,对单个运输工具上的运输指数总和无须限值。

③在常规运输条件下,运输工具外部表面任何一点的辐射水平不得超过 2 mSv/h,并且离运输工具外部表面 2 m 处的辐射水平不得超过 0.1 mSv/h。

④在一个集装箱内及运输工具上的临界安全指数(CSI)的总和不得超过表4-7所列的值。

表4-7 内有易裂变物质的集装箱和运输工具的临界安全指数(*CSI*)限制

货运集装箱或运输工具类型	单个货运集装箱或同一运输工具临界运输指数总和限值	
	非独家使用	独家使用
货运集装箱		
小型集装箱	50	不适用
大型集装箱	50	100
车辆	50	100
内陆水道船舶(驳船)	50	100
海船[a]		
(1)舱、室或特定区域:		
包件、集合包件、小型集装箱	50	100
大型集装箱	50	100
(2)整船:		
包件、集合包件、小型集装箱	50[b]	200[c]
大型集装箱	无限制[b]	无限制[c]

注:a. 装在按照《国际危规》7.1.14.7[下述(7)]规定的车辆上运输的包件或集合包装可以用船舶进行运输,条件是装载于船舶上的任何时候都不得把其从车辆中移出。在此种情况适用"独家使用"条目。

b. 托运货物的作业和积载,要使得任何一个组中的*CSI*总和不超过50,且每个组的作业和积载都要使得各组间彼此间隔至少6 m。

c. 托运货物的作业和积载,要使得任何一个组中的*CSI*总和不超过100,且每个组的作业和积载都要使得各组间彼此间隔至少6 m。各组间的空间可装载其他货物。

(6)运输指数大于10的任何包件或集合包件或者临界安全指数大于50的任何托运货物须在专门使用条件下运输。

(7)对于专门使用条件下的托运货物,辐射水平不得超过:

①10 mSv/h:在包件或集合包件外表面任意一点,且仅在如下条件下可以超过2 mSv/h:

a. 车辆具有封闭装置,在正常运输条件下,能防止未经许可的人员入内;

b. 应采取措施固定包件或集合包件,使其在车辆内的位置在正常运输条件下保持固定;

c. 在整个运输期间不能进行装卸。

②2 mSv/h:在车辆外表面(包括上表面和下表面)任意一点;或者,对于开敞的车辆而言,在车辆外缘垂直投影面上、整件货物的上表面上、车辆底部外表面上任意一点。

③0.1 mSv/h:在车辆外侧面的垂直平面2 m外任意一点;或者,如果整件货物用开敞的车辆运输,在车辆外缘垂直投影面2 m外任意一点。

(8)对于公路车辆而言,载有贴着Ⅱ级—黄色标志或Ⅲ级—黄色标志的包件、集合包件或集装箱时,只允许司机和助手在车上。

(9)表面辐射水平大于 2 mSv/h 的包件或集合包件,除非按照表 4-7 中的表注(a)在独家使用的车辆内或车辆上运输,否则除了特殊安排外不得由船舶运输。

(10)由专用船舶运输托运货物时,由于船舶的设计或租船原因而使之专用于载运放射性物质,应予免除《国际危规》7.1.14.5 的规定,但须满足下列条件:

①该船舶运输中的辐射防护计划应经船旗国主管机关批准,如需要的话,还应经各中途停靠港主管机关的批准;

②应预先为整个航程确定积载计划,包括在各中途停靠港准备装载的任何托运货物;

③所有托运货物装卸和运输工作都须由在运输放射性物质方面适任的人员进行监督。

(11)通常用于运输放射性物质的运输工具和设备应定期进行检查以确定受污染水平,检查次数与污染可能性和所运输放射性物质的活度有关。

(12)除《国际危规》7.1.4.5.11 规定外,在放射性物质运输过程中,任何污染程度超过该规则 4.1.9.1.2 中的限值或表面辐射水平超过 5 μSv/h 的运输工具、设备或其一部分,应尽快由适任人员消除污染;且不能再使用,除非这种非固定放射性污染不超过上述 4.1.9.1.2 中固定的限量以及消除污染后表面的固定污染辐射水平低于 5 μSv/h。

(13)用于专载未包装放射性物质的专门使用的集装箱、罐柜、中型散装容器或运输工具的内表面应免除《国际危规》4.1.9.1.4 和 7.1.4.5.10 的要求,只要这种专门使用方式保持不变。

(14)如果某一托运货物无人接收,该货物应置于安全地点且尽快通知主管机关,并要求主管机关对进一步行动做出指示。

十、第 8 类危险货物的积载

(1)应尽可能合理有效地保持干燥,因为该类物质遇潮时对大多数金属都有不同程度的腐蚀性,有的还与水发生强烈反应。

(2)经许可盛装本类物质的无保护塑料包装尽可能合理有效地保持阴凉;多数塑料制品在较高温下强度降低。

(3)具有易燃液体特性的腐蚀品的补充积载措施:

①在客船积载时应远离供旅客使用的甲板或处所,在滚装船积载时应特别注意通风和隔热;

②在运输期间,这些物质须积载于机械通风处所,尽可能合理有效地保持阴凉,一般情况下应“远离”一切热源积载。

十一、第 9 类危险货物的积载

1. 硝酸铵化肥(UN 2071)的积载预防措施

(1)应积载在紧急时可以开启的干净货物处所。

(2)袋装化肥或装于容器内的化肥,如果发生紧急情况,能通过通畅的通道(货舱入口)拿到货物,并且船上的机械通风能将化肥分解产生的气体和烟雾排出。

(3)在装载前须考虑到如果发生火灾,可能需要打开舱室提供大量的通风,紧急情况时可能需要注水以及随后因货物处所进水而对船舶稳性造成的风险。

(4)在无法阻止分解的情况下(例如天气恶劣),不会对船舶结构立刻造成危险。分解后的残留物可能仅相当于原来装载量的1/2,这种损失量也可能对船舶稳性造成影响,这一点在装货前也应考虑到。

(5)不应与机舱的金属舱壁直接接触。对于袋装货,例如可以用木板使舱壁与货物之间隔开一个空间。短程国际航行不必适用此项要求。

(6)如船舶未装有烟雾探测装置或其他适当装置,应在航行中安排定期检查装有这些化肥的货物处所,其间隔不应超过4 h(如闻一闻其通风孔),以确保尽早发现化肥可能发生的分解。

2. 鱼粉,稳定的(UN 2216,第9类)积载预防措施

鱼粉,稳定的(UN 2216,第9类)的积载预防措施见《国际危规》第7.1章7.1.10.3。

第二节 危险货物的隔离

根据经修正的《1974年海上人命安全公约》第Ⅶ章A部分第6.1条要求,不相容的货物应当相互隔离。正确的隔离能有效地防止因泄漏等引发危险反应;万一发生火灾等事故,易于采取应急措施,最大限度地缩小危害范围,以减小损失。

《国际危规》第7.2章隔离规定适用于各类船舶所有的舱面或舱内载货处所和货物运输组件。

一、隔离的一般规定

1. 隔离措施

对应于互不相容危险货物发生反应产生的危险程度,所采取的隔离措施的要求也不相同。

(1)使互不相容的危险货物之间保持一定的距离;或

(2)在互不相容的危险货物之间隔一个或几个钢质甲板;或

(3)上述这些措施的总和。

危险货物之间的空余舱位可以装入与该危险货物相容的其他货物。

2. 隔离术语

本规则使用的隔离术语如下:

(1)“远离”;

(2)“隔离”;

(3)“用一整个舱室或货舱隔离”;

(4)“用一介于中间的整个舱室或货舱作纵向隔离”。

这些术语的基本含义随海上运输的不同形式,有不同的进一步的解释。就隔离而言,在危险货物一览表中使用了例如“与某类远离”的术语,“某类”应当被认为是“某类”中的所有物质以及要求贴有“某类”副危险标志的所有物质。

3. 隔离的一般表示法

(1)用《国际危规》7.2.1.16“隔离表”,表示不同类别危险货物间一般的隔离要求。除了这些一般的隔离要求外,某些特殊物质、材料或物品可能有必要与会产生危险的其他货物隔离。在危险货物一览表中表示的是对隔离的特殊规定,当与一般规定不一致时应优先符合这些规定,如:

①乙炔,溶解的,第2.1类,UN 1001,在危险货物一览表中特殊隔离要求为:与氯气“隔离”。

②氰化钡,第6.1类,UN 1565,在危险货物一览表中特殊隔离要求为:与酸“隔离”等。

(2)当物品具有单一副危险性质(一个副危险标志)时,如果从隔离角度对副危险性比主危险性要求更严,则对该物品的隔离应选择适合副危险性的隔离方式;就本条而言,与第1类副危险标志相应的隔离要求指第1类的第1.3小类。

(3)除第1类外的其他物质、材料或物品,当具有两种以上危险性质(两种或两种以上副危险标志)时的隔离要求在危险货物一览表中注明,如:

溴氯化物,第2.3类,UN 2901,副危险性为第5.1类和第8类,在危险货物一览表中特殊隔离要求为:按第5.1类隔离,并与第7类“隔离”。

应注意的是,危险货物一览表中要求“按……类危险货物的隔离要求”时,应使用7.2.1.16“隔离表”中相应类危险货物的隔离要求。对于《国际危规》7.2.1.11中所述不发生危险反应的同类危险货物,其隔离要求应使用危险货物一览表中主危险性类的隔离要求。

如,对于UN 2965三氟化硼合二甲醚,第4.3类,危险货物一览表中注明:按第3类隔离,但“远离”第3、4.1、8类。用7.2.1.16“隔离表”确定隔离要求时,应查阅第3类栏。只要该物质与其他第4.3类中的物质不会相互发生危险反应,就可以一起积载,而不必考虑副危险性(副危险标志)的隔离要求,前提是这些物质不会相互发生危险反应和引起:

①燃烧和/或产生大量的热;

②产生易燃、有毒或令人窒息的气体;

③生成腐蚀性物质;

④生成不稳定物质。

(4)在围蔽的中间甲板货物处所积载,不视为在“舱面”积载。

4. 隔离类

就隔离而言,具有某些相似化学性质的危险货物按隔离类被归在一起。目前已确定隔离类的物质清单列于《国际危规》3.1.4.4。如果在危险货物一览表第16栏(积载与隔离)中,某一特殊的隔离要求涉及某一类物质,例如“酸”,该特殊隔离要求适用于被划归为相应隔离类的货物。

在危险货物一览表中所指的隔离类名单:

(1)酸类;

(2)铵化合物;

(3)溴酸盐;

(4)氯酸盐;

(5)亚氯酸盐;

(6)氰化物;

(7)重金属及其盐类(包括其有机金属化合物);
(8)次亚氯酸盐;
(9)铅和铅化合物;
(10)液体卤代烃;
(11)汞和汞化合物;
(12)亚硝酸盐及其混合物;
(13)高氯酸盐;
(14)高锰酸盐;
(15)金属粉末;
(16)过氧化物;
(17)叠氮化物;
(18)碱类。

应注意的是,并不是在某一隔离类内的所有物质都在《国际危规》中按其名称分别列出。有些物质是按照“未另列明的(N.O.S)”条目运输的。所以属于“未另列明的”条目的具体货物名称并未列在上述隔离类清单中,托运人应确定所分配的隔离类是否合适。按“未另列明的”条目运输时,某种物质的混合物、溶液或制剂也应被视作属于该物质的隔离类。

《国际危规》中的隔离类没有包括超出该规则的分类标准的物质。须注意,有些非危险性物质具有与列在隔离类中的物质相似的化学性质。了解这些非危险性货物化学性质的托运人和负责把货物装入货物运输组件的人员,可以在自愿基础上实施相关隔离类的隔离要求。

与易燃材料进行的隔离,应当理解为不包括包装材料和垫舱材料。

5. 按一起积载危险货物中最为严格的要求隔离

当危险货物在一起积载时,不论危险货物是否装在货物运输组件中,它们之间的相互隔离须按所涉及的危险货物中最为严格的要求进行隔离。

6. 下列情况无须隔离

(1)由同一种物质构成,但仅含水量不同而被划分为不同类别的危险货物,无须隔离,如第4.2类和第8类中的硫化钠,或仅数量不同的第7类物质。

(2)属于不同类别的物质,但有科学证据表明它们互相接触不致发生危险反应。

7. 隔离表

《国际危规》7.2.1.16“隔离表”如表4-8所示。

表4-8 隔离表

类别	1.1 1.2 1.5	1.3 1.6	1.4	2.1	2.2	2.3	3	4.1	4.2	4.3	5.1	5.2	6.1	6.2	7	8	9
1.1, 1.2, 1.5	*	*	*	4	2	2	4	4	4	4	4	4	2	4	2	4	×

续表

类别	1.1 1.2 1.5	1.3 1.6	1.4	2.1	2.2	2.3	3	4.1	4.2	4.3	5.1	5.2	6.1	6.2	7	8	9
1.3, 1.6	*	*	*	4	2	2	4	3	3	4	4	4	2	4	2	2	×
1.4	*	*	*	2	1	1	2	2	2	2	2	2	×	4	2	2	×
2.1	4	4	2	×	×	×	2	1	2	×	2	2	×	4	2	1	×
2.2	2	2	1	×	×	×	1	×	1	×	×	1	×	2	1	×	×
2.3	2	2	1	×	×	×	2	×	2	×	×	2	×	2	1	×	×
3	4	4	2	2	1	2	×	×	2	1	2	2	×	3	2	×	×
4.1	4	3	2	1	×	×	×	×	1	×	1	2	×	3	2	1	×
4.2	4	3	2	2	1	2	2	1	×	1	2	2	1	3	2	1	×
4.3	4	4	2	×	×	×	1	×	1	×	2	2	×	2	2	1	×
5.1	4	4	2	2	×	×	2	1	2	2	×	2	1	3	1	2	×
5.2	4	4	2	2	1	2	2	2	2	2	2	×	1	3	2	2	×
6.1	2	2	×	×	×	×	×	×	1	×	1	1	×	1	×	×	×
6.2	4	4	4	4	2	2	3	3	3	2	3	3	1	×	3	3	×
7	2	2	2	2	1	1	2	2	2	2	1	2	×	3	×	2	×
8	4	2	2	1	×	×	×	1	1	1	2	2	×	3	2	×	×
9	×	×	×	×	×	×	×	×	×	×	×	×	×	×	×	×	×

注:“隔离表”中代码和符号的含义如下:

1——“远离”;

2——“隔离”;

3——“用一整个舱室或货舱隔离”;

4——“用一介于中间的整个舱室或货舱作纵向隔离”;

×——隔离要求(如有)应查阅危险货物一览表;

* 见《国际危规》7.2.7.2。

该表表示的是《国际危规》规定的危险货物不同类别间一般的隔离规定,包括爆炸品与其他危险货物之间的隔离,但不适用于第1类爆炸品各危险性分类之间的隔离,爆炸品应遵照配装类分类和配装类之间的配装积载要求。

值得注意的是:

(1)由于每一类别中的物质、材料或物品的特性差别很大,因此,当与其他规定不一致时,随时查阅危险货物一览表中对隔离的具体规定比查阅一般规定更重要。

(2)隔离还要考虑副危险性标志。

就海上运输的不同形式,《国际危规》第7.2章对隔离规定又做如下划分:

①包件的隔离;

②集装箱船上货物运输组件的隔离；
③滚装船上货物运输组件的隔离；
④船载驳上和载驳船上的隔离；
⑤具有化学危险性的散装物质与包件的危险货物之间的隔离。

二、包件的隔离

1. 适用范围

(1)常规形式积载的危险货物包件；
(2)货物运输组件内的危险货物；
(3)常规形式积载的危险货物与货物运输组件中所装的危险货物。

2. 常规形式积载的危险货物包件的隔离

隔离代码和术语的定义如下：

除第1类爆炸品之间的隔离要求外,《国际危规》7.2.2“包件的隔离”规定把危险货物的隔离分为4个等级。包件隔离等级如图4-1所示。

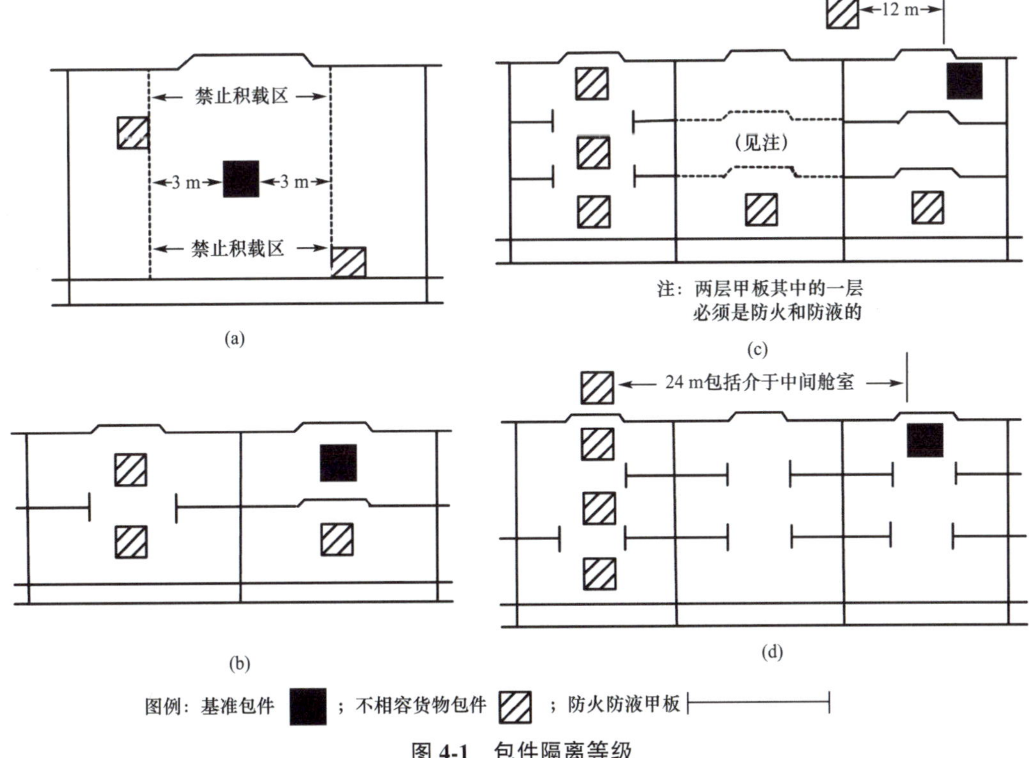

图 4-1 包件隔离等级

注:垂直实线表示货物处所(舱室或货舱)之间的防火防液横向舱壁。

(1)隔离1,称为“远离”:

有效地隔离从而使互不相容的物质在万一发生意外时不致相互起危险性反应,但只要在水平垂直投影距离不少于3 m,仍可在同一舱室或货舱内或“舱面”上积载,如图4-1(a)所示。

(2)隔离 2,称为“隔离”:

在“舱内”积载时,装在不同的舱室或货舱。如中间甲板是防火防液的,垂向隔离,即在不同的舱室积载,可以看成是同等效果的隔离。就舱面积载而言,这种隔离即不少于 6 m 的水平距离,如图 4-1(b)所示。

(3)隔离 3,称为“用一整个舱室或货舱隔离”:

垂向的或水平的隔离。如果中间甲板不是防火防液的,只能用一介于中间的整个舱室或货舱作纵向隔离。就“舱面”积载而言,这种隔离即不少于 12 m 的水平距离。如果一包件在“舱面”积载,而另一包件在最上层舱室积载,也要保持上述的同样距离,如图 4-1(c)所示。

(4)隔离 4,称为“用一介于中间的整个舱室或货舱作纵向隔离”:

单独的垂向隔离不符合这一要求。在舱内积载的包件与在“舱面”积载的另一包件之间的距离包括纵向的一整个舱室在内必须保持不少于 24 m。就“舱面”积载而言,这种隔离应不少于 24 m 的纵向距离,如图 4-1(d)所示。

3. 货物运输组件内危险货物的隔离

需相互隔离的危险货物不应在同一货物运输组件内装运。需相互“远离”的危险货物经主管机关批准,可以在同一运输组件内装运,但必须坚持等效的安全标准。

4. 常规形式积载的危险货物与货物运输组件中所装的危险货物的隔离

(1)常规形式积载的危险货物与开敞式货物运输组件中所装的危险货物之间的隔离应按照“常规形式积载的危险货物包件的隔离”进行;

(2)常规形式积载的危险货物与封闭式货物运输组件中所装的危险货物之间的隔离,除下列情况外,应按照“常规形式积载的危险货物包件的隔离”进行:

①要求“远离”时,包件与封闭式货物运输组件之间无隔离要求;

②要求“隔离”时,包件与封闭式货物运输组件之间按照“远离”积载。

三、集装箱船上货物运输组件间的隔离

1. 适用范围和定义

(1)《国际危规》7.2.3“集装箱船上货物运输组件间的隔离”规定,适用于全集装箱船上所装货物运输组件的隔离。

(2)其他类型的船舶如适当装备有能在运输中为集装箱提供永久积载的货物位置,这些要求也适用于该类船舶的甲板、货舱和舱室内所积载集装箱的隔离。对于开顶式集装箱船舶开敞货舱的隔离要求如表 4-9 所示。

(3)一个集装箱箱位指的是一个前后不少于 6 m、左右不少于 2.4 m 的空间。

(4)《国际危规》第 7.2 章某些小节适用于有常规积载货物处所的船舶或其他方法积载的船舶的货物处所。

2. 集装箱船上集装箱的隔离表

《国际危规》7.2.3.2 集装箱船上集装箱的隔离表如表 4-9 所示。

3. 开顶式集装箱船上货物运输组件的隔离表

《国际危规》7.2.3.3 开顶式集装箱船上货物运输组件的隔离表如表 4-10 所示。

表 4-9　集装箱船上集装箱的隔离表

隔离要求	垂直			水平						
	封闭式与封闭式	封闭式与开敞式	开敞式与开敞式		封闭式与封闭式		封闭式与开敞式		开敞式与开敞式	
					舱面	舱内	舱面	舱内	舱面	舱内
远离 1	允许一个装在另一个上面	允许开敞式的装在封闭式的上面，否则按开敞式与开敞式的要求	除非以一层甲板隔离，否则禁止装在同一垂直线上	首尾向	无限制	无限制	无限制	无限制	一个箱位	一个箱位或隔一个舱壁
				横向	无限制	无限制	无限制	无限制	一个箱位	一个箱位
隔离 2	除非以一层甲板隔离，否则不许在同一垂直线上	按开敞式与开敞式的要求		首尾向	一个箱位	一个箱位或隔一个舱壁	一个箱位	一个箱位或隔一个舱壁	一个箱位	一个箱位或隔一个舱壁
				横向	一个箱位	一个箱位	一个箱位	两个箱位	两个箱位	隔一个舱壁
用一整个舱室或货舱隔离 3				首尾向	一个箱位	隔一个舱壁	一个箱位	隔一个舱壁	两个箱位	隔两个舱壁
				横向	两个箱位	隔一个舱壁	两个箱位	隔一个舱壁	三个箱位	隔两个舱壁
用一介于中间的整个舱室或货舱作纵向隔离 4	禁止			首尾向	最小水平距离 24 m	隔一个舱壁且最小水平距离 24 m*	最小水平距离 24 m	隔两个舱壁	最小水平距离 24 m	隔两个舱壁
				横向	禁止					

* 集装箱距离中间舱壁不少于 6 m。

注：所有舱壁和甲板均须防火防液的。

表 4-10 开顶式集装箱船上货物运输组件的隔离表

隔离要求	垂直			水平						
	封闭式与封闭式	封闭式与开敞式	开敞式与开敞式		封闭式与封闭式		封闭式与开敞式		开敞式与开敞式	
					舱面	舱内	舱面	舱内	舱面	舱内
远离 1	允许一个装在另一个上面	允许开敞式的装在封闭式的上面，否则按开敞式与开敞式的要求	不许装在同一垂直线上	首尾向	无限制	无限制	无限制	无限制	一个箱位	一个箱位或隔一个舱壁
				横向	无限制	无限制	无限制	无限制	一个箱位	一个箱位
隔离 2	禁止装在同一垂直线上	按开敞式与开敞式的要求		首尾向	一个箱位	一个箱位或隔一个舱壁	一个箱位	一个箱位或隔一个舱壁	一个箱位且不在同一货舱上	隔一个舱壁
				横向	一个箱位	一个箱位	一个箱位	两个箱位	两个箱位且不在同一货舱上	隔一个舱壁
用一整个舱室或货舱隔离 3				首尾向	一个箱位且不在同一货舱里或货舱上方	隔一个舱壁	一个箱位且不在同一货舱里或货舱上方	隔一个舱壁	两个箱位且不在同一货舱里或货舱上方	隔两个舱壁
				横向	两个箱位且不在同一货舱里或货舱上方	隔一个舱壁	两个箱位且不在同一货舱里或货舱上方	隔一个舱壁	三个箱位且不在同一货舱里或货舱上方	隔两个舱壁
用一介于中间的整个舱室或货舱作纵向隔离 4	禁止			首尾向	最小水平距离 24 m 且不在同一货舱里或货舱上方	隔一个舱壁且最小水平距离 24 m*	最小水平距离 24 m 且不在同一货舱里或货舱上方	隔两个舱壁	最小水平距离 24 m 且不在同一货舱里或货舱上方	隔两个舱壁
				横向	禁止					

* 集装箱距离中间舱壁不少于 6 m。

注:注:所有舱壁和甲板均须防火防液的。

四、滚装船上货物运输组件的隔离

1. 适用范围

(1)《国际危规》7.2.4“滚装船上货物运输组件间的隔离”规定,适用于装在滚装船上或滚装船货物处所的货物运输组件的隔离。

(2)对于只在舱面或舱内运输货物运输组件的滚装船,及被正确布置用于在运输期间永久积载这种货物运输组件的货物处所,应符合《国际危规》7.2.3“集装箱船上货物运输组件间的隔离”规定。

(3)对于合并常规处所或其他形式积载的滚装船,相关货物处所适用《国际危规》第7.2章某些小节。

2. 滚装船上货物运输组件隔离表

滚装船上货物运输组件的隔离表如表4-11所示。

五、船载驳上及载驳船上的隔离

1. 适用范围

(1)《国际危规》7.2.5“船载驳上及载驳船上的隔离”规定,适用于船载驳上的隔离,也适用于专门设计和装备的载驳船上的船载驳之间的隔离。

(2)《国际危规》第7.2章中某些小节适用于有普通积载处所或其他方法积载处所的载驳船。

2. 船载驳上的隔离

船载驳内的隔离适用于《国际危规》第7.2章相关小节。

3. 载驳船上船载驳之间的隔离

(1)当船载驳上装有两种或两种以上隔离规定不同的物质时,船载驳之间应遵从较严的一种隔离规定。

(2)船载驳之间无“远离”和“隔离”的要求。

(3)隔离3,“用一整个舱室或货舱隔离”,对于具有垂向货舱的载驳船,就是装在不同的货舱中。对于具有水平载驳层的载驳船,就是装在不同的水平载驳层上,但其不应在同一垂线上。

(4)隔离4,“用一介于中间的整个舱室或货舱作纵向隔离”,对于具有垂向货舱的载驳船,就是用一介于中间的货舱或机舱隔离。对于具有水平载驳层的载驳船,就是装于不同的水平载驳层,但纵向距离应不少于两个船载驳的位置。

六、第1类危险货物之间的隔离

1. 第1类危险货物与其他类别危险货物之间的隔离

硝酸铵(UN 1942)、硝酸钠(UN 2067)、碱性金属硝酸盐和碱土金属硝酸盐可以与爆破炸药类(UN 0083爆破炸药,C型除外)一起积载,前提是将此组合体作为第1类的爆破炸药对待。碱性金属包括硝酸铯(UN 1451)、硝酸锂(UN 2722)、硝酸钾(UN 1486)、硝酸铷(UN 1477)和硝酸钠(UN 1498)。碱土金属硝酸盐包括硝酸钡(UN 1446)、硝酸铍(UN 2464)、硝酸钙(UN 1454)、硝酸镁(UN 1474)和硝酸锶(UN 1507)。

表 4-11　滚装船上货物运输组件的隔离表

隔离要求		水平					
		封闭式与封闭式		封闭式与开敞式		开敞式与开敞式	
		舱面	舱内	舱面	舱内	舱面	舱内
远离 1	首尾向	无限制	无限制	无限制	无限制	距离不小于 3 m	距离不小于 3 m
	横向	无限制	无限制	无限制	无限制	距离不小于 3 m	距离不小于 3 m
远离 2	首尾向	距离不小于 6 m	距离不小于 6 m 或隔一个舱壁	距离不小于 6 m	距离不小于 6 m 或隔一个舱壁	距离不小于 6 m	距离不小于 12 m 或隔一个舱壁
	横向	距离不小于 3 m	距离不小于 3 m 或隔一个舱壁	距离不小于 3 m	距离不小于 6 m 或隔一个舱壁	距离不小于 6 m	距离不小于 12 m 或隔一个舱壁
用一整个舱室或货舱隔离 3	首尾向	距离不小于 12 m	距离不小于 24 m 并隔一层甲板	距离不小于 24 m	距离不小于 24 m 并隔一层甲板	距离不小于 36 m	隔两层甲板或两个舱壁
	横向	距离不小于 12 m	距离不小于 24 m 并隔一层甲板	距离不小于 24 m	距离不小于 24 m 并隔一层甲板	禁止	禁止
用一介于中间的整个舱室或货舱作纵向隔离 4	首尾向	距离不小于 36 m	隔两个舱壁或距离不小于 36 m 并隔两层甲板	距离不小于 36 m	包括隔两个舱壁距离不小于 48 m	距离不小于 48 m	禁止
	横向	禁止	禁止	禁止	禁止	禁止	禁止

注:所有舱壁和甲板均应是防火和防液的。

2. 第 1 类货物间的隔离

(1)《国际危规》“允许混合积载的第 1 类货物表”所指出的第 1 类货物可以积载在同一舱室、弹药箱、货物运输组件或车辆内。在其他情况下，除 7. 2. 7. 2. 2“舱面隔离”和 7. 2. 7. 2. 1. 5 规定外，应积载在单独的舱室。

(2) 当需要不同积载方式的货物根据“允许混合积载的第 1 类货物表”装载于同一舱室、弹药箱、货物运输组件或车辆内时，相应的积载方法是采取整个货载中最严格的一个。

(3) 凡不同分类货物在同一舱室、可移动弹药箱、货物运输组件或车辆内混合积载时，整个货载应按顺序 1. 1(危险最大)、1. 5、1. 2、1. 3、1. 6 和 1. 4(危险最小)，将其视为危险性较大的货物并应符合最严格的积载要求。

(4) 允许混合积载的第 1 类货物表如表 4-12 所示。

表 4-12 允许混合积载的第 1 类货物表

配装类	A	B	C	D	E	F	G	H	J	K	L	N	S
A	×												
B		×											×
C			×[6]	×[6]	×[6]		×[1]					×[4]	×
D			×[6]	×[6]	×[6]		×[1]					×[4]	×
E			×[6]	×[6]	×[6]		×[1]					×[4]	×
F						×							×
G			×[1]	×[1]	×[1]		×						×
H								×					×
J									×				×
K										×			×
L											×[2]		
N			×[4]	×[4]	×[4]							×[3]	×[5]
S		×	×	×	×	×	×	×	×	×		×[5]	×

注:×”:表示可以在同一舱室、弹药箱、货物运输组件或车辆中积载的相应配装类的货物。

1. 配装类 G 的爆炸性物品(除烟花及需要特殊积载的物品外)只要同一舱室、弹药箱、货物运输组件或车辆内没有爆炸性物质，可以与配装类 C、D 和 E 的爆炸性物品一起积载。

2. 托运的配装类 L 的货物只能与同一类型的配装类 L 的货物一起积载。

3. 第 1. 6 类的不同种类，配装类 N 的物品，只有当被证实物品之间没有共性爆炸的额外危险时，才可以一起运输。否则应将其作为第 1. 1 类对待。

4. 当配装类 N 物品与配装类 C、D 或 E 物品或物质一起运输时，配装类 N 物品应作为配装类 D 对待。

5. 当配装类 N 的物品与配装类 S 的物品或物质一起运输时，整个装载应按配装类 N 的标准进行。

6. 配装类 C、D 和 E 中任何物品的组合均须按配装类 E 对待，对于配装类 C、D 中的任何物质的组合，可以根据组合装载中的主要特点，按 2. 1. 2. 3 中最适合的配装类进行处理。根据《国际危规》

5.2.2.2.2 的规定，整个划分规则应在成组装载或货物运输组件的每一标志或标牌上标明。

(5)舱面隔离

当不同配装类货物在舱面装运时，除非允许混合积载的，否则至少应隔开 6 m 积载。

(6)单一货舱船的隔离

在没有其他危险货物的单一货舱船中载运第 1 类货物，除下列情况外，应按大船一样进行隔离：

①第 1.1 类或 1.2 类配装类 B 的货物可以像配装类 D 的物质一样同舱积载，只要：配装类 B 货物的爆炸物质净重不超过 50 kg；且装载这些货物的可移动钢质弹药箱至少积载在离配装类 D 的货物 6 m 处。

②第 1.4 类配装类 B 的货物可以与配装类 D 的物质一样同舱积载，但至少应离 6 m 远或用钢质隔舱分开。

3. 与非危险货物间的隔离

(1)一般说来，第 1 类货物不需要与无危险性的货物隔离。

(2)邮件、行李、私人物品及家居用品不得与除了配装类 S 以外的第 1 类货物同舱积载，也不得积载在装有上述货物货舱的上层或下层舱室内。

(3)当第 1 类货物紧靠于居间的舱壁积载时，在舱壁另一面的任何邮件应“远离”舱壁积载，最好在介于中间的舱位装载其他非危险货物。

七、第 7 类危险货物的隔离规定

(1)放射性物质应与船员和旅客充分地隔离。应用下列剂量值计算隔离距离和辐射剂量：

①船员经常占用的工作区域，剂量为每年 5 mSv；

②旅客经常进入的区域，极限剂量为每年 1 mSv，并考虑与露于其他所有相关来源和受控应用的预计剂量。

(2)放射性物质应与未冲印的胶卷充分地隔离，为此而确定隔离距离的基准是未冲印的胶卷因运输放射性物质，其受辐射量限于每件这样的胶卷托运货物 0.1 mSv。

(3)Ⅱ级—黄色标志或Ⅲ级—黄色标志的包件或集合包件不应在旅客占用的处所内运输，专门为授权跟随这些包件或集合包装的工作人员而预留的处所除外。

(4)装有裂变物质的包件、集合包件和集装箱在运输途中任一存放区域内的数量须予限制，使任意一组包件、集合包件或集装箱的临界安全指数的总和不超过 50。每一组这样的包件、集合包件和集装箱的存放应与其他这样的包件、集合包件或集装箱组维持至少 6 m 的间距。

(5)如果在某一运输工具上或某一集装箱内临界安全运输指数的总和超过 50，即表 4-6 中所允许的，其存放应使得与内装裂变物质的其他包件、集合包件或集装箱或其他载运放射性物质的运输工具维持至少 6 m 的间距。

(6)任何对隔离规定的背离都应得到船旗国主管机关的批准，必要时还应得到每一挂靠港主管机关的批准。

(7)《国际危规》7.1.4.5.18 中所述的隔离要求可以用下列两种方法之一来确定：

①对于生活区域或经常有人占用的处所，按表 4-13 所示要求进行隔离。

表 4-13　第 7 类放射性物质与人员的简化隔离表

运输指数(TI)总和	放射性物质与旅客和船员的隔离距离			
	杂货船[1]		渡船等[2]	近海补给船[3]
	零担货	集装箱(TEU)[4]		
10 以内	6	1	积载于离生活区和经常有人占用的工作地点较远的船首和船尾	积载于船尾或平台中部
大于 10 但不超过 20	8	1	同上	同上
大于 20 但不超过 50	13	2	同上	不适用
大于 50 但不超过 100	18	3	同上	不适用
大于 100 但不超过 200	26	4	同上	不适用
大于 200 但不超过 400	36	6	同上	不适用

注:1. 最小长度为 150 m 的杂货、零担货或滚装集装箱船。
2. 最小长度为 100 m 的渡船、海峡渡船、沿海航行或岛间航行船舶。
3. 最小长度为 50 m 的近海补给船(在这种情况下,实际装运的最大运输指数总和为 20)。
4. TEU 系指“20 ft 相等单位”(相当于一只 6 m 正常长度的标准集装箱)。

②考虑到航程中货物的移动,证实对于下列受照射时间,经常有人占用的处所和生活区域直接测得的辐射水平小于:

对船员:

a. 每年不超过 700 h,0.007 0 mSv/h;或

b. 每年不超过 2 750 h,0.001 8 mSv/h。

对旅客:

每年不超过 550 h,0.001 8 mSv/h;

在任何情况下,辐射水平的测量必须由适任人员进行并记录在案。

(8)隔离代码

危险货物一览表第 16b 栏给出的危险货隔离代码如表 4-14 所示,从 SG1~SG78 共 78 个代码。

表 4-14　危险货隔离代码

积载代码	描述
SG1	贴有第一类副危险性标志的包件,按第 1 类 1.3 小类隔离
SG2	按 1.2G 类隔离

续表

积载代码	描述
SG3	按1.3G类隔离
……	……
SG78	

八、危险货物与食品间的隔离要求

在不同船舶及不同运输条件下，危险货物与食品间的隔离要求是不同的。

1. 常规方式积载的危险货物

《国际危规》规定，以常规方式装载在杂货船上的危险货物和食品的隔离应遵循以下原则：

(1)按常规方法积载的主副危险性具有第2.3、6.1、7(UN 2908、UN 2909、UN 2910和UN 2911除外)、8类等的危险货物和危险货物一览表第16b栏同上述性质相同的危险货物须与以常规方法积载的食品“隔离”。

(2)如果食品或者是危险品其中一个是在封闭运输组件中运输的，那么危险货物须与食品“远离”。

(3)如果食品和危险货物都装于不同的封闭货物运输组件中，则无须进行隔离。

(4)以常规方法积载的第6.2危险货物须与以常规方法积载的食品“用一整个舱室或货舱隔离”。如果食品或者是危险货物其中一个是在封闭运输组件中运输的，那么危险货物须与食品“隔离”。

2. 在货物运输组件内的危险货物

(1)主副危险性具有第2.3、6.1、6.2、7(UN 2908、UN 2909、UN 2910和UN 2911除外)、8类等的危险货物和危险货物一览表第16b栏同上述性质相同的危险货物不能与食品在同一货物运输组件内运输。

(2)主副危险性具有第6.1类包装类Ⅲ有毒物质，主副危险性具有第8类包装类Ⅱ、Ⅲ类的危险货物和危险货物一览表第16b栏同上述性质相同的危险货物只要保持水平距离3 m以上，就可以与食品在同一个封闭运输组件内运输。

【本章小结】

本章着重介绍关于海运危险货物运输两个重要的环节：积载和隔离。除第1类爆炸品外，包装危险货物的积载类分为A到E共五个，爆炸品积载类包括01到05共五个，同时对于国际危规定义的客船和货船积载要求也不同，本章详细介绍了每一类危险货物的积载要求。同样危险货物的隔离要求对于爆炸品之间和其他危险货物之间的要求也有区别，包件之间、集装箱船上和滚装船上货物运输组件之间、船载驳上和在驳船上等隔离要求，在本章也做了系统的介绍。

【思考题】

1. 危险货物与食品有关的特殊积载要求有哪些？
2. 第1类危险货物积载类是怎样划分的？
3. 简述集装箱船上货物运输组件的隔离要求。

4. 如何确定危险货物的隔离要求?

5. 除第 1 类爆炸品外,其他类别危险货物依据安全装运所需要的积载位置分为哪几个积载类?

6. 如何为适当积载除第 1 类爆炸品外的危险货物划分船舶类型?

7. 危险货物与生活居住处所有关的特殊积载要求有哪些?

8. 海洋污染物的特殊积载要求有哪些?

9. 常规形式积载的危险货物包件的隔离有哪几个等级?

第五章
包装危险和有害物质的特殊作业

第一节 废弃物运输

危险货物的废弃物在进行海上运输时，除须满足国际上相关的公约和建议的要求外，还必须符合《国际危规》的有关要求。

一、定义

废弃物是指含有或沾染有一种或多种应遵守《国际危规》规定的固体、溶液、混合物或物品，它们不是供直接使用，运输的目的是进行倾倒、焚烧或采取其他处理方法。含有放射性废弃物的过境运输是指把废弃物从一个国家管辖范围内的地区运送到或途经另一国家管辖范围内的地区或无任何国家管辖的地区，该运输至少涉及两个国家。

二、分类

如果废弃物中仅含有一种受《国际危规》约束的危险货物，废弃物应当作为该危险货物对待。如果废弃物中含有两种或多种《国际危规》管辖的危险物质成分，应根据其危险特性，按照下述方法进行分类：

(1)通过测量或计算确定其理化特性及生理特性，然后再按相适用的类别标准进行分类，或者当这种方法不可行时，按决定主要危险性的成分来分类。

(2)在决定主要危险性时，必须考虑如果所含有的一种或多种成分属于某一类别，并且该废弃物呈现这些成分所固有的危险性，须将该废弃物列入该类别；或者如果含有的几种成分属于两个以上的类别，该废弃物的分类必须考虑具有多种危险性的物质的主要危险顺序。

(3)仅对海洋环境有危害的废弃物应按第 9 类“UN 3082”或“UN 3077”条目运输，并加注“废弃物”字样。但上述两条目不适用于《国际危规》各条目所包括的物质。

(4)不属于《国际危规》管辖,但属于《巴塞尔公约》的废弃物,可按第9类“UN 3082”或“UN 3077”条目进行运输。

三、运输

废弃物的过境运输是从一个国家管辖范围内的地区运送到或途经另一国家管辖范围内的地区或无任何国家管辖的地区,至少涉及两个国家,通常也称为越境转移。根据《巴塞尔公约》的要求,废弃物的越境转移只有在满足下列条件时方可进行:

(1)原产国主管机关向最终目的国发出通知,或生产者、出口者通过原产国主管机关向最终目的国发出通知;

(2)原产国主管机关收到最终目的国的书面同意说明废弃物将被安全地进行焚烧或通过其他方法处置,已对该转移认可。

废弃物越境转移,除应具备《国际危规》第5.4章对单证的要求外,还须具备一份废弃物转移单证,该单证应自越境转移的起始点到最终处理点随废弃物周转,并须随时供有关主管机关及涉及废弃物运输操作的管理人员查看。

使用货物运输组件和公路车辆运输固体散装废弃物,必须得到原产地所在地区的主管理机关批准才允许运输。一旦盛装废弃物的包件和货物运输组件发生渗漏或溢漏,须立即通知原产地国主管机关和目的地国的主管机关,并获得他们对所采取的行动的建议。

第二节 限量内运输

一、一般规定

在《国际危规》第3.2章危险货物一览表第7a栏列出了每种物质适用的内包装限量,当第7a栏中为“0”时,表明该物质不允许按限量内运输。

二、包装

按照这些特殊规定运输的危险货物只能放入内包装,然后放在合适的外包装里,可使用中间包装。外包装对于有些物品的运输不是必需的,运输如喷雾器或“装气体的小型贮器”,无须使用内容器。包件总重不得超过30 kg。满足《国际危规》4.1.1.1、4.1.1.2和4.1.1.4至4.1.1.8的可伸缩带覆盖的货盘可以作为物品的外包装或按照这些特殊规定盛装危险货物的内包装,如果内包装易于破碎或穿孔,像玻璃、陶瓷、陶器、某种塑料,须置于合适的中间包装内。每一包件的总重不得超过20 kg。

三、积载

尽管危险货物一览表中列出了积载规定,按限量规定所载运的危险货物被指定为积载类 A。

四、隔离

限量运输的不同危险货物可以装在同一外包装内，其要求为：

(1)该物质符合《国际危规》7.2.1.11 的规定。

(2)考虑了《国际危规》第 7.2 章的隔离规定、包括危险货物一览表第 16 栏的规定。尽管在危险货物一览表中列出了不同规定，但同一类别包装类Ⅲ如果符合上述(1)的规定就可以装在一起。在运输单证中须声明是按本条规定运输。

(3)《国际危规》第 7.2 章的隔离要求不适用于限量危险货物的包件和相关的其他危险货物。

五、标记和标志

(1)装运限量内危险货物的包件无须显示内装物的海洋污染物标志和标记、正确运输名称和 UN 编号，但必须显示限量危险货物包件标志，如图 5-1 所示。该标志须符合《国际危规》5.2.1.9。

图 5-1　限量危险货物包件标志

注：顶部、底部和边缘线为黑色，中间区域为白色或与背景形成鲜明反差的适当颜色。

图 5-1 所示标志的最小尺寸为 100 mm×100 mm，四方形线的最小宽度为 2 mm。如果由于包件尺寸受限，尺寸可以减小至 50 mm×50 mm，但须确保标志内容清晰可辨。

(2)依照 ICAO 的《空运危险货物安全技术规则》第 3 部分和第 4 部分的规定，提交空运的危险货物包件须显示下述标志。满足《空运危险货物安全技术规则》第 3 部分和第 4 部分规定的限量危险货物包件标志如图 5-2 所示。标志须清晰、易于识别，并在露天暴露条件下不会明显降低其有效性。显示此标志的危险货物包件须视为满足《国际危规》3.4.1、3.4.2 和 3.4.4 的规定，而无须显示上述(1)的标志。

(3)当限量内危险货物包件置于集合包件内或成组装载时，除非集合包装或成组件上的标志已经包括了其内的所有危险货物，集合包装或成组件须显示本节要求的标志。另外，除非集合包装上的标志已经包括了其内的所有危险货物，集合包装须按《国际危规》第 3.4 章要求显示“集合包装”字样。

(4)仅含有限量内危险货物的货物运输组件不必按照《国际危规》5.3.2.0 和 5.3.2.1 的要求显示标牌和标志。但须在其外部按照《国际危规》5.3.1.1.4.1 指定的位置依据《国际危规》3.4.5.1 的要求进行合适的标志。标志的尺寸最小为 250 mm×250 mm。

图 5-2　满足《空运危险货物安全技术规则》第 3 部分和第 4 部分规定的限量危险货物包件标志

注:顶部、底部和边缘线为黑色,中间区域为白色或与背景形成鲜明反差的适当颜色。

图 5-2 所示标志的最小尺寸为 100 mm×100 mm,四方形线的最小宽度为 2 mm。符号 Y 须位于标志的中央,且易于识别。如果由于包件尺寸受限,尺寸可以减小至 50 mm×50 mm,但须确保标志内容清晰可辨。

六、运输单证

除《国际危规》第 5.4 章具体规定有关运输单证外,“限量”或“LTD QTY”字样须与运输说明一起包括在危险货物的声明书中。

七、海洋污染物

具有海洋污染特性的物质、材料或物品的内包装允许限量液体不超过 5 L、固体不超过 5 kg。

第三节　可免除量包装的危险货物运输

一、一般规定

除符合《国际危规》第 3.5 章规定的物品外,某些类别可免除量的危险货物,不适用《国际危规》的任何其他规定,但以下除外:

(1)培训规定;

(2)分类中的分类程序和包装类标准;

(3)《国际危规》第 4 部分中,第 4.1.1.1、4.1.1.2、4.1.1.4、4.1.1.4.1 和 4.1.1.6 段的包装规定;

(4)《国际危规》第 5.4 章的单证规定;

(5)对于放射性物质,适用《国际危规》1.5.1.5 关于免除包件内放射性物质的规定。

按照《国际危规》第 3.5 章规定,作为可免除量运输的危险货物以表 5-1 所示字母数字编码的方法列明于危险货物一览表第 7b 栏中。

表 5-1 可免除量及其编码

编码	每个内包装最大净重量(固体以 g 表示,液体和气体以 mL 表示)	每个外包装最大净重量(固体以 g 表示,液体和气体以 mL 表示,或对于混合包装以 g 和 mL 之和表示)
E0	不允许作为可免除量	
El	30	1 000
E2	30	500
E3	30	300
E4	1	500
E5	1	300

注:对于气体,所标明的内包装体积指的是内容器的水容量,所标明的外包装体积指的是在单个外包装内所有内包装的水容量总和。

如果属于不同编码的可免除量的危险货物被装在一起,每个外包装的总量须按照最严格编码相对应的量进行限制。

二、可免除量危险货物的包装

用于运输可免除量危险货物的包装须符合以下要求:

(1)须具有内包装并且每个内包装须由塑料制造(当用于液体物质时其厚度须不低于0.2 mm)或由玻璃、瓷器、陶器或金属制成,每个内包装的关闭装置须采用金属丝、胶带或其他有效手段紧固在位;具有模制螺纹瓶颈的容器须具有防泄漏的螺纹帽。关闭装置须是抗内容物作用的。

(2)每个内包装须紧固地装于一具有衬垫材料的中间包装内,其包装的方式应使内包装在正常的运输条件下不会破裂、穿孔或造成内容物泄漏。一旦发生破裂或泄漏,无论包装的方位如何,该中间包装须能完全包容内容物。对于液体危险货物,中间包装须含有足够的吸附材料来吸收内包装的全部内容物。在此种情况下,吸附材料可以是衬垫材料。危险货物须不能与衬垫材料、吸附材料和包装材料发生危险反应或降低该材料的完整性或功能。

(3)中间包装须被紧固地装于一坚固刚性的外包装内(木制的、纤维板或其他具有相同坚固性的材料制成的)。

(4)每个包件的类型须符合《国际危规》3.5.3 的规定。

(5)每个包件的规格须能够有足够的空间来进行所有必要的标记。

(6)可以使用集合包装,并且集合包装也可以包含不适用于《国际危规》规定的危险货物或其他货物。

三、包装试验

准备交付运输的完整包装,固体物质充灌至不低于其容量的95%,液体物质充灌至不低于其容量的98%,须能够承受相应文件说明的试验,其任何内包装不发生泄漏并且不会降低其有效性。

1. 从 1.8 m 高度跌落至一个刚性的、无弹性的平坦表面

(1)如果样品是箱形的,须按以下每个方位进行跌落:

①底部平面落地;

②顶部平面落地;

③最长的一侧平面落地;

④最短的一侧平面落地;

⑤角部落地。

(2)如果样品是桶形的,须按以下每个方位进行跌落:

①顶边缘对角线,使其重心就在冲击点之上;

②底边缘对角线;

③侧边平面。

注:上述每次跌落可采用另外的相同包件进行。

2. 对顶部表面施加等同于堆码至 3 m 高度(包括样品)总重量的力 24 h

就试验而言,包装内拟运输的物质可使用其他物质替代,但这种替代会使试验结果无效者除外。对于固体,如使用另一种物质,该物质须具有与拟运输物质相同的物理特性(质量、颗粒度等)。对于液体物质的跌落试验,如使用另一种物质,该物质的密度(比重)和黏度须类似于拟运输的物质。

四、包件的标记

按照《国际危规》第 3.5 章准备的含有可免除量危险货物的包件,须经久清晰地标有下述标记。可免除量标记如图 5-3 所示。包件内含有的危险货物的主危险性须显示于标记中。如果有关发货人或收货人的名称未在其他处显示,则须包括在标记之中。标记的规格须最少为 100 mm×100 mm。

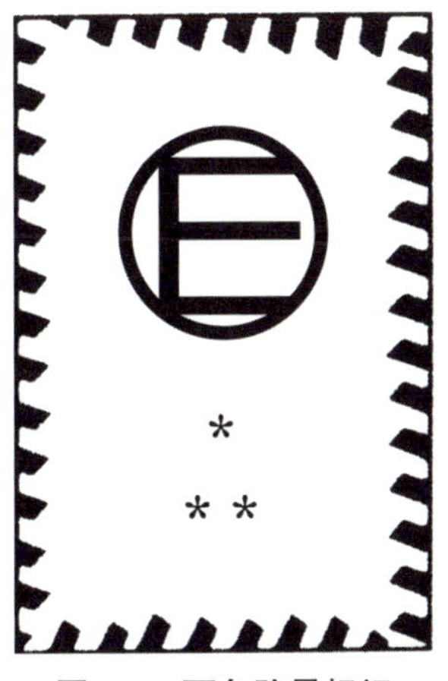

图 5-3 可免除量标记

注:斜影线和符号使用同一颜色,黑或红,背景为白色或其他合适的反差明显的颜色。

* 此位置显示类别或已指定的分类。

* * 发货人或收货人的名称如果未在包件的其他处显示须显示于此位置。

含有可免除量危险货物的集合包装须显示《国际危规》3.5.4.1 要求的标记,除非此类标记已在集合包装内的包件上明显可见。

五、任何货物运输组件中的最大包件数目

任何货物运输组件含有的可免除量的危险货物包件的数目不得超过 1 000 件。

六、单证

除《国际危规》第 5.4 章所规定的单证要求外,在危险货物申报单上与运输货物的描述一起还须包括“可免除量的危险货物”字样和包件的数目。

七、积载

尽管在危险货物一览表中已标明了积载规定,按照本节运输的危险货物须被指定为积载类 A。

八、隔离

《国际危规》第 7.2 章关于隔离的规定不适用于含有可免除量的包件或涉及其他危险货物的隔离规定,以及装于同一外包装内的可免除量内的相互不会发生危险反应的不同的危险货物。

第四节 温度控制

一、定义

温度控制是指为防止危险货物在运输过程中由于温度的升高而发生自行加速分解,或发生猛烈爆炸,而将其温度控制在控制温度以下所采取的措施。

控制温度是某种危险货物能在整个运输期间内安全运输的最高温度。

二、一般规定

危险货物在运输期间是否需要控制温度根据其自行加速分解温度(SADT)确定。目前,《国际危规》中已经列明的需要在温度控制条件下运输的物质主要包括 4.1 类的自反应物质和 5.2 类的有机过氧化物,其控制温度在《国际危规》第 2.4 章和第 2.5 章分别列出。对那些还没有在《国际危规》中列出的需要进行温度控制运输的物质,其控制温度和应急温度可以依照表 5-2 确定。

表 5-2 控制温度和应急温度表

包装类别	SADT	控制温度	应急温度
单一包装与中型散装容器	20 ℃或更低	比 SADT 低 20 ℃	比 SADT 低 10 ℃
	20~35 ℃	比 SADT 低 15 ℃	比 SADT 低 10 ℃
	35 ℃以上	比 SADT 低 10 ℃	比 SADT 低 5 ℃
可移动罐柜	小于 50 ℃	比 SADT 低 10 ℃	比 SADT 低 5 ℃

对于要求在温度控制条件下运输的物质,在装载前,所有货物包件须进行预冷以免超过最低控制温度值;在运输过程中,应至少每隔 4~6 h 进行一次温度监测并记录温度读数。如果温度值超过控制温度,应立即采取措施加强冷却。当任何制冷措施都无法达到控制温度的要求时,须采取紧急措施,包括将货物包件或封闭的货物运输组件抛弃入海。

当采用货物运输组件运输时,如果同一货物组件内同时装运不同控制温度要求的货物或同时装运非控制温度的货物与控制温度的货物时,具有最低控制温度的货物和要求温度控制的货物应积载于最容易从货物运输组件门口抵达的位置。

三、温度控制方法

在运输过程中,温度控制方法是否合适取决于很多因素,最主要也是必须要考虑的因素包括拟运输物质的控制温度值、控制温度与预测环境温度的差值、货物运输组件的隔热能力和航程的长短。

按照其能力从小到大的顺序,控制温度的方法包括:

(1)隔热。这种方法的使用要求拟运送物质的初始温度远低于其控制温度。

(2)带制冷系统的隔热。条件是:

①载有足量的非易燃制冷剂,并留有合理的延迟余量;

②液态的氧气或空气不能作为制冷剂使用;

③即使制冷剂大部分已用完,还能保持一段恒定的冷却效果;

④在货物运输组件的门口清楚地标明进入组件前必须通风。

(3)单一的机械制冷。条件是该装置是隔热的,并且拟运送物质的闪点低于应急温度加上 5 ℃之和时,须在冷却舱室使用防爆电器配件,以避免将物质中产生的易燃蒸气点燃。

(4)机械制冷和散热系统的组合。条件是两个系统相互独立,并且满足上述(2)和(3)的要求。

(5)双套机械制冷系统。条件是:

①除电源装置一体外,两套系统相互独立;

②每个单独的系统都能足以保持住控制温度;

③对于闪点低于应急温度加上 5 ℃之和的物质,须在冷却舱室使用防爆电器配件,以避免将物质中产生的易燃蒸气点燃。

为保证各种方法的有效性,制冷设备及其控制系统应易于接近,且防风雨侵入,其记录设备应进行连续的温度记录。如果运输物质的控制温度低于 25 ℃,还要求货物组件上配备声光报警系统。

第五节 熏蒸货物运输组件(UN 3359)

一、一般规定

(1)不含有其他危险货物的熏蒸货物运输组件(UN 3359)只需遵守《国际危规》第5.5章的规定而不受该规则的其他规则约束。

(2)如果熏蒸货物运输组件装载了其他危险货物,还要遵守《国际危规》关于这些货物的一般规定(包括标牌、标记和单证)。

(3)用于熏蒸货物运输的货物运输组件须当气体扩散至最小时才可以关闭。

(4)《国际危规》第3.2章和5.4.3的规定适用于所有熏蒸货物运输组件(UN 3359)。

二、培训

从事熏蒸货物运输组件操作的人员须经受与其职责相称的培训。

三、标记和标牌

(1)熏蒸货物运输组件须标有警示标志,标志须为矩形,其尺寸不小于宽400 mm×高300 mm。标记为白底黑字,字不小于25 mm高,该标志须粘贴在打开或进入货物运输组件的人员易于看见的每个入口处,并须一致附着在货物运输组件上,直到:

①熏蒸货物运输组件进行了清除有害熏蒸气体的通风;和

②熏蒸货物或材料已被卸载。

(2)如果熏蒸货物运输组件在熏蒸后已彻底地自然通风或机械通风,须在熏蒸警示标志上标明通风日期。

(3)当熏蒸货物运输组件已经通风和卸载,熏蒸警告标记须移除。

(4)除非第9类物质或物品装载组件中,熏蒸货物运输组件不能粘贴第9类标牌。

四、单证

(1)熏蒸过及没有彻底通风的货物运输组件的运输单证可以是任何形式的,但须含有下列信息,且信息须容易识别、可见和持久:

①UN 3359,熏蒸货物运输组件,第9类,或UN 3359,熏蒸货物运输组件,第9类;

②熏蒸日期和时间;和

③使用的熏蒸剂的类型和剂量。

(2)须提供包括熏蒸装置(如使用)在内的一切熏蒸残留物的处置说明。

(3)如果熏蒸货物运输组件被彻底通风,并且通风日期已经标注在警示标志上,则不需要任何单证。

五、补充规定

(1)货物运输组件一旦装船,则不得对其内容物施用熏蒸剂。

(2)货物运输组件须按照主管机关确定的要求进行熏蒸,以确保经过足够的时间,使货物中的气体达到合理的均匀浓度,一般 24 h 足以达到此目的。

(3)在装载经过熏蒸的货物运输组件之前,须通知船长。

第六节

免除

除放射性物质外,要求须遵守一个专门的危险货物运输规定时,一个或多个主管机关(驶出港口国、驶入港口国或船旗国)如果认为其他规定至少也能和《国际危规》的要求同样有效和安全,可以通过免除来认可这样的规定。是否承认非《国际危规》当事国主管机关做出的免除由主管机关决定,因此,免除所涉及的货物在运输前,免除的接受者须通知其他有关的主管机关。

已经采取有关免除做法的主管机关须递交给国际海事组织一份此项免除的副本。如果适用,国际海事组织须引起《SOLAS 公约》或《MARPOL 公约》缔约国的注意。如果适当,采取措施修正《国际危规》以将此免除涉及的规定包括进去。

每批货物交付承运人按免除条款运输时须有一份免除文件的副本。船舶也须保存一份免除文件的副本或电子副本。

免除的有效期不超过 5 年。

【本章小结】

本章主要从废弃物运输、限量内运输、可免除量包装的危险货物运输、温度控制、熏蒸货物运输组件(UN 3359)和免除六个方面,介绍《国际危规》对海上包装危险货物运输的相关特殊要求。

【思考题】

1. 蒸货物运输组件的标记和标牌有哪些要求?
2. 蒸货物运输组件的运输单证应包含哪些信息?
3. 废弃物如何分类?
4. 满足限量要求运输的包装危险货物标志和标记有哪些要求?
5. 用于运输可免除量危险货物的包装须符合哪些要求?
6. 航行中,控制温度的方法有哪些?
7. 根据《巴塞尔公约》的要求,废弃物的越境转移须满足哪些条件?
8. 限量内运输的危险货物的标记和标志有哪些要求?
9. 运输可免除量危险货物的包装须符合哪些要求?
10. 可免除量运输危险货物与限量内运输危险货物运输要求有哪些主要区别?

第六章
包装危险和有害物质的相关安全作业

第一节 危险货物的申报

危险货物的申报是主管机关对船舶载运危险货物管理的重要手段，也是承运人掌握所承运危险货物基本情况的主要途径。在我国，危险货物申报分为“船舶载运危险货物申报”（承运人申报、船舶申报）和“危险货物安全适运报告”（托运人报告、货物报告）。

除海事管理机构规定的危险货物申报单据外，危险货物的托运人和承运人还应持有其他单证。《国际危规》不排除使用电子数据处理（EDP）和电子数据交换（EDI）传输技术作为书面单证的辅助工具。当危险货物相关信息以电子形式提交给承运人时，须保证承运人在运输至目的地的整个期间内可获得信息。危险货物信息须能随时打印成纸质文档。

一、危险货物安全适运单证

（一）托运危险货物单证

1. 运输单证的具体规定

对于每种交付运输的危险物质、材料或物品，危险货物运输单证中须包括如下信息：

（1）联合国编号，前面冠以英文字母“UN”。

（2）正确运输名称。

（3）货物主要危险类别或划入的项别，包括第 1 类的配装类字母。“类别”和“分类”字样可以放在主或副危险性类别或分类号前。

（4）副危险性类别或分类号应与适用的副危险性标志一致，并放在主危险性类别或分类后面的括号内。“类别”和“分类”字样可以放在主或副危险性类别或分类号前。

(5)如对危险货物的包装类别有划定时可在前面冠以英文字母“PG”(如“PG Ⅱ”);在危险货物单证中,对危险货物的描述须按上述顺序排列,不得混置。

有关正确运输名称在危险货物描述中须有如下补充说明:

①对“未另列明的”和其他通用条目技术名称的描述,须参照化学组分名称来做补充说明。

②未清洁的空包装、散装容器和可移动罐柜(除第7类外),须将“空的,未清洁”(EMPTY UNCLEANED)或“上次内装货物残余物”(RESIDUE LAST CONTAINED)字样,置于上述1.(1)~(5)中指定的危险货物描述之前或之后。

③废弃物(除放射性废弃物外)须在正确运输名称前写明“废弃物”(WASTE)的字样,除非已包括在正确运输名称内。

④加温物质:对液态时温度≥100 ℃或固态时温度≥240 ℃运输或交付运输物质的正确运输名称不能表达加温条件[例如:使用“熔融”(MOLTEN)或“加温”(ELEVATED TEMPERATURE)作为运输名称的一部分],须在运输单证上紧接正确运输名称之前加上“热”(HOT)一词。

⑤如果承运的物质是海洋污染物,该货物须标明“海洋污染物”(MARINE POLLUTANT),对于通用条目和未另列明条目,正确运输名称须辅以此海洋污染物的可识别的化学名称。

⑥闪点:如果其最低闪点为60 ℃或以下[以℃闭杯(c. c.)表示]须将其标出。由于存在杂质,闪点可能高于或低于危险货物一览表中所列明的该物质参照温度。对于同样易燃的第5.2类有机过氧化物,不必标明闪点。

危险货物描述实例:

UN 1098“烯丙醇,第6.1类,(第3类),PG Ⅰ,(21 ℃ c. c.)”;

UN 2761“有机氯农药,固体的,有毒的,未另列明的(艾氏剂19%),第6.1类,PG Ⅲ,海洋污染物”。

下面对危险货物描述的附加信息须包括在危险货物运输单证对危险货物的描述信息之后:危险货物的总重量、限量、救助包装、温控使货物稳定、自反应物质和有机过氧化物、感染性物质、放射性物质、喷雾剂、爆炸品、黏性物质、隔离的特殊规定、散装容器中固体危险货物的运输、可移动罐柜或中型散装容器在最后一次定期检验或检查过期后的运输、可免除量危险货物。

2. 证明书

在托运人的危险货物安全适运单证中,还应附有一份证明书或声明,表明所托运的货物适合于运输,并已正确地加以包装、标记和标志,符合现行规定的运输条件。这种声明一般采用以下文本:

兹声明被托运货物已经由上述正确运输名称完全而准确予以说明,并已根据所适用的国际和国家规定进行了分类、包装、标记以及标志/标牌,且从各方面均处于良好的运输状态。

该证明书须有发货人的签名和日期。如果相关法律和法规承认传真签名的有效性,可以使用传真签名。如果危险货物单证是以电子数据处理(EDP)或电子数据交换(EDI)

传输技术提交给承运人的，该签字可以由电子签名或授权签字人的姓名（以大写字母）替代。如果危险货物信息是以EDP或EDI技术传输给承运人的，当货物转交承运人时仍须一份纸质单证，承运人须确认纸质单证已标明“电子单证已接收”并且用大写字母签名确认。上述声明可以和危险货物的运输单证合并。

3. 特殊资料

当危险货物交付运输时，对某些情况下要求有特殊证书或其他单证，例如：

（1）危险货物一览表中要求的风化证书；

（2）免除适用《国际危规》条款的物质、材料或物品（例如木炭、鱼粉、种子饼，见各自条目）的证书；

（3）对于新的自反应物质和有机过氧化物或目前指定的自反应物质和有机过氧化物的新配制品，要提供一份由原产国主管机关出具的声明，说明其认可的分类以及运输条件。

（二）集装箱/车辆装载证明

当危险货物被包装或装进集装箱/车辆时，负责集装箱/车辆装载的人员须提供“集装箱/车辆装载证明”，说明集装箱/车辆的识别号码并证明作业按照以下条件进行（集装箱/车辆装载证明对可移动罐柜不做要求）：

（1）该集装箱/车辆是清洁的、干燥的，并且外观上看适合接收货物；

（2）除非得到相关主管机关许可，否则按照相关的隔离要求而需隔离的包件没有同装在集装箱/车辆中；

（3）所有包件都做了是否损坏的外部检查，保证所装的均是完好的包件；

（4）除非得到主管机关的许可，否则桶装物均应直立积载，且货物应被正确装入，如果必要应用系固材料进行合理加固以满足预定运输方式的需要；

（5）以散装形式装入集装箱/车辆运输的货物，以使其均匀分布；

（6）如果托运除1.4外的第1类货物，则集装箱/车辆在结构上应符合《国际危规》7.4.6的要求；

（7）集装箱/车辆和包件均已正确地做标记、标志和标牌；

（8）当用固体二氧化碳（干冰）作为冷却剂时，在集装箱/车辆的表面显著地方做标记或标志，如在门边附有“内有危险的CO_2（干冰）。进入前应彻底通风”（DANGEROUS CO_2 GAS（DRY ICE）INSIDE. VENTILATE THOROUGHLY BEFORE ENTERING）字样；

（9）任何包装在集装箱/车辆里的托运货物已收到《国际危规》5.4.1中要求的危险货物运输单证。

危险货物运输单证的所需信息和集装箱/车辆装载证明可以合并在同一单证中，否则须将其中一个单证附在另一个单证上。如果这些信息合并在同一单证中，须加上经签名的声明，例如：“兹声明危险货物已经按照相关条款规定装入集装箱/车辆中。”单证中须表明声明日期和签署者的身份。如果相关法律和法规承认传真签名的有效性，可以使用传真签名。

作业中装箱检查员应现场检查和监督装箱作业是否按上述所要求的条件进行。装箱完毕后由装箱检查员签发装箱证明书。装箱检查员有权要求托运人提供相关的运输单证、证明材料和其他信息。

(三)危险货物安全适运报告

危险货物安全适运报告是由托运人或其代理人在托运前向海事管理机构的报告。危险货物安全适运报告作为船舶载运危险货物申报的重要组成部分,应在船舶进出港口或海上作业点之前办理。

拟交付船舶载运的危险货物的托运人或其代理人应在船舶进入港口或海上作业点之前,填写“危险货物安全适运报告单”向海事管理机构报告,并将“危险货物安全适运报告单”送承运船舶。报告的内容应包括危险货物的正确运输名称、联合国编号、类别或性质、污染危害性类别、数量、包装及相关资料。

(1)拟交付船舶载运的危险货物托运人应当在交付载运前向承运人说明所托运的危险货物种类、数量、危险特性以及发生危险情况的应急处置措施,提交以下货物信息,并报告海事管理机构:

①危险货物安全适运声明书。

②危险货物安全技术说明书。

③按照规定需要进出口国家有关部门同意后方可载运的,应当提交有效的批准文件。

④危险货物中添加抑制剂或者稳定剂的,应当提交抑制剂或者稳定剂添加证明书。

⑤载运危险性质不明的货物,应当提交具有相应资质的评估机构出具的危险货物运输条件鉴定材料。

⑥交付载运包装危险货物的,还应当提交下列材料:

a. 包装、货物运输组件、船用刚性中型散装容器的检验合格证明;

b. 使用船用集装箱载运危险货物的,应当提交集装箱装箱证明书;

c. 载运放射性危险货物的,应当提交放射性剂量证明;

d. 载运限量或者可免除量危险货物的,应当提交限量或者可免除量危险货物证明。

承运人应当对上述货物信息进行审核,对不符合船舶适装要求的,不得受载、承运。

(2)船用集装箱拟拼装运输有隔离要求的两种或者两种以上危险货物,应当符合《国际危规》的规定。危险货物托运人应当事先向海事管理机构报告。

二、承运危险货物单证

1. 船舶安全适载单证

拟交付船舶载运的危险货物托运人应当在交付载运前向承运人说明所托运的危险货物种类、数量、危险特性以及发生危险情况的应急处置措施,提交以下货物信息,并报告海事管理机构:

(1)危险货物安全适运声明书。

(2)危险货物安全技术说明书。

(3)按照规定需要进出口国家有关部门同意后方可载运的,应当提交有效的批准文件。

(4)危险货物中添加抑制剂或者稳定剂的,应当提交抑制剂或者稳定剂添加证明书。

(5)载运危险性质不明的货物,应当提交具有相应资质的评估机构出具的危险货物运输条件鉴定材料。

(6)交付载运包装危险货物的,还应当提交下列材料:

①包装、货物运输组件、船用刚性中型散装容器的检验合格证明；

②使用船用集装箱载运危险货物的，应当提交“集装箱装箱证明书”；

③载运放射性危险货物的，应当提交放射性剂量证明；

④载运限量或者可免除量危险货物的，应当提交限量或者可免除量危险货物证明。

承运人应当对上述货物信息进行审核，对不符合船舶适装要求的，不得受载、承运。

船用集装箱拟拼装运输有隔离要求的两种或者两种以上危险货物，应当符合《国际危规》的规定。危险货物托运人应当事先向海事管理机构报告。

对危险货物托运来说，在任何时候都必须能立即提供适当的资料，以备运输中一旦发生涉及危险货物的事故或事件时应急反应之用。这些资料不应与危险货物的包件放在一起，并且须在万一发生事故时迅速获得。采用的方法包括：

(1)在特别清单、舱单或危险货物申报单上做恰当的记录；或

(2)提供单独的证书，例如安全数据单；或

(3)与运输单证一道，提供单独的单证，例如《船舶载运危险货物应急反应措施》和与其配套使用的《危险货物事故医疗急救指南(MFAG)》。

(4)目前船舶一般都要求托运人提供一份 MSDS，包括货物的性质、成分、各类危险性、应急措施和保管注意事项等内容。

为了便利运输，1999 年 3 月 15 日国际海事组织便利运输委员会通过了 FAL. 2/Circ51 号通函，并在通函的附录中增加了“危险货物舱单”，建议各国采用统一的格式。目前，国际航行的船舶在办理进出口查验手续时，应提交该舱单。

2. 船舶载运危险货物申报

船舶载运危险货物申报是由承运人(船舶)或其代理人在进港或装卸作业前向海事管理机构办理的行政许可项目，是海事管理机构批准船舶能否进出港口或装卸作业和监督检查船舶是否安全适载的主要依据。

按照《中华人民共和国海上交通安全法》，船舶载运危险货物进出港口，应当符合下列条件，经海事管理机构许可，并向海事管理机构报告进出港口和停留的时间等事项：

(1)所载运的危险货物符合海上安全运输要求；

(2)船舶的装载符合所持有的证书、文书的要求；

(3)拟靠泊或者进行危险货物装卸作业的港口、码头、泊位具备有关法律、行政法规规定的危险货物作业经营资质。

海事管理机构应当自收到申请之时 24 h 内做出许可或者不予许可的决定。

定船舶、定航线并且定货种的船舶可以申请办理一定期限内多次进出港口许可，期限不超过 30 日。海事管理机构应当自收到申请之日起 5 个工作日内做出许可或者不予许可的决定。

按照《船舶载运危险货物安全监督管理规定》，船舶在运输途中发生危险货物泄漏、燃烧或者爆炸等情况的，应当在办理船舶载运危险货物申报手续时说明原因、已采取的控制措施和目前状况等有关情况，并于抵港后送交详细报告。

第二节

船舶载运危险货物应急反应措施

该指南旨在为载运《国际危规》规定的包装危险货物发生火灾和溢漏的船舶提供指导，不适用散装货物和非危险货物等其他火灾和溢漏事故。在涉及危险货物的事故中，应根据本指南针对具体的危险货物、船型、危险货物包装的类型和数量、积载位置（舱面还是舱内）、是火灾还是溢漏事故等指导采取正确的行动。

该指南主要包括火灾应急和溢漏应急两大部分。使用时根据现有的联合国编号，查阅“EmS 指南——索引”，确定 EmS 火灾的应急表号和 EmS 溢漏的应急表号，然后按表号阅读具体的应急反应措施。如 UN 1808，其 EmS 火灾的应急表号是 F-A，EmS 溢漏的应急表号是 S-B。F-A 火灾应急措施总体建议如表 6-1 所示。S-B 溢漏应急措施如表 6-2 所示。

表 6-1　F-A 火灾应急措施总体建议

总体建议		在火灾中，暴露的货物可能爆炸或其他包装可能破裂。 尽可能在远处有防护位置上灭火
舱面货物着火	包件	尽可能用多个水龙喷雾
	货物运输组件	
舱内货物着火		停止通风并关闭舱盖。 使用货物处所固定的灭火系统。如不可能，则用大量的水喷雾
货物暴露在火中		如可行，清除或抛弃可能着火的包件，否则用水冷却
特殊情况： UN 1381、UN 2447		扑灭火后应按溢漏立即处理（见相关的溢漏应急措施表）

表 6-2　S-B 溢漏应急措施

总体建议		穿合适的防护服和戴合适的自给式呼吸器。 即便穿防护服也应避免接触清除污水和蒸气。 短时间吸入少量气体也可造成呼吸困难。 用水洒在溢漏物上会激烈反应并产生有毒气体。 该物质对船舶结构造成损害。 污染的衣服用水清洗后清除
舱面溢漏	包件（少量溢漏）	用大量的水冲洗至船外，不得直接向溢漏物喷水。清除污水。彻底清洁污染区域
	货物运输组件（大量溢漏）	保护驾驶台和居住区处于上风处。用水喷雾驱除蒸气。保护居住区和船员免受腐蚀或毒气伤害。 用大量的水冲洗至船外，不得直接向溢漏物喷水。清除污水。彻底清洁污染区域

续表

舱内溢漏	包件(少量溢漏)	充分通风。不佩戴自给式呼吸器不得进入。进入前应测试空间气体(有毒和爆炸危险)。如果不能测试不得进入,让其自然散去,保持清洁。 液体:保持良好通风,使用大量的水彻底冲洗,并泵出船外。 固体:收集溢漏物,处理下船,将残留物冲洗至舱底。使用大量的水,泵出船外
	货物运输组件(大量溢漏)	保持驾驶台和居住区处于上风处。用水喷洒驱赶蒸气以保护船员和居住区免受有毒和腐蚀性蒸气的损害。 不得进入舱室。保持清洁。无线电咨询专家,待危险评估后按专家意见采取措施。 充分通风。不佩戴自给式呼吸器不得进入。进入前应测试空间气体(有毒和爆炸危险)。如果不能测试不得进入,让其自然散去,保持清洁。通风系统工作时尤其注意防止毒气或易燃气体进入居住区、机房和工作区。 液体:保持良好通风,使用大量的水彻底冲洗,并泵出船外。 固体:收集溢漏物,处理下船,将残留物冲洗至舱底。使用大量的水,泵出船外
特殊情况: 海洋污染物 UN 2802、UN 2809		根据《MARPOL 公约》报告要求报告事故。 不与水反应;对防护服腐蚀不严重。如可行,收集溢漏物,尽量避免处理下船。用无线电寻求专家建议

一、危险货物火灾处理

在船舶安全环节中,防火是最重要的一环。一旦发生火灾,训练良好的船员是控制火灾蔓延的最好防线。由于扑灭由危险货物引起的火灾复杂,应结合《EmS 指南》和船上培训计划进行培训,以便船员在发生火灾时能做出及时有效的反应。

(一)发生事故危险货物的确认

在发生火灾事故时,首先应当确认发生事故的危险货物种类,以便采取适当的应急措施,因为某些危险货物与灭火剂不匹配并起反作用(如用水扑灭遇水反应的货物)。按《ISM 规则》的要求,应急防备应是船舶安全管理体系的一个组成部分。防备信息有助于在火灾事故应急中少犯错误,所以建议所需要采取的应急措施与危险货物舱单合并,使相关人员能够及早熟悉一旦发生火灾事故时需要采取的行动。

(二)寻求建议

无论火灾的严重性如何,在处理危险货物火灾时,都应该寻求专家的建议。专家建议的获取渠道包括:

(1)船舶经营公司(指定人员);

(2)应急信息中心;

(3)特定机构;

(4)专业应急人员;

(5)港口国当局;

(6)消防队；
(7)产品制造商；
(8)海岸警卫队。

(三)总体建议

(1)考虑安全第一；
(2)避免接触危险货物；
(3)远离火种，禁止吸烟，远离烟雾和有毒气体；
(4)拉起火警警报，启动消防程序；
(5)可能的话，使驾驶台、生活区保持在上风处；
(6)确定燃烧或冒烟货物的积载位置；
(7)确认货物；
(8)获取发生事故危险货物的 UN 编号和火灾应急措施；
(9)考虑哪些防火措施可行并遵照执行；
(10)检查其他危险货物是否有潜在卷入火灾的可能，并确定相关火灾的应急措施；
(11)穿适宜的防护服和戴适宜的自给式呼吸器；
(12)准备使用医疗急救指南；
(13)与船公司负责船舶经营的指定人员或救助、协助中心保持联系，以获得有关危险货物应急反应措施的专家意见。

(四)灭火介质

1. 水

水是最易得到和最廉价的灭火材料。危险货物着火，海上的船舶在其他灭火剂不易得到的情况下常用水来灭火，但岸基人员可能用不同的灭火剂来灭火。用水喷洒燃烧的危险货物，当温度降至燃点以下时可将火扑灭。

某些危险货物遇水会发生化学反应，产生易燃气体和/或有毒气体，扑灭这种火灾最有效的方法是用干燥的粉末状惰性物质覆盖着火的危险物质。但船上这种适用的惰性物质数量有限，为了适当地使用惰性材料而接近火源也是很危险的。因此，最适当的灭火方法是用大量的水喷洒。虽然水与危险货物可能发生反应，但大量的水对整个火势起到整体冷却的效果。

2. 固定的气体消防系统

大多数船舶的货舱都安装了固定的气体消防系统，一些特殊用途的船舶可能安装了其他固定式灭火系统。一般来讲，固定式灭火消防系统使用二氧化碳作为灭火剂，也有的使用氮气作为灭火剂。固定式气体灭火系统，是控制货舱危险货物火灾最有效的方法之一，其方法主要是隔绝氧气和降低温度，使火灾自然熄灭。

在使用时，应遵照说明进行操作。使用前，应关闭货舱，封闭所有通风口和出入口通道。防火控制布置图具体明确了既定舱室所需气体的既定体积，危险货物发生火灾时超量使用灭火剂没有益处。非常重要的是当火灾扑灭后，舱室要冷却一段时间，在这段时间内打开舱盖是非常危险的，因为灭火气体会逸出，氧气会再次进入舱室内，可能会导致死灰复燃。

3. 固定的高压水喷淋系统

在某些船舶(如滚装和汽车渡船)上,一些货物处所装备喷淋系统而不是固定的气体消防系统,船舶应按说明操作。

封闭的货物处所在灭火并冷却后应通风清除烟雾和有毒气体,通风系统应是认可的除烟安全型的。可通过对附近舱壁和舱面的监测证实该处所已冷却,然后消防小组寻找残留火种,检查周围货物情况。火被扑灭后,派人监测货物直到其达到正常温度。

4. 泡沫

对于易燃液体发生火灾,一般来讲泡沫是有效的灭火剂。泡沫可在液体表面形成一层隔离层,阻断氧气并降低热量,但对于固体物质的效果就差多了。大多数泡沫含水,不应用于遇水起不利于灭火的化学反应的化学品。

5. 化学干粉

化学干粉对于遇水反应物质和金属粉末火灾是有效的灭火剂。此化学干粉不应与发生火灾的危险货物发生反应。某些危险货物要求特定的化学干粉来灭火。

(五)各类危险货物火灾的处理原则

1. 扑救爆炸物品火灾的方法

(1)采取一切可能手段阻止爆炸的再次发生。

(2)及时组织和引导人员疏散,建立隔离带。

(3)可用水灭火,严禁用固体物覆盖方法。

(4)用水灭火时,应采用吊射,避免强力水流直接冲击堆垛。

(5)扑救人员应选择现场地形、地面物作掩体,尽量采用低姿射水灭火。

(6)发现有再次爆炸危险时,应及时告知现场指挥,并在现场指挥命令下有序及时撤退;来不及撤退时,应迅速就地卧倒。

2. 扑救压缩气体或液化气体火灾的方法

(1)首先扑灭外围火势,切断火势蔓延,控制火灾范围,救助伤员。

(2)泄漏处着火,不可盲目扑灭,在未有堵漏措施时应维持泄漏处稳定燃烧。

(3)火势中或附近有压力容器时,则应在水枪掩护下及时将其疏散到安全地方,不能疏散的应部署足够水枪进行冷却保护。

(4)输气管道泄漏着火,应首先关闭阀门;阀门完好,火势自灭。

(5)储罐或管道阀门无效时,应先据情准备堵漏材料,然后灭火(用水、干粉、二氧化碳),同时冷却罐或管道,及时堵漏,并以雾状水稀释释放出的气体。

(6)如堵漏不成需要再次堵漏,则应重新用长点燃棒点燃泄漏处,恢复稳定燃烧,然后准备再次堵漏。

(7)如确实无法堵漏,则只能在冷却容器和周围可燃物下,控制火势范围,直至燃烧完全而自灭。

(8)现场应密切注意各种危险征兆,一旦确定,应果断下令撤退。

3. 扑救易燃液体火灾的基本方法

(1)首先切断火势蔓延的途径,冷却和疏散受火势威胁的容器和可燃物,控制燃烧范围,救出受伤和被困人员。

(2)及时筑堤拦截易燃液体的漂流漫延,或挖沟导流。

(3)及时准确地了解燃烧液体的名称以及相关物化性质、着火面积等,以便正确选择灭火和防护措施。小面积液体火灾(50 m^2):以雾状水、泡沫、干粉、二氧化碳灭火。大面积液体火灾:根据液体密度、水溶性、燃烧面积选择扑救方法。

(4)易燃液体管道或储罐泄漏着火,应在控制火势范围的同时,找到并关闭进出阀门,然后以泡沫、干粉、二氧化碳或雾状水扑灭流淌火焰和泄漏口火势,进行堵漏。

(5)扑救原油和重油等具有沸溢、喷溅危险的液体火灾,指挥人员必须密切注意和发现沸溢和喷溅的先兆,及时果断下令撤退。

(6)扑救人员应注意自我防护,戴好防护面具。

4. 扑救易燃固体火灾、自燃物品的基本方法

(1)一般在有效控制火势范围下可用水和泡沫进行有效灭火。

(2)对于受热升华的固体(如2,4-二硝基苯甲醚、萘、二硝基萘等),可用雾状水、泡沫扑救地面火势,同时应不时向燃烧区域上空及周围喷射雾状水。

(3)对于容易飞溅的可燃性固体粉末火灾,应用雾状水和低压水扑救;如不能用水扑救,则选用干沙、非压力喷射的干粉扑救。

5. 扑救遇湿易燃品火灾的基本方法

(1)了解火灾物品的名称、数量以及附近物品情况、燃烧情况。

(2)该类物品火灾一般不能用水、泡沫等湿式灭火剂灭火;如果数量少(50 g 内),可以使用大量的水或泡沫灭火;如果数量大,则使用干粉、二氧化碳、水泥、干沙、硅藻土等灭火。

(3)对于粉末类遇湿易燃类固体(如镁、铝粉),禁用压力灭火剂。

(4)金属钾、钠、铝、镁着火时,选用二氧化碳灭火无效,应选其他合适的灭火方式。

6. 扑救氧化剂和有机过氧化物火灾的基本方法

(1)迅速查明着火物质的名称、数量、燃烧范围、火势可能蔓延的途径、周围存在物质和建筑等信息。

(2)能使用水和泡沫等灭火的,应尽快切断火势蔓延,控制和孤立着火范围,救出受害和受困人员。

(3)不能使用湿式灭火的,应选用干粉、水泥、干沙,从火区旁边、下风向区进行覆盖,形成隔离带。

(4)该类物质大多具有燃烧、爆炸性质,危害极大,扑救人员应做好自身防护,统一行动,协同作战。

7. 扑灭有毒物质火灾的基本方法

(1)事故现场人员要穿好全身防护服,配备自给式呼吸器。

(2)迅速查明着火物质的名称、数量、燃烧范围、火势可能蔓延的途径、周围存在物质和建筑等信息。

(3)如果有毒气体挥发,火灾在短时间内无法控制,应向气象中心查询气象情况,包括风向、风速、大气稳定度等情况,划定危险区域,疏散危险区域中的群众。

(4)切断火势蔓延,控制和孤立着火范围,救出受害、受困人员。

(5)使用水雾稀释有毒气体挥发或扩散。

(6)选用干粉、水泥、干沙进行覆盖吸收有毒物质,从火灾旁和下风方向用沙子、水泥或其他惰性物质组成隔离带。

8. 扑灭放射性物质火灾的基本方法

放射性物质的性质比较特殊,一般要求在专家指导下进行。

9. 扑灭腐蚀品火灾的基本方法

(1)事故现场人员要穿好全身防护服,配备自给式呼吸器。

(2)火灾现场可能存在大量毒害品、腐蚀品蒸气,不能急于进入,应用大量水、雾状水等稀释空气。

(3)扑火时应注意不要使腐蚀品四处飞溅;能用水、泡沫灭火的,尽量用低压水或雾状水;不能用水或泡沫的,应用干粉、二氧化碳等灭火,切断火势的蔓延,控制和孤立火区。

(4)选用干粉、水泥、干沙进行覆盖吸收有毒物质,从火灾旁和下风方向用沙子、水泥或其他惰性物质组成隔离带。

(六)人员保护

1. 船舶人员

火灾中危险货物能产生许多对人体有害的蒸气和气体,发生火灾时首先要使用消防队员的防护服和自给式呼吸器,这些装备应保护好,只有经培训的人员才能使用。尤其需要注意的是确保有毒蒸气或烟雾剂不会渗透到人员聚集的地方,比如驾驶台、居住处所、机器处所及工作区等。

2. 消防队

根据《SOLAS 公约》第Ⅱ-2 章的要求,消防员的消防服、全套化学防护服和自给式呼吸器应放置在船上随时可用的地方。

火灾中危险货物产生各种有害的物质,所以自给式呼吸器在救火中非常重要,但在离火焰一定距离进行喷水冷却受热物质时,可不佩戴。消防服在应用中仅对危险货物具备一定的防护作用,与防化服存在一定的差异,所以要避免在使用过程中直接接触化学物质。

二、危险货物泄漏处理

危险货物溢漏所造成的影响取决于货物的类型、溢漏的数量、所卷入货物的种类及溢漏发生在舱面还是舱内。另外,溢漏货物与其他货物接触发生化学反应产生的其他化学品也是危险源之一。因此,正确处理危险货物的溢漏将直接关系到船舶、人员和环境的安全。对于危险货物溢漏的应急反应,总的来说可以分为以下几步,并被经验证明是行之有效的。

(一)确认和识别

确认和识别发生溢漏的危险货物是关键,以便查阅与该货物相适应的溢漏应急措施表号并采取适当的行动。如同危险货物火灾一样,《ISM 规则》也要求把溢漏应急防备作为船舶安全管理体系的组成部分,并建议将应急措施表号标注在危险货物舱单和配载图上,并直接与危险货物积载位置联系起来。

(二)人员救助

保护人员安全是最高原则。在对事故的整个情况做出估计后,首先应找寻和救助受害者，包括搜寻和撤离可能受害的或迷失方向的或不能动的人员。

（三）隔离

隔离的目的是控制溢漏现场的人数，可以用绳子拦出危险区域。封闭通风、空调或工作间、居住处所的其他通道。在航行过程中，船长可以改变航向和速度，以确保危险气体或蒸气远离船员、居住处所和通风入口等。

（四）应急反应

在航行过程中，人力和其他资源有限，所以在大多数溢漏事故中，最有效的应急措施是将溢漏物冲洗或抛弃至海中。试图将危险货物进行重新包装可能使人员暴露于不可思议的危险当中。

在危险货物溢漏应急措施表中，给出的大部分措施也是把人员安全放在第一位的。

1. 防泄漏总体建议

（1）安全第一；

（2）避免与任何危险货物接触；

（3）远离蒸气和气体；

（4）拉响警报；

（5）如可能，将生活区和驾驶台处于上风处；

（6）身穿全套防化服和佩戴自给式呼吸器，防止化学品的侵袭；

（7）确定泄漏货物的位置；

（8）识别货物；

（9）获取发生事故货物的 UN 编号及应急措施表号；

（10）考虑应依据哪些泄漏应急措施；

（11）做好使用《医疗急救指南》的准备；

（12）联系公司指派负责船舶经营的人员，以获得关于危险货物应急反应的措施及指导。

2. 各类危险货物的泄漏处理

应急措施是指在处理事故前应做的准备工作，以及对不同性质事故所采取的不同行动。包装的设计是使危险货物能够经受起装卸、海运等一般风险。但是，如果包装已损坏，里面的危险货物就可能撒漏出来，这时，应急人员就可能要处理有毒、腐蚀性或者易燃的气体、液体和固体，所以采取应急行动前，必须配备全套防护服（包括靴子、衣裤相连的工作服、手套、防护镜和安全帽）；若撒漏物质能挥发出毒气、强烈刺激气体、窒息气体，还要戴自给式呼吸器。

对不同的事故，应采取不同的应急措施，采取的措施取决于撒漏物质的性质和状态（如闪点、固体、液体或气体、毒性等）。

一般情况下，建议用沙土或其他吸收材料与撒漏物质收集一起放到塑料袋或其他容器中密封起来，集中处理。对仓库或其他密闭处所的有毒、腐蚀和易燃气体，在可能的情况下，在采取任何应急行动前应通风散气。如果使用机械通风，必须小心从事，保证易燃气体不致点燃。进入这些处所的人员必须佩戴自给式呼吸器，身穿防护服，受过专业训练。

(1)爆炸品的泄漏处理

①禁止使用易产生火花的工具收集,电气设备使用防爆型。

②使用水去敏的爆炸品可使用高压水雾喷洒泄漏物,然后收集。有些爆炸品,水会使爆炸品中的稳定剂分离,应禁止使用水。

③清扫收集要小心操作,以防摩擦、振动和撞击。

④爆炸品对静电敏感,泄漏物应远离静电发生器,如移动电话、合成聚合物、聚乙烯手套等。

(2)气体的泄漏处理

①穿全套防护服,戴自给式呼吸器。

②如有可能,采取一切措施制止泄漏,关闭阀门。

③如不能,让气体自行消散。

④大量泄漏,可采取远距离喷水雾稀释气体。

⑤液态气体,防止冻伤,不要将水直接喷到泄漏物上。

⑥易燃气体,确保无任何开放的明火存在。

(3)易燃液体的泄漏处理

①穿适宜的防护服和戴自给式呼吸器。避免所有点火源(如明灯、无防护灯泡、电动工具、摩擦)。

②如有可能,立即阻止继续泄漏。小泄漏,用惰性材料吸收。清扫收集到带盖的容器中,然后转移到安全处所。大泄漏,用惰性材料围堵,然后收集和吸收。禁止将泄漏物驱赶到下水道,这样可能会带来更大的麻烦。

③如液体挥发的可能是腐蚀或有毒气体,可用水雾方法稀释和驱赶气体,但不能将水直接喷洒在泄漏物上。

(4)易燃固体、易自燃物质、遇水放出易燃气体的物质的泄漏处理

①易燃固体中包含一些自反应物质和退敏的爆炸品,有的还需要在控制温度下运输,对热和温度极其敏感,具有爆炸副标志和特性,应在专家指导下进行泄漏处理。

②其他易燃固体、易自燃物质,与水反应物质,可以用干燥的惰性材料覆盖,然后仔细清扫,收集到带盖的容器中,转移到安全处所。

(5)氧化剂和有机过氧化物的泄漏处理

①有机过氧化物是一种十分不稳定的物质,对热和温度敏感,具有爆炸特性,大多数需要在控制温度下运输。泄漏处理需要在专家指导下进行。

②干的氧化物质泄漏物,如可行,收集并装好泄漏物,转移到安全处所。

③湿的氧化物质泄漏物,使用惰性不易燃的吸附材料,清扫收集到安全处所。

④不得与其他易燃材料物质相混合,否则会发生更大的危险。

(6)有毒物质的泄漏处理

①穿全身防护服和戴自给式呼吸器。

②大多数有毒气体具有易燃、爆炸性,事故现场应避免明火操作。

③如有条件,测定事故现场气体浓度,划定安全警戒区域。

④有毒液体泄漏,用惰性材料或水泥吸收或做成围堤,将液体限制在封闭的区域,迅速收集到封闭容器中,转移到安全处所。

⑤有毒固体泄漏，收集泄漏物，如无盛装容器，可用塑料布覆盖，保持泄漏物干燥。

(7)放射性物质的泄漏处理

海运放射性物质的包装一般不会发生泄漏。如果卷入火灾或其他情况，处理应在专家指导下进行。

(8)腐蚀性物质的泄漏处理

①穿适宜的防护服和戴适宜的自给式呼吸器，即便穿防护服也应避免接触。

②不要将水直接喷洒在泄漏物上，以免激烈反应产生腐蚀性气体和刺激性气体。

③对挥发迅速的气体，可以用高压水雾驱除气体和稀释气体浓度。

④液体泄漏，用干燥的惰性材料围堵和吸收，清扫收集到安全处所。

⑤固体泄漏，用干燥的惰性材料覆盖，尽快收集到封闭的容器中。

另外，包装危险和有害物质的医疗事故急救和事故报告程序见本教程第十章。

第三节 案例与分析

船舶运输由于其具有载运量大、成本低的特点，是国际、国内运输的最主要方式。随着世界各国经济的快速发展以及国际贸易的日趋频繁，石化生产、船舶建造、船舶运输以及进出口服务等行业都得到了迅猛的发展。在这种大趋势下，船舶载运具有燃烧、爆炸、腐蚀、有毒、放射性等危险特性的包装物质、材料和物品的频率和数量也大大增加。据了解，目前海上运输的危险货物已经超过货物总运量的一半，其中通过包装形式运输的约占20%，由此造成的船舶载运危险货物事故也时有发生。

一、硝酸铵化肥爆炸案

1947 年法国货船“DBY”号停泊在美国得克萨斯州得克萨斯市，船上装有 2 500 t 纸袋包装的硝酸铵化肥和其他货物，不明原因引起明火造成失火，导致船被炸碎，几乎船上所有人员被炸死，并引起许多二次火灾，其中包括在“GKFL”号上的硫黄和其他货物着火。该船停在“DBY”号附近，且载有更多的硝酸铵化肥，在 16 h 后“GKFL”号也爆炸了。结果造成 600 多人死亡，3 500 人受伤，财产损失约 3.3 亿美元，相当于战时整个城市在轰炸中受的损失。

由于硝酸铵遇热分解为氧化亚氮和水，氧化亚氮(又称笑气)也是一种极好的氧化剂，能助燃。舱内纸、蜡、船的结构材料和其他货物，甚至在没有空气的情况下仍继续燃烧，导致舱内的压力升高。发现失火时，当时船上采取的办法是关上舱口准备用船上的蒸气发生系统窒息火焰，但是在火焰还没有扑灭时，船已被炸碎。

二、次氯酸钙燃烧案

2003 年 10 月 11 日 0730 时，在南非水域，17 800 总吨的新加坡籍集装箱船“HA”号，在德班抛锚等待泊位不到 24 h，轮船突然爆炸。大火在舱底迅速蔓延，并且很快进入上甲板的居住区，由于大火没能有效地控制，1 名船员在这次事故中丧生。

当南非海事官员检查船舶货物舱单时，并没有发现危险货物被列明，可是大火现场调查员确认大火很可能是由于积载于后舱底的危险货物自燃造成的。经过调查之后发现：大火是从舱底一个装有次氯酸钙危险货物集装箱开始燃烧的，集装箱积载紧挨机舱舱壁，这个位置不允许积载对温度有敏感反应的危险货物。次氯酸钙随着温度的升高可能分解导致起火爆炸，该危险货物危险类别为 5.1 类，积载类为 D，在《国际危规》中明确要求，装有次氯酸钙的包装组件在海上运输中要遮蔽阳光、远离热源、货物组件保持通风。装有次氯酸钙的集装箱紧挨着杀虫剂的集装箱，次氯酸钙的爆炸引起杀虫剂燃烧，进而引起邻舱的卷纸、塑料、轮胎等物质燃烧，加上船舶及海上应急人员对船舶积载危险货物的情况一无所知(没有进行危险货物申报)，大火肆意蔓延无法控制。

三、“锌灰”爆炸案

2000 年 2 月 17 日，丹麦籍某杂货船装载 2 033 t“锌灰”(UN 1435)在运输过程中发生爆炸，造成 6 名船员死亡。

事故起因是装载的“锌灰”经过 8 天的海上航行后与空气发生反应产生了大量的氢气，形成爆炸性混合气体，船员在甲板进行船体维修工作时，由于电器的使用，引爆了爆炸性混合气体。

此外，还有很多海上危险货物运输事故，如：

2004 年 5 月 14 日，山东渤海轮渡有限公司所属的客货滚装船“YH”轮从大连开往山东蓬莱港途中，车辆舱起火。发生事故的主要原因是装有危险化学品甲醇钠的车辆蒙混上船。2006 年 1 月，靖江市某船核定装载“液碱”，在射阳氟都化工厂装载了危险性质不明的液体，进行装船作业时发生爆炸，3 人被炸死。事后查明，靖江市某船装载的不明液体是废硫酸，而这条船根本不具备转运废硫酸的资质，属于违规作业。

一系列触目惊心的事故已经引起了国际社会及各国主管机关的高度重视，国际公约、规则，以及国内的法律、法规、规章等的不断制定和完善，为船舶运输危险货物提供了准则和依据。同时事故原因分析表明，绝大多数事故的发生是由人的因素造成的，包括由于缺乏对危险货物本身危险性的认识而造成误操作；由于主观瞒报、谎报而埋下事故隐患；由于对货物运输链缺乏了解造成职责不清等。为此，依照《国际危规》的要求，对危险货物从业人员进行有效培训是十分必要的。

【本章小结】

本章包括危险货物的申报、《船舶载运危险货物应急反应措施》和案例与分析三个方面。在我国危险货物申报包括船舶申报和货物申报两方面，本章结合《国际危规》的要求分别做了阐述。同时以《船舶载运危险货物应急反应措施》为主体，介绍了海上应急情况下的应急措施。海上危险货物运输中的典型案例的介绍也希望起到一定的警示作用。

【思考题】

1.《国际危规》中对危险货物运输单证有哪些具体规定？

2. 海上危险货物火灾中可用的灭火介质有哪些？

3.《船舶载运危险货物应急反应措施》如何使用？

4.《船舶载运危险货物应急反应措施》中火灾应急措施表包括哪些内容？
5.《船舶载运危险货物应急反应措施》中溢漏应急措施表包括哪些内容？
6. 船舶载运危险货物申报要注意哪些内容？
7. 各类危险货物火灾的处理原则有哪些？
8. 危险货物运输单证中须包括哪些信息？
9. 在办理危险货物申报手续时应附送哪些资料？
10. 简述各类危险货物的泄漏处理措施。

第二篇

船舶载运散装固体危险和有害物质的安全作业

“散装固体危险和有害物质”不仅具有危险货物的危险特性，而且还具有散装货物的普遍特性和危险性，因此做好“散装固体危险和有害物质”的安全运输工作，首先应掌握有关“散装固体危险和有害物质”的安全运输相关知识。本篇严格按照新修订的《海员培训、发证和值班标准国际公约马尼拉修正案》对关于在载运“散装固体危险和有害物质”的船上负责货物作业的高级船员和普通船员培训的指导要求，以《SOLAS 公约》和《国际海运固体散装货物规则》(《IMSBC 规则》)为依据，着重介绍“散装固体危险和有害物质”的分类、特性、其对运输安全的影响，以及如何防止和消除这些危害，以确保运输安全。

第七章 有关船载散装固体危险和有害物质安全的公约、规则和建议

“散装固体危险和有害物质”的安全管理要求源自对其运输中的事故的频发，在经历了一次次惨痛的事故教训后，人们开始总结“散装固体危险和有害物质”运输事故的发生原因，得到了许多约束“散装固体危险和有害物质”运输和控制事故发生的经验，这些约束和控制在一定程度上可以确保运输安全，因此人们将其系统地总结为可以广泛接受和遵纪守法的公约规则和指南，以确保“散装固体危险和有害物质”海上运输的安全进行。

众所周知，确保船舶运输“散装固体危险和有害物质”安全的最基本的因素和方法包括：危险货物的安全适运，设计周全、设备构造符合安全装运要求的船舶，以及能够遵守相关法规且适岗的相关人员。船舶运输“散装固体危险和有害物质”安全管理的公约法规也是围绕这几个主要因素制定的。

第一节

国际公约中有关散装固体危险和有害物质安全的相关内容

涉及有关“散装固体危险和有害物质”安全运输管理，并被广泛采纳的国际公约和规则主要有三个：一是为了提高船员素质，要求对船员进行专业培训的《1978 年海员培训、发证和值班标准国际公约》2010 年修正案（简称《STCW 公约马尼拉修正案》）；二是为保证船舶安全，对载运船舶提出最低要求的《1974 年国际海上人命安全公约》（《SOLAS

1974》)；三是为安全装运固体散装货物的《国际海运固体散装货物规则》(《IMSBC 规则》)。

一、1978 年海员培训、发证和值班标准国际公约马尼拉修正案

涉及散装固体危险和有害物质运输船员培训的内容在《STCW 公约马尼拉修正案》中的 B 部分，目前暂为建议性要求。

《STCW 公约马尼拉修正案》中的 B 部分第 B-Ⅴ/b1 节关于对在载运散装固体危险和有害物质的船上负责货物作业的高级船员和普通船员培训的指导分成两个部分，即有关原理的基础部分和这些原理在船上操作的应用部分，主要包括以下内容和要求：

1. 散装固体危险和有害物质的特性和性质

要求了解散装固体危险和有害物质的重要物理特性和化学性质，并足以对其固有危害和有关危险有基本的理解。

2. 具有化学危害性的物质的分类

要求了解 IMO《国际危规》中第 4 类到第 9 类危险货物及与各类有关的危害性和列于《国际海运固体散装货物规则》(《IMSBC 规则》)中仅在散装运输时有危害的物质(MHB)。

3. 具有化学危害性的物质的健康危害

危险性物质接触皮肤、被吸入或吞咽及具有放射性都会对健康造成危害。

4. 相关公约、规则及建议

(1)基本上熟悉经修正的《SOLAS 公约》中第Ⅱ-2 章和第Ⅶ章的有关要求。

(2)熟悉和一般应用《国际海运固体散装货物规则》(《IMSBC 规则》)，特别提及：

①人员的安全，包括安全设备、测量仪器，它们的使用和实际应用及对结果的解释。

②具有移动倾向的货物的危害。

③具有化学危害性的物质。

5. 各类固体散装化学危险物质的危险性、积载隔离和防护

(1)《国际危规》中第 4 类易燃固体、易自燃物质以及遇水放出易燃气体的物质的载运、积载和控制温度以防止分解和可能引起的爆炸；积载类别；包括适用于自行反应和相关物质在内的一般积载的预防措施；为防止发热和着火的隔离要求；有毒或易燃气体的散发和爆炸混合物的形成。

(2)《国际危规》中第 5.1 类氧化物质的载运、积载和温度控制以防止分解和可能引起的爆炸；积载类别；一般积载的预防措施和隔离要求，以确保与可燃物质、酸和热源隔离，目的是防止着火以及爆炸和毒性气体的形成。

(3)《国际危规》中第 6.1 类有毒物质对食物区、工作区和居住处所的污染及通风。

(4)《国际危规》中第 7 类放射性物质的运输指数；矿砂和精矿种类；积载和与人、未经显影的胶片和底片及食品的隔离；积载类别；一般积载要求；特殊积载要求；隔离要求和分隔距离；与其他危险货物的隔离。

(5)《国际危规》中第 8 类腐蚀性物质中关于受潮物质引起的危险。

(6)《国际危规》中第 9 类杂项危险物质和物品的实例和相关危害。

(7)仅在散装时有危险性的物质(MHB)的危害；一般和特殊积载的预防措施；工作和

运输的预防措施;隔离要求。

6. 安全注意事项和紧急程序

货物处所内的电气安全;进入可能包括缺氧、有毒或易燃舱气在内的封闭处所应采取的预防措施;船舶载运各类物质时火灾可能引起的后果;载运危险货物船舶应急措施的使用;危险和有害物质发生意外事故时应遵循的应急计划和程序,以及《国际海运散装固体货物规则》中的个别条文在这方面的应用。

7. 医疗急救

IMO《危险货物事故医疗急救指南》(MFAG)及其应用以及关于其他指南和无线电医疗咨询的应用。

二、1974 年国际海上人命安全公约

(一)公约与“散装固体危险和有害物质”

《国际海上人命安全公约》是涉及船舶海上安全的最为重要的一部国际公约。1974 年,IMO 对公约做了大幅度修改,制定了新的《SOLAS 公约》,并于 1982 年 5 月 25 日生效,公约第Ⅱ-2 章第 10 和 19 条纳入载运散装固体货物船舶的具体防火布置,而第Ⅶ章则是关于“危险货物运输”安全的内容。

公约中“散装固体危险和有害物质”运输有关的内容变迁是:1948 年《SOLAS 公约》新增第六章“危险货物和谷物运输”。后来又做了几次大的修正,其中有关“危险货物运输”被《SOLAS 公约》单独设立为第Ⅶ章。直至《SOLAS 公约》1983 年修正案中经修正的公约第Ⅶ章才将原来仅适应于包装危险货的内容扩大到包括固体和液体散装危险货物。2009 年《SOLAS 公约》最新版本的第Ⅶ章的 A1 部分即“散装固体危险货物的运输”。

由于一些没有化学危险性的散装固体货物因为其他特性(易流态化和移动性),也经常会引起船损事故,故公约第Ⅵ章“货物运输”A 部分之“一般规定”和 B 部分之“谷物以外的散装货物的特别规定”也应引起重视,本教材一并提及。

(二)相关内容

1. 经修正的公约第Ⅱ-2 章

(1)第 10 条“灭火”,目的是抑制并将火灾迅速扑灭在火源处。为此,应满足下列功能要求:

①应安装固定式灭火系统,并充分考虑受保护处所的潜在火势增大;

②灭火器材应随时可用。

(2)第 19 条“危险货物运输”,是为载运危险货物的船舶规定附加安全措施,以达到公约的消防安全目标。为此,应满足下列功能要求拟用于载运固体散装危险货物的船舶和货物处所:

①应配备防火系统以保护船舶免受因载运危险货物而带来的额外火灾危险;

②应将危险货物与着火源充分隔开;

③应针对因载运危险货物而带来的危险配备适当的人员保护设备。

即船舶的技术条件应适合危险货物不同方式的载运要求。

需注意,经修正的《SOLAS 公约》第Ⅱ-2/19.4 条。根据该条规定,应向 2002 年 7 月 1

日或以后建造并载运该公约第Ⅶ/7 条所定义的散装固体危险货物(第 6.2 类和第 7 类除外)的船舶签发一份适当的证明,作为其构造和设备符合第Ⅱ-2/19 条要求的证据。

2. 第Ⅵ章 A 部分——一般规定

(1)适应范围

本章适用于对船舶或船上人员具有特殊危害的货物运输(散装液体、散装气体和其他各章已做出运输规定者除外),并因其运输的危险性而需在本规则适用的所有船舶以及小于 500 总吨的货船上采取特别预防措施。但是,对小于 500 总吨的货船,如果主管机关认为因航行的遮蔽性和条件,应用本章 A 部分或 B 部分的任何具体要求为不合理或不必要时,可采取能够确保这些船舶所需安全的其他有效措施。

(2)货物资料

对于散装货物,应有关于货物积载因数、平舱方法、移动的可能性(包括稳定角,如适用)以及任何其他有关特性的资料。对于浓缩物或可流态化的其他货物,还应有关于货物含水量及其可运含水极限证书的资料。

对于未按第Ⅶ/1.1 条所定义的《IMDG 规则》的规定分类,但具有可能造成潜在危害的化学特性的散装货物,除上述各项要求的资料外,还应有关于其化学特性的资料。

(3)氧气分析和气体探测设备

①在运输可能释放有毒或易燃气体或可能在货物处所中造成氧气耗尽的散装货物时,应备有测量空气中这类气体或氧气浓度的适当仪器,及其详细的使用说明书。这种仪器应使主管机关满意。

②主管机关应采取措施,确保船员在上述仪器使用方面受到培训。

(3)船上使用杀虫剂

在船上使用杀虫剂,特别是为熏舱而使用杀虫剂时,应采取适当预防措施。

3. 第Ⅵ章 B 部分——谷物以外的散装货物的特别规定

(1)装运的可接受性

①在散装货物装船前,船长应获得关于船舶稳性和标准装载工况下货物分布的综合资料。提供此种资料的方法,应使主管机关满意。

②对浓缩物或可流态化的其他货物,只有当其实际含水量小于其可运含水极限时才能被接受装船。但是,如果做出了使主管机关满意的安全布置,确保在货物移动时有足够的稳性而且船舶具有足够的结构完整性,则即使其含水量超过了上述极限,仍可接受此种浓缩物和其他货物装船。

③对于未按第Ⅶ/1.1 条定义的《IMDG 规则》的规定分类,但具有可能造成潜在危害的化学特性的散装货物,在装船之前应对其安全运输采取特殊预防措施。

(2)散装货物的装卸和积载

①就本条而言,码头代表系指船舶装卸货物的码头或其他设施使用方指定的人员,其负责该码头或设施对特定船舶进行作业。

②为能使船长防止船体结构中产生过大应力,船舶应配备一份手册,其应使用为负责货物作业的高级船员所熟悉的语言编写。如该种语言不是英文,则船上还应配备一份用英文写成的手册。

③散装固体货物在装货或卸货之前,船长和码头代表应商定一项计划,该计划应确保

在装卸货物期间不超过船上的许用应力和力矩，还应包括装卸货物的次序、数量及速率，并考虑装卸货物的速度、船上添注口的数量及减压载或加压载的能力。该计划及其后的任何修改，应提交给港口国的有关当局。

④散装货物应在整个货物处所范围内装载并视需要合理平舱，以最大限度减少货物移动的风险，并确保在整个航行期间保持足够的稳性。

⑤在甲板间舱载运散装货物时，如装载资料表明船底结构在舱口开启时的应力会达到不可接受的程度，则这些甲板间的舱口应关闭。货物应合理平舱，并应延伸到两舷，或用具有足够强度的附加纵向隔壁加以固定。应注意甲板间舱的安全承载能力，以确保甲板结构不过载。

⑥船长和码头代表应确保装卸货物作业按照商定的计划进行。

⑦如果在装卸货物期间，本条②所述的对船舶的任一限制已经超出或者如果装卸继续进行下去可能导致超出，则船长有权中止装卸作业并有责任将此通知批准这个计划的港口国有关当局。船长和码头代表应确保采取纠正措施。当卸货时，船长和码头代表应确保卸货方法不损坏船体结构。

⑧船长应确保船上人员连续不断地监视货物装卸作业。如有可能，在装卸货物期间应定期校核吃水以确认提供的吨位数。每次测得的吃水和吨位数应记入货物日志。如发现与商定的计划有显著偏差，则应调整货物装卸或压载作业，以确保偏差被纠正。

4. 第Ⅶ章的 A1 部分——“散装固体危险货物的装运”

(1)定义

散装固体危险货物系指《IMDG 规则》中所述的除液体或气体外的由微粒、颗粒或较大块状物质组成的任何物质，成分通常一致，并直接装入船舶货物处所而不用中间包装，包括装入载驳船上的驳船内的此类物质。

(2)适用范围

①除另有明文规定外，本部分适用于本公约规则所适用的所有船舶和小于 500 总吨的货船中装运的散装固体危险货物。

②除按照本部分的规定外，禁止装运散装固体危险货物。

③为了补充本部分的规定，各缔约国政府应参考本组织制定的指南，颁布或促使颁布关于散装固体危险货物的安全装运的细则，其应包括对涉及散装固体危险货物事故的应急反应和医疗急救的细则。

(3)单证

①在有关海运散装固体危险货物的所有单证中，货物的名称应使用散装货物运输名称(不应单独使用商品名称)。

②每艘装运散装固体危险货物的船舶应具有一份特别清单或舱单，列出船上危险货物及其位置。标明所有危险货物的类别并表明其在船上位置的详细的配载图，可用来代替上述特别清单或舱单。船舶驶离前应备有一份这些单证的副本，以供港口国当局指定的人员或组织使用。

(4)积载和隔离的要求

①散装固体危险货物应按其性质安全和适当地予以装载和积载。对于互不相容的货物，应将其彼此隔离。

②不应载运易于自热或自燃的散装固体危险货物，除非已采取了适当的预防措施以使发生火灾的可能性减至最小。

③会产生危险蒸气的散装固体危险货物应积载在有良好通风的货物处所内。

三、国际海运固体散装货物规则

（一）规则的追溯

散装固体货物的运输占据了船舶运输货物的大部分，且货物的易流动性、高密度性和化学危险性等特点给运输带来了巨大的风险。为促进散装固体货物的安全积载和装运，国际海事组织通过收录船舶运输过程中的典型货物信息，于 1965 年编制出版了第一版的《固体散装货物安全操作规则》（简称《BC 规则》）。《BC 规则》出版后，历经数次修订，为保障船舶安全载运固体散装货物提供了有效的指导，但其一直作为建议性规则供缔约国海事主管机关的参考。2007 年 9 月第 12 次 DSC 会议在总结实施《BC 规则》的经验和教训后，首次将《BC 规则》修订为《国际海运固体散装货物规则》（简称《IMSBC 规则》），并建议 MSC 审议通过后作为强制性规则。在 2008 年 11 月 26 日至 12 月 5 日于伦敦召开的 MSC 85 次会议上，《国际海运固体散装货物规则》以及使该规则成为强制性要求的 1974 年《SOLAS 公约》第Ⅵ修正案得到了通过。规则通过提供某些货物运输的危险信息以及提供合适的操作程序，以提高固体散装货物积载和运输的安全性。该修正案将于 2011 年 1 月 1 日默认生效，并取代于 1965 年通过的建议性的《BC 规则》。

随后，IMO 海上安全委员会在其第 89、92、95 及 101 届会议上通过了第 01-11、02-13、03-15、04-17、及 05-19 修正案，分别于 2013 年 1 月 1 日、2015 年 1 月 1 日、2017 年 1 月 1 日、2019 年 1 月 1 日及 2021 年 1 月 1 日强制生效。《IMSBC 规则》每两年修正一次，双数年份自愿实施，单数年份强制生效。现行的规则包括正本和补充本，补充本内容包括：《散货船安全装卸操作规则》（《BLU 规则》）和关于船上安全使用杀虫剂进行货舱熏蒸的建议书等内容。

由上述可知，经修正的《1974 年国际海上人命安全公约》（简称《SOLAS 公约》）涉及海上安全问题的各个方面，其第Ⅵ章 A 和 B 部分以及第Ⅶ章 B 部分分别含有适用于固体散装货物运输和固体散装危险货物运输的强制性规定。而新的《国际海运固体散装货物规则》则扩充了这些规定的内容，是海上运输固体散装货物最基本最权威的规则。

（二）规则的目的

装运固体散装货物所涉及的各大危害都与货物分布不当、航行期间稳性丧失或减少以及货物的化学反应造成的船舶结构破损、倾覆或燃烧、爆炸中毒事故有关。因此，本规则的主要目的是通过对装运某些种类固体散装货物所涉及的危险提供信息并对筹划装运固体散装货物时所应采取的程序提供须知，便于固体散装货物的安全积载和装运。

（三）规则的主要内容

《IMSBC 规则》由前言、14 节正文和 5 个附录组成，主要涉及：一般规定和定义、评定货物的安全适运性、平舱措施和确定静止角的方法、易流态化货物和易流态货物的测试程序、具有化学危险的货物、各固体散装货物明细表、实验室测试程序与标准，以及干散货物的特性和索引等。

规则具体结构如下：

三种语言包括:英文、西班牙文和法文。

应当引起重视的是,2004 年《BC 规则》附录 A、B 和 C 已被《IMSBC 规则》的附录 1“固体散装货物细目表”取代,原附录 A、B 和 C 中所列的货物在现有明细表中以 A 组、B 组或 C 组标识。

表 7-1　附录 1　固体散装货物明细表

硝酸钡 UN 1446

说明

有光泽的白色晶体或粉末。溶于水。

特征

静止角	散货密度(kg/m^3)		积载因数(m^3/t)
不适用	—		—
大小	类别	次风险	组别
细粉末	5.1	6.1	B

危害

吞入或吸入粉尘后有毒害。如遇火,与可燃物质混合后易于点燃并可能猛烈燃烧。

积载和隔离

与食品“隔离”。

续表

货舱清洁度

按货物的危害达到相应的清洁和干燥状态。

天气预防措施

无特殊要求。

装载

按本规则第 4 和 5 节的相关规定进行平舱。

预防措施

应采取相应预防措施保护机器处所和起居处所不受货物粉尘的影响。货物处所的舱底污水井应受到保护不让货物进入。应充分考虑到保护设备不受货物粉尘的影响。可能暴露于货物粉尘的人员应戴护目镜或其他等效的防尘护目用具和粉尘过滤面罩,必要时应穿防护服。舱底污水井应保持清洁、干燥并适当遮盖以防货物进入。

通风

在航行期间,必要时应仅对货物表面进行自然或机械通风。

运输

无特殊要求。

卸货

无特殊要求。

清扫

无特殊要求。

应急程序

应携带的专用应急设备

防护服(手套、靴子、工作服、安全帽)、自给式呼吸器

喷雾嘴

应急程序

穿防护服及戴自给式呼吸器。

火灾应急措施

用大量的水,最好以喷雾形态施用以避免扰乱物质表面。物质可能熔化或融化;在此状况下用水可能导致融化的物质大范围扩散。隔绝空气或使用二氧化碳均不能控制火势。宜充分考虑水的积聚对船舶稳性的影响。

医疗急救

参见经修正的《医疗急救指南》(MFAG)

表 7-2　附录 4　索引

散装货物运输名称	组别	参照
银铅精矿(Silver Lead Concentrate)	A	见精矿细目
银铅矿精矿(Silver Lead Ore Concentrate)	A	见银铅精矿
烧结渣(Sinter)		见锌铅熔砂(混合)

续表

散装货物运输名称	组别	参照
炉渣，颗粒状(Slag，Granulated)	C	见颗粒状炉渣
斯利格(铁矿砂)[SLIG(Iron Ore)]	A	见精矿细目
苏打灰(SODA ASH)	C	
硝酸钠 UN 1498(SODIUM NITRATE UN 1498)	B	
硝酸钠和硝酸钾混合物 UN 1499(Sodium Nitrate and Potassium Nitrate Mixture UN 1499)	B	
榨油后的大豆(Soyabean，Expelled)	B 或 C	见种子饼
萃油后的大豆(Soyabean，Extracted)	B 或 C	见种子饼
废阴极(Spent Cathodes)	B	见铝熔炼副产品或铝再熔炼副产品 UN 3170
废槽衬(Spent Potliner)	B	见铝熔炼副产品或铝再熔炼副产品 UN 3170
不锈钢研磨粉(Stainless Steel Grinding Dust)	C	
钢屑(Steel Swarf)	B	见黑色金属钻屑、削屑、旋屑或切屑
辉锑矿石(Stibnite)	C	见锑矿石和残留物
石屑(Stone Chippings)	C	
斯特拉瑟颗粒(Strussa Pellets)	B 或 C	见种子饼
糖(Sugar)	C	
硫酸钾和硫酸镁(SULPHATE OF POTASH AND MAGNESIUM)	C	
硫化物精矿(Sulphide concentrates)	B	见金属硫化物精矿
硫黄 UN 1350(碎块及粗粒)(SULPHUR UN 1350 Crushed Lump and Coarse Grained)	B	
硫黄(成形固体)[SULPHUR(Formed，Solid]	C	

其中，第 1 节对本规则列出和未列出的货物做了说明，制定了规则的适用范围和实施方案，提及免除和等效措施，回顾了相关公约及其相关内容，介绍了规则适用的定义和概念以及固体散装货物的分组。

第 2 节就货物重量的分配，防止船舶结构受力过大、保证船舶的稳性，以及货物的安全装卸提出安全要求和预防措施。

第 3 节提及装运固体散装货物的一般安全要求，并就某些固体散装货物易造成中毒、腐蚀和窒息危害、粉尘对健康的危害的特殊防护提出要求，还对由某些固体散装货物所造成的易燃易爆环境有效检测和控制的方法及通风以及货物熏蒸做出相应的规定。

第 4 节强调运输本规则中每种固体散装货物的标识和分类方法，并就托运人货物资料的提供、货物所需要的实验证书、采样程序和方法、测定适运水分限量 TML 和含水量所需的采样/试验和装货的间隔期、精矿货堆的采样程序提出要求,提供了供参考用标准化采样程序范例,简述了载运危险货物船舶要求备有的单证。

第 5 节介绍了平舱的一般规定、多层甲板船的特殊规定以及黏性和非黏性散货的特别规定。

第 6 节介绍了非黏性散装固体货物静止角的测定方法。

第 7 节就易流态化货物的特性及危险提出了安全预防措施。

第 8 节介绍了易流态化货物的试验程序。

第 9 节对具有化学危险性的货物进行了危害的分类、提出积载与隔离的具体要求。

第 10 节介绍了散装固体废弃物定义、本节的适应范围、越境转移以及相关单证、废弃物的分类、积载装卸与隔离以及事故处理程序。

第 11 节针对散装固体货物在海上运输期间的保安问题,提出了公司、船舶和港口设施一般规定、岸上人员一般规定以及会造成严重后果的固体散货规定。

第 12 节积载因数换算表。

第 13 节列出了与本规则的要求相关的 IMO 文件引用出处并列出清单。

(四)本规则的适用范围和实施

本规则的规定适用于经修正的《SOLAS 公约》所适用且载运该公约第Ⅵ章 A 部分第 2 条所定义的固体散装货物的所有船舶。

虽然本规则在法律上依据《SOLAS 公约》视为强制性文件,但规则下列规定仍为建议性的或资料性的:

第 11 节保安规定(11.1.1 除外);第 12 节积载因数换算表;第 13 节相关资料和建议案的引用;以及除附录 1“固体散装货物细目”外的附录和附录 1“固体散装货物细目”中的“说明”“特征”“危害”“应急程序”的内容外的其他内容。

(五)规则的使用

船舶在运输固体散装货物之前,为取得所运载货物的装运规定和安全指导,应认真阅读并完整理解《IMSBC 规则》的相关内容。

(1)使用者应了解规则的整体内容和编排特点,阅读对整体固体散装货物运输具有指导意义的内容。

(2)当对拟装货物组别已知时,A 组货物需重点阅读第 7、8 节规定,B 组货物需重点阅读第 9 节规定;当拟装固体散装货物组别未知时,可在索引中,根据货物名称查找。

(3)根据货物名称查取附录 1“固体散装货物明细表”,获得货物装运的详细信息。

(4)若需获取规则中未包含的其他信息和建议,可首先由规则给出的参考清单(第 13 节)得到 IMO 相关参照文件后,具体查阅这些文件。

(5)若该物质属于规则中的 B 组(非 MHB)固体散装货物,还应到《IMDG 规则》中的 EmS 表中查找发生事故时的应急行动。对于人员防护的规定,可查阅清单列出的《危险货物事故医疗急救指南》(MFAG)相关条款和《SOLAS 公约》《FSS 规则》有关章节。

(6)对未知理化特性的固体散装货物,还可以依照附录 2“实验室试验程序、相关器具和标准”进行固体散装货物特性的测试。

第二节 我国有关船载散装固体危险和有害物质的安全管理法规

我国对船载散装固体危险和有害物质的安全运输管理十分重视，先后颁布了一系列安全管理规定，以保证散装固体危险和有害物质的安全运输。其中关系到散装固体危险和有害物质运输安全的有：《中华人民共和国海上交通安全法》《中华人民共和国海洋环境保护法》《中华人民共和国港口法》《危险化学品安全管理条例》《防治船舶污染海洋环境管理条例》《船舶载运危险货物安全监督管理规定》《中华人民共和国船舶及其有关作业活动污染海洋环境防治管理规定》等，这些法规在第一篇已经提及。下面只简要介绍几个我国专门为散装固体货物运输安全制定的管理规定及标准。

一、防止封闭舱室作业缺氧事故的有关规定

(一)防止舱、室作业环境中缺氧窒息事故的暂行规定(试行)

为防止舱、室作业环境中缺氧窒息以致死亡事故的发生，交通部于 1986 年 6 月 1 日以〔86〕交劳字 62 号文颁布了《防止舱、室作业环境中缺氧窒息事故的暂行规定(试行)》。

规定要求我国沿海以及内河港口进行舱、室作业的一切中外船舶在舱室作业前，必须进行机械通风或开舱自然通风，对不能在作业前开舱或多层次封舱的舱室，应在作业过程中分次通风。通风后作业环境的氧气含量应不低于 18%，二氧化碳含量应不高于 2%，船方应对舱、室进行检测，货煤申请港方进行检测。舱、室作业时，舱室外应留人观察，严禁不佩戴隔绝式呼吸器或使用过滤式防毒面具盲目进入舱、室。

(二)执行《防止舱、室作业环境中缺氧窒息事故的暂行规定(试行)》的补充通知

1986 年 10 月 16 日，交通部又以〔86〕交水监字 755 号文发出了“执行《防止舱、室作业环境中缺氧窒息事故的暂行规定(试行)》的补充通知”，将暂行规定所适应的货物种类暂定为：原木、生铁(包括铁矿、废钢铁)、化肥、粮食、锌矿、铜矿、煤炭、鱼粉、种子饼、食糖等，及由于氧化或呼吸作用易造成载货舱、室氧气减少的货物；并对船舶的申请、港口和卫生防疫部门的检测，海事部门的安全管理提出了要求。

(三)防止船舶货舱及封闭舱缺氧危险作业安全规程

1997 年 9 月 19 日，国家技术监督局发布了《防止船舶货舱及封闭舱缺氧危险作业安全规程》，并于 1998 年 5 月 1 日实施。本规程作为企业标准由中华人民共和国交通部提出并归口。

规程共分 4 条和 A、B、C 三个附录。

第 1 条是范围，规定了作业人员及其他有关人员进入易发生缺氧窒息事故货舱和其他封闭舱室时的安全技术要求，适用于从事运输、装卸和储存易造成缺氧窒息事故货物的船舶及封闭舱；第 2 条是引用标准；第 3 条给出了“缺氧”和“缺氧症”两个定义；第 4 条是安全要求；附录 A 为急性缺氧症状的主要表现；附录 B 为常见易造成缺氧窒息事故的非

危险货物品种举例;附录C为现场人工心肺复苏术的步骤。

具体技术要求和标准如下:

1. 舱室空气质量要求

舱内空气中的氧气浓度始终不得低于18%;舱内空气中的二氧化碳浓度始终不得高于1%。

2. 通风换气的要求

(1)船舶应对装有易造成缺氧危险货物的货舱及其相关处所(如人孔等)进行有效的通风换气,为进舱作业人员提供安全作业环境,常见易造成缺氧危险货物的品种见本规程附录B。

(2)因故暂停作业、封舱的货舱在重新作业前,必须重新进行有效的通风换气。

(3)对有多层货舱的船舶,在进入不同货舱作业时,必须分别进行通风换气。对于深层货舱尤其要充分地通风换气。

(4)进入自然通风换气效果不好的舱室或封闭时间较长的舱室(如空舱、水舱、锚链舱、边舱、双层底、油舱和浮筒舱等)必须采用机械通风。

(5)清舱作业前,应通风换气。

(6)严禁使用纯氧通风换气。对可能存在可燃、可爆气体的舱室使用机械通风时,应采用防爆通风机械。

(7)采用二氧化碳气体灭火的货舱,应进行有效的通风换气。

3. 空气检测

(1)检测方法类型

①现场检测可采用便携式氧气检测仪和二氧化碳检测仪进行检测;

②实验室检测应采用GB 12301—1999气相色谱分析法进行检测。

(2)对于装有原木、粮食等一类易造成缺氧窒息事故的货舱,当工人进舱前和工人在舱内作业期间,应检测舱内空气质量。

(3)船舱通风换气后,应检测舱内空气中氧气、二氧化碳的浓度。尤其要注意检测舱室底部、角落的氧气、二氧化碳的浓度,检测结果达不到上述“1.”项的规定时,应继续通风换气,直至检测结果达到标准,作业人员方可下舱工作。未确认舱内空气符合上述“1.”项的规定时,严禁人员进舱作业。

(4)检测人员应尽量采用不下舱的检测方法,当必须进舱或进人孔内检测或采样时,检测人员必须佩戴自给式空气呼吸器进舱,严禁佩戴过滤式防毒面具。

(5)应做好检测记录,记录应包括以下内容:

①船名、国籍、航线、到达港、到港日期和时间;

②货种名称、数量、舱内货物装载情况、开舱通风换气情况;

③检测日期、时间、气象条件、仪器检测方法、检测点位置、被检舱室的舱容量及编号;

④检测结果,检测人员姓名;

⑤根据检测结果提出进舱作业安全防护措施。

(6)检测点的选择应根据船舱结构、货物装载状况等实际情况合理布点。

4. 一般安全防护措施

(1)港、航单位应配备准确可靠的检测仪器,要明确专管部门和专管人员。仪器要定期检定和维护,保证检测数据准确可靠。

(2)作业单位应配备自给式空气呼吸器,要明确专管部门和专管人员。每次使用前应仔细检查空气呼吸器,发现异常立即更换,不得使用。

(3)进入舱室的检测人员,应配备必要的自给式空气呼吸器和安全带、索等安全防护用品。每次使用前应认真检查,发现异常立即更换,不得使用。

5. 作业现场安全防护措施

(1)进入舱室作业或检测时,必须安排监护人员。作业人员与监护人员应事先规定明确的联络信号,监护人员始终不得离开工作点,随时按规定的联络信号与作业人员取得联系。

(2)对作业过程中易发生氧气、二氧化碳浓度变化的舱室和作业过程长的舱室应随时监视空气中的氧气、二氧化碳的浓度变化情况,应保持必要的检测次数或连续检测。并根据检测结果采取相应的通风换气措施。

(3)货舱内作业应严格遵守卸货程序规定。对必须定位分票拆垛作业的,要采取阶梯式拆卸方法,并检测作业点的氧气浓度。

(4)作业中不得以任何理由离开工作面,离岗、窜岗和擅自进入货舱深处。作业工具落入舱内不准私自下舱拾取,必须重新领取使用。

(5)作业人员进入舱室前和离开舱室时,应清点人数。

6. 事故应急措施

(1)当发现舱内有异常情况或有缺氧危险可能性(如发生不明原因的突然晕倒、坠落等)或发生缺氧窒息事故时,必须立即停止作业,应组织作业人员迅速撤离现场,在安全处清点人数并迅速向有关机关报告。

(2)发生缺氧窒息事故时,港、船双方应积极营救遇险人员,对已患缺氧症的作业人员应立即在空气新鲜处施行现场抢救(人工心肺复苏),并尽快与医疗单位联系,以便进一步抢救和治疗。现场人工心肺复苏术的步骤见附录C(提示的附录)。

(3)进舱抢救人员必须佩戴自给式空气呼吸器等救生用具,不允许佩戴过滤式防毒面具下舱救人。

(4)舱内发生缺氧窒息事故时应封锁通道,在危险解除前非抢救人员以及未配备安全救护器的救护人员不得进入事故现场。

7. 安全教育与培训

各港、航单位应对作业人员和作业负责人进行必要的安全教育和预防缺氧窒息事故的技术培训。

(1)一般作业人员的教育内容

①缺氧症的主要症状,预防舱内缺氧窒息事故的措施和安全作业注意事项。

②自给式空气呼吸器及其他安全防护用品的正确佩戴、使用知识。

③事故现场的应急措施及现场抢救(心肺复苏术)知识。

(2)作业负责人的培训内容

①与缺氧作业有关的法规。

②缺氧窒息事故发生的原因,缺氧症状的主要症状,预防舱内缺氧窒息事故的方法和措施。

③事故现场应急抢救措施及人工心肺复苏技术。

④自给式空气呼吸器和其他安全防护用品的使用、检查和维修、保养技术。

⑤仪器的使用方法及氧气、二氧化碳的检测方法。

8. 常见易造成缺氧窒息事故的非危险货物品种举例

B1　原木、原木加工的板材和木屑等。

B2　粮食。

B2.1　谷物：大米、小米、玉米、稻谷、小麦、大麦、荞麦等。

B2.2　豆类：大豆、蚕豆、花生等。

B3　金属材料、钢铁、铜材、废钢铁等。

B4　煤炭。

B5　金属原料、铁矿石、锌矿石、铜矿石等。

B6　食糖。

B7　化肥。

B8　水果、蔬菜、蔗渣。

B9　惰性气体。

B10　干冰(用于冷藏)。

B11　禽、畜饲料。

B12　酒类、酱油等。

9. 新标准

新标准 GB 16993—2021 将代替 GB 16993—1997《防止船舶货舱及封闭舱缺氧危险作业安全规程》，与 GB 16993—1997 相比，除编辑性修改外，主要技术变化如下：

(1)修改了缺氧的定义(见 3.1，1997 年版的 3.1)；

(2)增加了缺氧危险作业、一般缺氧危险作业、特殊缺氧危险作业和船舶封闭处所的术语和定义(见 3.3~3.6)；

(3)修改了空气质量要求(见 4.1，1997 年版的 4.1)；

(4)修改了人员能力和培训要求(见 4.2，1997 年版的 4.7)；

(5)增加了安全程序(见 4.3)；

(6)修改了安全防护设备与用品的基本要求(见 4.4，1997 年版的 4.4)；

(7)增加了风险评估、安全交底、进入作业许可和作业结束要求(见 5.1、5.2、5.6 和 5.9)；

(8)修改了作业前通风换气、空气检测的要求(见 5.3 和 5.4，1997 年版的 4.2 和 4.3)；

(9)增加了进行管道和阀门作业时提高空气检测频率的要求(见 5.7.6)；

(10)增加了应急救助与演习要求(见第 6 章)；

(11)删除了急性缺氧症的主要表现(见 1997 年版的附录 A)；

(12)修改了易造成缺氧风险的非危险货物主要品种(见附录 A，1997 年版的附录 B)；

(13)增加了船舶封闭处所进入作业许可样本(见附录 B)；

(14)删除了现场人工心肺复苏术的步骤(见 1997 年版的附录 C)。

二、海运固体散装货物安全监督管理规定

《海运固体散装货物安全监督管理规定》已于 2019 年 1 月 16 日经第 2 次部务会议通

过,于2019年3月1日起施行。2022年9月21日交通运输部公布了新修订的《海运固体散装货物安全监督管理规定》(交通运输部2022年第25号令),并于公布之日起实施。

随着《国际海运固体散装货物规则》的生效,对进一步强化固体散装货物安全监管提出了系统性要求,作为缔约国之一,我国一直积极履行国际公约义务,落实公约相关强制性要求。因此,制定《海运固体散装货物安全监督管理规定》(以下简称《规定》),既是加强固体散装货物运输安全管理的需要;同时,将国际公约国内化,也有利于进一步规范履约工作。

《规定》共9章43条,分别为总则、一般规定、报告管理、作业管理、易流态化固体散装货物的特别规定、人员防护与事故预防、监督管理、法律责任、附则。主要内容是:

(1)明确《规定》的适用范围为船舶在管辖海域内载运固体散装货物。船舶载运固体散装货物的安全风险主要在于受风浪、涌流等因素影响使船舶丧失稳性。考虑到内河水域风浪、涌流相对较小,载运固体散装货物的安全系数较高,多年来未发生因载运固体散装货物导致的内河水上交通安全事故。因此,《规定》仅对我国管辖海域内从事船舶载运固体散装货物活动做出规范。

(2)建立属性不明的固体散装货物鉴定制度。为加强安全监管,对尚未在《国际海运固体散装货物规则》中列明的部分固体散装货物,《规定》要求托运人应当提交具有相应资质的检测机构出具的鉴定材料,明确货物相关属性和船舶载运技术条件后方可交付运输。

(3)明确船舶报告和货物报告管理要求。《规定》要求船舶在进出港口前、托运人在交付运输前,应当向海事管理机构报告,并细化了报告的时间节点、具体信息等内容。

(4)强化船舶和港口经营人在作业期间的共同管理义务。《规定》要求船舶和港口经营人应当建立并落实船岸安全检查表制度,共同制订书面装卸计划,共同检查确认货物装载、积载情况;对发现可能存在安全隐患的,共同进行核实并采取必要的安全措施。

(5)建立易流态化固体散装货物水分采样、检测制度和管理要求。易流态化固体散装货物在持续摇摆、振荡下,所含水分会分离形成自由液面,当与船舶摇摆频率不一致时,可能导致船舶倾覆。因此,需要对货物水分严格把控。《规定》要求易流态化固体散装货物在托运或者转运前必须进行水分含量和水分极限采样、检测,并规定了重新检测的情形。同时,为加强源头管理,《规定》还要求港口经营人应当在储存、装卸期间采取相应措施,防止水分含量增加。

(6)加强人员防护和事故预防管理。由于部分固体散装货物在装运过程中可能释放有毒、易燃气体,为保障人命、财产安全,《规定》要求载运该类货物的船舶应当定期测量气体浓度,并采取相应的通风措施。此外,《规定》还要求船舶应当制定安全和应急措施,设立警示标志;相关作业人员要经过训练,配备防护设备。

三、水路运输易流态化固体散装货物安全管理规定

《水路运输易流态化固体散装货物安全管理规定》于2011年11月9日由中华人民共和国交通运输部以交水发〔2011〕638号印发。《规定》共28条,自公布之日起施行。同时,《交通部关于发布〈海运精选矿粉及含水矿产品安全管理暂行规定〉的通知》(〔88〕交海字275号)以及《交通部、国家技术监督局关于发布〈海运精选矿粉及含水矿产品安全

检验方法〉的联合通知》(〔89〕交运字198号)予以废止。

《规定》适用于中华人民共和国管辖范围内港口间运输船舶和到港船舶、港口以及其他有关单位从事易流态化固体散装货物运输、装卸、储存和检测等活动。《规定》对易流态化固体散装货物以及适运水分极限进行了定义。

《规定》还分别就水路运输易流态化固定散装货物的目录管理、托运人、船舶、港口经营人及海事管理机构和港口行政管理部门的职责以及发生水上交通事故的调查处理等事项提出了具体要求。

《规定》强调托运人或其代理人(以下简称托运人)应当在货物交付船舶运输前,委托具有国家资质的检测机构对送检易流态化固体散装货物样品进行适运水分极限和平均含水率的检测并出具检测报告。易流态化固体散装货物适运水分极限和含水率检测所需取样、制样、送检,应当由托运人委托由交通运输部批准的理货机构进行。易流态化固体散装货物取样、制样、送检、检测以及监装等作业程序和要求按国家有关规定标准执行。

《规定》是对交通部关于《海运精选矿粉及含水矿产品安全管理暂行规定》的修订,《规定》自公布之日起施行。

四、关于对固体废物和废旧金属越境转移的一般规定

(一)关于加强承运进出口废物管理的规定

该规定由交通部于1996年8月20日起以1996年第五号令颁布实施。规定要求:

(1)凡从事我国外贸货物运输的承运人不得承运我国禁止进口的废物。

(2)承运我国允许进口的废物的承运人必须在托运人、发货人或其代理人提供的有关批准证书后方可接受订舱。

(3)承运人违反规定运输的,应承担一切责任并负责退运。

(二)其他有关规定

1991年4月10日,国家环境保护局、海关总署联合发出并实施了《关于严格控制境外有害废物转移的我国的通知》,防止境外有害物质的境内转移。为进一步加强管理,国家环境保护局、经贸部、海关总署、国家工商局、商检局又于1996年颁布实施了《关于废物进口环境管理暂行规定》及其补充规定,旨在完善我国对固体废物的管理。

(三)关于严禁受放射性污染的废旧金属进口的有关规定

国务院办公厅于1997年2月18日发布了《关于严禁受放射性污染的废旧金属进口的紧急通知》,要求各地区、各部门加强管理,严禁受放射性污染的废旧金属进入我国境内。

【本章小结】

本章主要介绍了有关船载散装固体危险和有害物质安全的公约、法规和建议,并就《STCW公约马尼拉修正案》《SOLAS 1974》《IMSBC规则》等国际规则涉及的有关"散装固体危险和有害物质"安全运输管理的内容和要求做了必要的叙述,并对《IMSBC规则》的主要内容和规则的使用做了简要的说明。本章还叙述了防止封闭舱室作业缺氧事故的有关规定、《海运固体散装货物安全监督管理规定》、《水路运输易流态化固体散装货物安全管理规定》、关于对固体废物和废旧金属越境转移的一般规定等我国对船载散装固体

危险和有害物质的安全运输管理规定，旨在使所有进行船载散装固体危险和有害物质储运和操作的人员能在有关公约、法规和规则的基础上安全地进行船载散装固体危险和有害物质的相关作业。

【思考题】

1. 与船载散装固体危险和有害物质运输有关的国际公约和规则有哪些？

2. 简述“《STCW 公约马尼拉修正案》B 部分第 B-Ⅴ/b1 节关于对在载运散装固体危险和有害物质的船上负责货物作业的高级船员和普通船员培训”的有关内容。

3. 简述“经修正的《SOLAS 公约》第Ⅶ章的 A1 部分关于‘固体散装危险货物的运输’”的主要内容。

4. 简述《IMSBC 规则》的主要内容。

5.《IMSBC 规则》如何查阅使用？

6. 我国有关船载散装固体危险和有害物质作业安全管理规定主要有哪几个？并简述之。

第八章

船载散装固体危险和有害物质的理化特性和对安全的危害

散装固体危险和有害物质不仅具有危险货物的危险特性，而且还具有散装货物的共同危险性，因此做好散装固体危险和有害物质的安全运输和管理工作，应掌握有关散装固体危险和有害物质的海运基础知识。本章将注重介绍船载散装固体危险和有害物质的定义、分类以及对运输安全的影响。

第一节 船载散装固体危险和有害物质的定义与分类

一、船载散装固体危险和有害物质的定义

（一）公约定义

《SOLAS 公约》第Ⅶ/7 条对散装固体危险货物做了定义：

散装固体危险货物系指《IMDG 规则》中所述的除液体或气体外的由微粒、颗粒或较大块状物质组成的任何物质，成分通常一致，并直接装入船舶货物处所而不用中间包装，包括装入载驳船上的驳船内的此类物质。

（二）一般定义

散装固体危险和有害物质是指具有燃烧、有毒、腐蚀和放射性等危险的散装固体物

质,还包括仅在散装运输时具有化学危险性的物质(MHB)。

(三)引申定义

散装固体危险和有害物质是指凡是能对航行安全造成损害的除散装谷物以外的所有散装固体货物(即《IMSBC 规则》中的 A 组、B 组和 C 组货物)。

从《SOLAS 公约》中可以看出,散装固体危险和有害物质,原特指具有化学危险性的物质,但就海上航运实践可以看到,产生事故的海运散装固体货物不仅仅源于其化学危险性,其他的特性如易流态性、对船舶的结构损害性等都是在当今散装固体货物运输中不容忽视的事故原因。

故本篇所指散装固体危险和有害物质除了指受新修正的《SOLAS 1974》第Ⅶ章约束,并符合《国际海运固体散装货物规则》(《IMSBC 规则》)的 B 组物质和物品外,还包括会产生危险的 A 组和 C 组货物,且所有这些物质均属于《国际海运固体散装货物规则》的管辖范畴。

二、船载散装固体危险和有害物质的分类

《IMSBC 规则》的 B 组货物即散装固体危险和有害物质从水运角度出发可分为:按《IMDG 规则》第 2 部分进行分类的物质和仅在散装运输时具有化学危险性的物质。

(一)按《IMDG 规则》第 2 部分进行分类的物质

(1)第 4.1 类:易燃固体、自反应物质和固体退敏爆炸品,本类物质为易燃固体和通过摩擦可能引起火灾的固体。

(2)第 4.2 类:易自燃物质,本类物质为遇空气后不需提供能量即易自热的物质,但自燃性物质除外。

(3)第 4.3 类:遇水放出易燃气体的物质,本类物质为与水发生相互作用后易自燃或产生的易燃气体达到危险数量的物质。

(4)第 5.1 类:氧化物质,本类物质为本身虽不一定可燃,但一般通过释放氧气而可能引起其他物质燃烧或促进其燃烧的物质。

(5)第 6.1 类:有毒物质,本类物质为如吞入或吸入,或接触皮肤会造成死亡或严重伤害,或危害人体健康的物质。

(6)第 7 类:放射性物质,本类物质为所含放射性核素使托运货物的放射性浓度和总放射性均超过《IMDG 规则》规定值的任何物质。

(7)第 8 类:腐蚀性物质,本类物质为通过化学作用会对所接触的活体组织造成严重损害,或实质性损害甚至毁坏其他货物或运输工具的任何物质。

(8)第 9 类:杂类危险物质和物品,本类物质为运输期间具有其他类别所未包括的危险物质。

(二)仅在散装时有危害的物质(MHB)

本类物质为在散装载运时可能具有化学危害的物质,但在《IMDG 规则》中归入危险货物类别的物质除外。

(1)褐煤砖,由干的褐煤粒压实为压缩块而制成。

(2)木炭,在尽可能少接触空气的情况下经高温燃烧后的木材。该货物粉尘极多,重量轻,所吸收水分能达到自身重量的18%~70%,为黑色粉末或颗粒。

(3)煤,(沥青质的及无烟的)是一种由非晶形碳和碳氢化合物组成的天然固体可燃物质。

(4)直接还原铁(DRI)(A)砖形块,热铸,是由增密处理工艺产生的一种灰色金属物质,用铸模制成砖形。在此过程中,直接还原铁进料的成型温度高于650 ℃,密度大于5 000 kg/m^3。微粒和小颗粒(不足6.35 mm)含量按重量计不超过5%。

(5)直接还原铁(DRI)(B)团块、丸粒和冷铸砖形块,是一种多孔黑色/灰色金属物质,由氧化铁在低于铁的熔点温度下还原(除氧)而成。冷铸砖形块的定义为成形温度低于650 ℃或密度小于5 000 kg/m^3 的砖形块。大小不足6.35 mm的微粒和小颗粒含量按重量计不得超过5%。

(6)直接还原铁(DRI)(C)(微粒副产品),是一种有孔黑色/灰色金属物质,是DRI(A)和/或DRI(B)制造和处理过程中产生的一种副产品。DRI(C)的密度小于5 000 kg/m^3。

(7)磷铁合金(包括砖形块),铁与磷的一种合金,用于钢铁工业。

(8)硅铁,硅含量25%~30%,或硅含量90%或以上(包括砖形块),是一种极重的货物。

(9)萤石,黄色、绿色或紫色晶体,粗粉粒。

(10)石灰(生),呈白色或灰白色。

(11)带棉绒的棉籽,含水量不大于9%,油含量不大于20.5%,经机器脱棉大约90%~98%后,附有短棉纤维的棉籽。

(12)氧化镁(未熟化)。

(13)金属硫化物精矿,精矿是精炼矿石,通过清除绝大部分废料而使其有价值的成分富集。粒度一般很小,但在并非刚生产的精矿内有时存在团粒。

这类精矿中最常见的有:锌精矿、铅精矿、铜精矿和低品位中档精矿。

(14)精矿,(铜精矿、铁精矿、锰精矿等至少24种),精矿是精炼矿石,通过清除绝大部分废料而使其有价值的成分富集。

(15)泥煤苔,在泥沼、泥塘、沼泽、泥炭沼泽和沼地露天开采出来。它有各种类型,包括藓类泥煤、莎草泥煤和草本泥煤。物理特性取决于有机物质、水和空气含量、植物的分解和分解程度。

其范围可以包括植物残骸的高纤维黏合体(在天然状态下挤压时流出清水至略带颜色的水),以及完全分解的基本不定形物质(挤压时固体极少或无液体分离)等。

晾干的泥煤通常密度低、压缩性高且含水量高;在其天然状态下饱和时,按水的重量计能保留90%或更多水分。

(16)石油焦炭(经煅烧或未经煅烧)炼油产生的黑色细碎残留物,呈粉末和小块状。本细目的规定也不适用于装载时温度低于55 ℃的物质。

(17)沥青球,沥青球在煤焦化过程中用焦油制成。其呈黑色,有特殊气味,挤压成特有的铅笔形状以方便搬运。货物在40~50 ℃下变软,熔点为105~107 ℃。

(18)黄铁矿,经过煅烧(煅烧黄铁矿),煅烧黄铁矿呈粉尘至微粒状,是化学工业的副产品。各类金属硫化物在化学工业中用于生产硫酸,或加工提取金属元素铜、铅、锌等。该副产品能有相当大的酸度,特别是在水或潮湿的空气中,此时的 pH 值经常会在 1.3~2.1 之间。

(19)锯屑,木质细颗粒。

(20)硅锰合金(低碳),具有已知危险特性或已知会释放气体,硅含量 25%或上,硅锰合金是一种极重的货物,有灰色氧化表层的银色金属物质。

(21)箱装肥料(或饲料),屠宰场加工车间的动物有机物质下脚,已晾干,粉尘极多。

(22)矾矿石。

(23)木片,机械削制的天然木材,大小约如名片。

(24)木球团,木球团呈浅金黄色至深褐色;非常坚硬,轻易不能压碎,重量轻,大小如半个软木瓶塞。木球团的典型比密度为 1 100~1 700 kg/m^3,散货密度为 600~750 kg/m^3。木球团由木材加工过程中产生的锯屑、刨花和树皮等其他废木制成。除有规定者外,木球团通常无添加剂或黏合剂混入。原材料经碎裂、干燥和挤压而成为球团状。原材料的压缩倍率约为 3.5,木球团成品的含水量一般为 4%~8%。木球团在地区供暖和发电中用作燃料,并用作火炉和壁炉之类小空间供暖炉的燃料。木球团由于其吸收性特点,也用作动物的垫料。这类木球团的含水量一般为 8%~10%。

(三)《IMSBC 规则》按其危险特性对所有散装固体货物的分类

(1)A 组的货物装运时如含水量超过其适运水分极限,就有可能流态化。

易流态化货物(Cargoes Which May Liquify),是指由较细颗粒的混合物构成且含有一定水分的物质,若水分含量超过货物的适运水分限量(Transportable Moisture Limit,TML)时,在海上运输过程中,受到外界各种力的作用,水分渗移而形成流态化从而导致货物移动。所谓“流态化”是指该物质在装运时外观比较干燥,但实际含有大量的水分,在航行中由于船舶的颠簸、振动,使其水分逐步渗出,表面形成可流动的状态。其表层已流态化的货物在船舶摇摆时会流向一舷,但在回摇时却不能完全流回,如此继续,将使船舶逐渐倾斜乃至倾覆。

易流态化货物大致可分成两类:一类是各种精矿,如铁精矿、铅精矿、黄铜矿、锌矿等;另一类是具有与精矿性质类似的其他物质,包括含有足够水分的细颗粒状物质,散装草泥,散装鲜鱼,和能形成流态化的煤泥、熔烧黄铁矿等物质。

(2)B 组的货物具有化学危害,会使船舶产生危险情况(前面已提及)。

(3)C 组的货物既不易流态化(A 组),也不具有化学危害(B 组)。

这类货物中,有的与 A 类散货同名,但其块状较大或含水量较低而不易流态化;有的与 B 类散货同名,但已经某种化学处理或因某些物质含量较小而不具有特别危险性。某些物质虽自身尚具有一定的毒性或腐蚀性,但较 B 组散装货物,其危险性大为减小。

第二节

船载散装固体危险和有害物质的特性及其对运输安全和人身健康的影响

从散装固体危险和有害物质的定义和分类不难看出,散装固体危险和有害物质不仅具有化学危险性,还具有散装固体货物的普遍海运特性。这些危险和有害特质的特性将对航运安全带来极大的影响,不容忽视。

一、散装固体货物的一般危险性

散装固体货物在海上运输中一般存在以下三方面的危险:

(1)由于不合理地分配货物重量,造成船舶结构上的损坏。

(2)航行中船舶由于稳性的减小或丧失而导致危险。

造成船舶稳性减小或丧失原因是:

①由于平舱不当或货物重量分配不合理,在恶劣天气中使货物发生移位;

②在运输含水量较高的细颗粒货物时,由于船舶在航行中的震动和摇摆,使货物流态化而流向货舱一舷。

(3)由于散货的化学反应,如释放有毒或可燃气体,而产生自燃或腐蚀等,也可以引起燃烧、爆炸或货舱缺氧等危险状况,从而造成事故。

二、散装固体货物的适用定义及物理特性

一般散装固体货物的物理性质对船舶的安全运输都会有直接的影响,因此有必要熟悉和掌握货物的物理特性及其对运输安全的影响,以确保运输安全。《IMSBC 规则》明确给出了海运固体散装货物的适用定义以及相关物理特性。

(一)《IMSBC 规则》适用定义

1. 固体散装货物

固体散装货物指除液体或气体以外,由粒子、颗粒或较大块状物质组成的任何货物,成分通常一致,并直接装入船舶的货物处所而不需要任何中间围护形式。

2. 散装货物运输名称(BCSN)

散装货物运输名称(BCSN)是固体散装货物在海上运输期间的标识。当一种货物在本规则内被列出时,该货物的固体散装货物运输名称在细目或索引中用大写字母标识。当该货物为《SOLAS 公约》第Ⅶ/1.1 条定义中的《IMDG 规则》所定义的危险货物时,其正确运输名称即为它的散装固体货物运输名称。

3. 密度

密度指单位体积内的固体、空气和水的重量。散货密度一般以千克/立方米(kg/m^3)表示。货物内的空隙可能充满空气和水。

4. 非黏性物质

非黏性物质指在运输期间由于滑动作用而易于移动的干燥物质,如附录 3 第 1 段“非

黏性货物”所列出者。

5. 黏性物质

黏性物质指除非黏性物质以外的物质。

6. 静止角

静止角指非黏性(即自由流动)颗粒物质的最大斜面角。它是在水平面和这类物质的锥形斜面之间量取的角度。

7. 可流态化货物

可流态化货物指含有一定比例细微颗粒和一定数量水分的货物。这类货物装运时如含水量超过其适运水分极限,就有可能流态化。

8. 流动水分点

流动水分点指在按规定的方法试验时,使物质的代表性样品产生流动状态的含水量百分比(按湿重计)。

9. 流动状态

流动状态指大量颗粒物质被液体浸湿到一定程度时,在振动、撞击或船舶运动等主要外力的影响下丧失内部抗剪强度并起到液体作用时出现的状态。

10. 水分迁移

水分迁移指货物由于振动和船舶运动而变得密实,使货物所含水分产生运动。水逐渐移位,这可能导致部分或全部货物出现流动状态。

11. 可流态化货物的适运水分限量(TML)

可流态化货物的适运水分限量(TML)指对于使用不符合《IMSBC 规则》7. 3. 2 特别规定的船舶运输该货物而言,视为安全的最大含水量。该极限值用主管当局认可的试验程序(如《IMSBC 规则》附录 2 第 1 段所规定者)确定。

12. 含水量

含水量指以代表性样品总湿重的百分比表示的该样品所含水、冰或其他液体的部分。

13. 精矿

精矿指通过富集或精选过程,利用物理或化学方法从天然矿石中分离并去除不需要的成分而获得的物质。

14. 货物处所

货物处所指船上指定用于载运货物的任何处所。

15. 主管当局

主管当局指为与本规则相关的任何目的而指定或以其他方式认可的任何国家管理机构或机关。

16. 高密度固体散装货物

高密度固体散装货物指积载因数等于或小于 0. 56 m^3/t 的固体散装货物。

17. 平舱

平舱指对货物处所内的部分或全部货物进行的任何平整工作。

18. 不相容物质

不相容物质指混合在一起会发生危险反应的物质。

19. 代表性试样

代表性试样指数量足够的样品,用以检测托运货物的理化特性是否达到规定的要求。

20. 通风

通风指从货物处所由外向内换气。

(1)持续通风系指一直运行的通风。

(2)机械通风系指通过动力产生的通风。

(3)自然通风系指并非动力产生的通风。

(4)表面通风系指在货物表面以上对货物处所进行的通风。

(二)固体散装货物的物理特性

1. 含水性

A 组的易流态化货物均含有较多水分,其水分含量偏高的原因主要是由生产工艺、降尘措施和自身特性所造成的。受生产工艺影响而使水分含量较高的货物主要是各类矿产品,尤其是精选矿产品。在装货过程中容易产生粉尘污染的货物,为减少粉尘,作业中往往采用喷水方法降尘,由此导致水分含量增大,如煤炭。

易流态化货物含水性以含水量表示一般由试验测出。

2. 易流态性

易流态化货物的易流态性是指该类物质在外部因素的作用下,产生流态的趋势及可能性,它是易流态化货物最显著及最主要的特征。装在船舱中的易流态化货物,由于船体的振动和摇荡,致使货物下沉,颗粒间孔隙减小,当含水量高时,就会使其水分逐步渗出,表面形成可流动状态。

易流态化货物的易流态性以流动水分点(Flow Moisture Point,FMP)来表征,它是指货样在规定的试验方法下达到流态时的含水量。货物在装运时,其实际含水量必须小于流动水分点,否则,会因货物的流态化而产生移动,导致船舶稳性减小或丧失。为安全计,取流动水分点的 90%作为该货物的适运水分限量。

易流态化货物还具有一定腐蚀性、自热和自燃性、毒害性以及散落性等,这些特性会使船舶的使用寿命缩短,甚至损害人体健康,影响船舶运输安全。

3. 高密度性

大多固体散装货物密度大,积载因数小。故在配积载时应特别注意其对船体受力和稳性的影响。

4. 易散发水分

许多固体散装货物都含有不同程度的水分,一些经水选的精矿石所含水分更大,当外界空气的相对湿度较低时,其水分容易散发。

5. 扬尘性

某些固体散装货物在装卸时极易扬尘,如水泥、滑石粉、铁矿砂、花生果等,因此在装卸此类固体散装货物时应采取一定措施,以保证人员健康及船舶设备不因粉尘而受损。

6. 下沉性和散落性

固体散装货物装舱后颗粒间空隙随航行中船舶振动、摇荡等而减小,由此引起散货表面下沉并具有自动松散流动的特性。对于非黏性固体散货,其散落性以静止角来表征。就一般散装固体货物而言,散落性大小是影响船舶安全的重要因素。对于静止角较小的固体散装货物,应采取严格的平舱措施,预防货物在舱内的移动。

7. 忌混入杂质

某些清洁的固体散装货物,对其纯度的要求很高,在散装运输中如果混入杂质,将会严重影响矿石的质量。

8. 易冻结

许多固体散装货物中含有水分,在低温时易冻结,造成装卸上的困难。

9. 毒性和窒息性

某些固体散装货物自身具有一定毒性,它们虽未列入具有化学危险的货物,但在装运时亦应引起重视,采取相应的预防措施。如铅矿、铬矿、锑矿呈粉末状,粉尘吸入或吞入会引起铅中毒,锑矿潮湿时会产生锑化氢、砷、磷化氢等有毒气体。有些固体散装货物在运输中因氧化而导致舱内缺氧,易造成窒息中毒。

10. 腐蚀性

化肥等固体散装货物对船体具有一定的腐蚀性,在一定条件下具有较强的腐蚀性。

11. 磨蚀性

固体散装货物均具有一定的磨蚀性。对那些磨蚀性较强的货物,应选择合适的装卸工具采用合理的装卸方法和防护措施以减小对船体的磨蚀。

三、散装固体危险和有害物质的危险特性

综合起来,散装固体危险和有害物质具有以下的一种或一种以上的危险特性:

(1)燃烧性/自燃性;

(2)爆炸性;

(3)氧化还原性;

(4)毒害性;

(5)腐蚀性;

(6)放射性;

(7)污染性。

散装固体危险和有害物质对船舶运输安全的影响十分重大。如货物的燃烧性、自燃性和爆炸性可能造成船舶重大火灾事故和人身伤亡事故;货物的毒害性和放射性对人体健康和环境可能造成重大影响;而货物的腐蚀性对船舶结构、设备和人员的影响也很大。此外,虽然一些货物所具有的特性,本身不足以造成危险,但一旦与其他性质相抵触的货物接触或者在一定的环境条件下,则可能发生剧烈反应从而引起重大事故的发生,如氧化还原反应等。

四、散装固体危险和有害物质对人员的健康危害

由于某些散装固体货物易于氧化,可能导致缺氧、散发有毒气体或烟气及自热。某些货物不易氧化,但可能散发有毒烟气,特别是在潮湿时更加显著。相关人员在进入装运这些货物的处所,就会造成缺氧窒息或通过呼吸系统吸入、经皮肤及眼睛吸收或吞咽等途径使有毒物质进入体内而引起中毒。也有些散装固体货物在受潮后对皮肤、眼睛和黏膜或对船舶结构有腐蚀作用。

在载运这些货物时，托运人还应该在装货之前将所装货物的危险性通知船方，船方应特别注意人员保护以及需要在装货前和卸货后采取特别预防措施。

必须注意的是，货舱及其毗邻舱室可能缺氧并存有毒性或窒息性气体。

（一）缺氧窒息危害

很多货物在散装运输时会造成装货处所的缺氧，其中《国际危规》的第 4.2 类易自燃物质特别容易造成货舱缺氧。货物产生的窒息性气体主要指二氧化碳和氮气，当货物存在与周围氧气发生化学反应时，窒息气体的浓度就会增大。植物制品和动物制品、易燃和自燃物质、金属含量较高的物质、易于氧化的物质也会导致货物处所的缺氧。

下列物质是已经证明会造成缺氧的物质（但不是全部）：

（1）谷物、谷物制品、谷物加工过程中的残余物（如谷糠、谷碎、谷皮和谷粉）、蛇麻子、麦芽皮及麦芽废水；

（2）含油种子及其制品和残余物（如种子渣、种子饼、种子粕）；

（3）椰子仁干；

（4）木材，如包装木材、原木、圆材、纸浆木、撑材（矿坑木及其他撑材）、木片、木屑、木浆球团、锯屑、剑麻、马尼拉麻、亚麻、西沙尔麻、木棉、棉花及其他植物纤维（如茅草、西班牙茅草、干草、稻草、比沙草）、空布袋、棉废、动物纤维、动物和植物纤维织品、毛发、碎布等；

（5）鱼粉；

（6）鸟粪；

（7）硫化金属矿石、硫化金属粗矿；

（8）木炭、煤及煤制品；

（9）直接还原铁；

（10）干冰；

（11）废钢铁、铁屑、钢屑、旋屑、镗屑、钻屑、削屑、锉屑或切屑；

（12）非金属。

（二）中毒危害

货物在氧化、燃烧、自燃的过程中还会放出有毒气体和蒸气，尤其是动物性货物和植物性货物的发酵、腐烂和分解过程中会产生多种有害气体，包括：

（1）一氧化碳；

（2）石油、煤油，或苯、甲醛等的蒸气；

（3）硫化氢气体；

（4）氮氧气体、磷氧气体；

（5）消毒剂、清洗剂或各种稀释剂释放的气体；

（6）甲烷。

这些气体、蒸气和混合物不仅具有毒害和窒息性，还可能具有燃烧和爆炸性。某些货物产生的可燃气体足以形成爆炸危险，其货舱及毗邻封闭舱室应进行有效的连续通风，并用可燃气体和有毒气体检测仪检测各空间的可燃气体和有毒气体的含量。应当注意的是，可燃气体检测仪和有毒气体检测仪是两种独立的设备，船上应该配备。

另外，装载可产生有毒气体和可燃气体的货物时，货物处所必须装有有效的通风系统。

（三）腐蚀危害

一些散装固体货物本身具有腐蚀性，有些通过化学反应会产生具有腐蚀性的物质或气体，这些腐蚀性物质化学性质非常活泼，大多由酸性、碱性和对皮肤、眼睛、黏膜等会造成严重灼伤的物质或物品组成。其与人畜或其他物品接触，可造成人员、船舶结构和设备的腐蚀危险。如本身具有酸性或碱性的散装固体货物以及可以产生水溶性酸、碱物质的硫化金属矿等都具有腐蚀危害。

（四）粉尘的危害

很多货物由于颗粒较小，在散装运输时会产生大量的粉尘，如水泥、石灰、铁矿、煤炭、沥青条、硫黄等，对人的眼睛、皮肤、黏膜具有刺激作用。为了使人体暴露在某些散货粉尘中所造成的慢性危害减到最小，暴露在粉尘中的人员需要高标准的卫生条件，不仅应穿着防护服和涂抹防护膏，还应进行人体清洗和外衣清洗等。

某些货物产生的粉尘具有爆炸危险，在装卸和扫舱时尤其突出。在这期间，为了使粉尘爆炸性减到最小，应进行充分的通风，防止空气中充满粉尘，并可用水龙头冲洗而不用扫帚清扫。

【本章小结】

本章主要阐述了从不同角度和不同公约和法规出发的船载散装固体危险和有害物质的有关定义，对海上常运的散装固体货物尤其是散装固体危险和有害物质进行详细的分类并对其理化特性做了详细说明，针对其理化特性找出相应的危害性，比如对船舶运输安全的危害以及对人体健康的影响等，以引起相关人员的重视。

【思考题】

1. 简述散装固体危险货物的定义。
2. 简述《国际危规》对散装固体危险和有害物质的分类。
3. 什么是 MHB 货物？试列举出常见的 5 种。
4. 简述《IMSBC 规则》对固体散装货物的分组情况，并就每组货物进行举例说明。
5. 简述常运散装固体货物的危险性。
6. 简述常运散装固体货物的物理特性。
7. 简述常运散装固体货物的化学特性。
8. 试述散装固体危险和有害物质的危害性。

第九章
船载散装固体危险和有害物质的安全装运

由于散装固体货物自身的特性及运输保管的要求不同,在装运过程中,为确保货运质量及人身、船舶和环境的安全,应严格遵守国际规则及其他有关规定和要求,认真总结散装固体货物的运输经验,促进散装固体货物的安全运输。

第一节 船载散装固体货物的安全适运要求

散装固体货物的安全适运是保证散装固体货物运输安全的最根本的条件,对于散装固体货物尤其是散装固体危险和有害物质而言,托运人在货物装船前应保证已达到《IMSBC 规则》所要求的运输条件,并有责任向船方提供有关资料。

一、散装固体货物适运性鉴定

货物的适运性鉴定是指根据货物资料、有关规定及本船的技术条件对是否能够安全装运托运人的货物做出的估计,是判断货物能否达到安全适运要求的重要证明,托运人应对货物进行采样和测试,并向船长提交适用于该货物的相应实验证书。不同类型的散装固体货物的适运性有不同的要求,如易流态化货物含水量应低于适运水分限量,某些具有化学危险性的货物在装运前的温度、水分、露天或遮盖堆放时间、化学处理时间的限制条件是否满足,货物通风次数、货位选择条件等。船长应在取得货物资料的基础上,认真阅读有关规则和规定,结合船舶技术条件做出是否承运的合理决策,并了解装载和运输保管时的注意事项。

(一)标识和分类

(1)《IMSBC 规则》的每种固体散装货物均核有一个散货运输名称(BCSN)。固体散装货物在海上运输时,应在其运输单证上用 BCSN 对其予以标识。当该货物是危险货物时,BCSN 应用联合国(UN)编号加以补充。

(2)如果废弃货物在送去处置或送去加工后处置的运输途中,货物名称前应标有“废弃物”字样。

(3)固体散装货物的正确标识有利于确定安全载运该货物的必要条件和确定应急程序(如适用)。

(4)在适宜情况下,应根据《联合国试验和衡准手册》第Ⅲ部分将固体散装货物分类。《IMSBC 规则》所要求的固体散装货物的各种特性,应按适合该货物的方式,根据来源国主管当局认可的试验程序(在有该试验程序时)测定。如无该试验程序,某种固体散装货物的各种特性应按适合该货物的方式,根据《IMSBC 规则》附录 2 规定的试验程序测定。

(二)资料的提供

1. 提前准备资料

托运人应在装货前及早向船长或其代表提供货物的相应资料,以能实施可能为货物的妥善积载和安全运输所必需的预防措施。

2. 确认货物资料

货物资料应在装货前以书面形式通过运输单证予以确认。

货物资料应包括:

(1)BCSN(《IMSBC 规则》列出该货物时),除 BCSN 外,还可使用辅助名称;

(2)货物组别(A 和 B,A、B 或 C);

(3)货物的 IMO 类别(如适用);

(4)货物以字母 UN 开头的联合国编号(如适用);

(5)交运货物的总量;

(6)积载因数;

(7)平舱的需要和平舱程序(必要时);

(8)移动的可能性,包括静止角(如适用);

(9)对精矿或其他可流态化货物,以证书形式提供的关于货物含水量及其适运水分极限的补充信息;

(10)形成潮湿底层的可能性;

(11)货物可能产生的有毒或易燃气体(如适用);

(12)货物的易燃性、毒性、腐蚀性以及耗氧倾向(如适用);

(13)货物的自热特性,以及平舱的需要(如适用);

(14)与水接触后散发的易燃气体的特性(如适用);

(15)放射特性(如适用);

(16)国家主管当局要求的任何其他信息。

3. 托运人提供的资料应附有一份安全适运声明书

固体散装货物的货物资料表如表 9-1 所示。货物申报单可用其他格式。可使用电子数据处理(EDP)或电子数据交换(EDI)技术,作为书面单证的辅助手段。

表 9-1　固体散装货物的货物资料表

<table>
<tr><td colspan="2">BCSN</td></tr>
<tr><td>托运人</td><td>运输单证编号</td></tr>
<tr><td>收货人</td><td>承运人</td></tr>
<tr><td>名称/运输工具
出发港/出发地</td><td rowspan="2">须知或其他事项</td></tr>
<tr><td>到达港/目的地</td></tr>
<tr><td>货物概述
(物质种类/颗粒大小)</td><td>总质量(kg/t)</td></tr>
<tr><td colspan="2">散货规格(如适用):
积载因数:
静止角(如适用):
平舱程序
化学特性(例如有潜在危害):
*例如类别和联合国编号或“MHB”</td></tr>
<tr><td>货物组别
□A 组和 B 组*
□A 组*
□B 组
□C 组
*可流态化货物(A 组和 A 组及 B 组货物)</td><td>适运水分极限

装运时含水量</td></tr>
<tr><td>货物相关特殊性质
(例如快速溶于水)</td><td>补充证书*
□含水量和适运水分极限证书
□风化证书
□免除证书
□其他(说明)
*如有要求</td></tr>
<tr><td>申报
对所托运货物的说明详尽准确,确认并确信所填试验结果和其他规格正确无误并能视为待装货物的代表性参数,特此申报</td><td>签字人姓名/身份,公司/组织名称

地址和日期

代表托运人签字</td></tr>
</table>

4. 托运人对常运散装固体危险和有害物质应提供的信息

(1)易流态化货物

托运人应提供给船长所托运的易流态化货物如精矿粉或其他含水矿产品的平均含水量 MC、流动水分点 FMP、适运水分限量 TML、积载因数 SF、静止角、积水排放法、运输中存在的危险性及预防措施等。

(2)煤炭

托运人应提供煤炭所属种类(自燃型煤或易产生甲烷气体的煤)、特性、岸上堆积时间、煤堆温度、湿度、开采季节等。

(3)种子饼

托运人应提供证明说明其实际含油量和含水量、杂质含量、出厂日期和货物出厂后至装船前是否有两个月的氧化期、榨油方法(机械压榨或溶剂萃取)等。

(4)鱼粉

托运人应当提供鱼粉实际含水量、脂肪含量、存放超过6个月鱼粉的抗氧化处理的详细情况、运输时剩余抗氧剂的浓度(应超过100 mg/kg)、货物总重量、鱼粉出厂时的温度、出厂日期等。如果托运人提供了其所在国际主管机关签发的证明书说明其在散装运输时无自热性,则该种鱼粉应既不属于流态化又不属于化学危险性的货物。装货时,其温度不得超过35 ℃或高于环境温度5 ℃,取高者。

(5)硅铁铝粉末、无涂层硅铝粉、废铝、硅铁等

潮湿或发热货物不得装运。托运人应出具证明,说明装运前已以运输时的粒度在遮盖下于露天存放不少于3天。

(6)直接还原铁(DIR)

DIR是在低于铁的流动点的温度下对氧化铁直接除氧(还原)而生产出的物质,易与水和空气发生反应,产生氢气和热量,引起燃烧爆炸。

装运前应由托运国家主管机关认可的有资格的人员向船长证明,所托运的直接还原铁当时适于运输,即直接还原铁应存放至少72 h,或经空气钝化技术处理,或用其他等效方法使该物质的化学活性至少减至存放后的水平。其温度超过65 ℃或150 ℉,不得装运。

(三)试验证书

(1)为获得上述所要求的资料,托运人应安排货物的妥善采样和试验。托运人应向船长或其代表提供《IMSBC规则》所要求的相应试验证书。

(2)当载运可流态化精矿或其他货物时,托运人应向船长或其代理人提供一份署名的TML证明,和一份署名的含水量证明或声明书。TML证明应含有或附有测定TML的试验结果。含水量声明书应含有或附有托运人关于据其确认和确信,含水量系申报单送交船长时货物平均含水量的声明。

(3)当可流态化精矿或其他货物要装入船舶一个以上货物处所时,含水量证明或申报单应核准装入各货物处所的每一种精细颗粒物质的含水量。尽管有此要求,但如按国际或国家接受的标准程序进行的采样表明整批托运货物的含水量均匀,则可接受一份所有货物处所平均含水量的证书或声明书。

(4)如各项具有化学危害货物的细目要求对货物发证,该证书应含有或附有托运人关于据其确认货物的化学特性系货物装船时的化学特性的声明。

(四)采样程序

(1)对托运货物的物理特性试验除非装货前在真正的代表性试样上进行,否则毫无意义。

(2)应由受过适当的采样程序培训的人员采样,且其应在完全熟悉所托运货物的特性和适用的采样原则及操作的人员监督下进行。

(3)在采样前并在可行范围内,应对将要装船的托运货物进行一次外观检查。如有大量物质看来受到污染或其性质或含水量与托运货物的主体明显不同,则应单独采样和分析。

根据从这些试验获得的结果,可能需剔除不适于装运的部分。

(4)代表性样品的采集应使用考虑以下因素的技术:

①物质种类;

②粒度分布;

③物质成分及可变性;

④货物储存方式,如堆积、装在铁路货车或其他容器内,和货物转运或装载方式,如利用传送带、装货滑槽、起重机抓斗等;

⑤化学危害(毒性、腐蚀性等);

⑥必须测定的特性,即含水量、TML、散货密度/积载因数、静止角等;

⑦由于气候条件和自然排水(如排向货堆或容器下部)或其他形式的水分迁移而可能发生的整批托运货物水分分布变化;

⑧货物冻结后可能发生的变化。

(5)在整个采样过程中,应尽量注意防止品质和特性的变化。样品应立即放入合适的密封容器,并妥善做出标记。

(6)除另有明文规定外,本规则所要求的试验应遵循国际或国家接受的标准程序进行采样。

(五)测定 TML 和含水量所需的采样/试验和装货的间隔期

(1)测定固体散装货物的 TML 的试验应在装货之日前 6 个月内进行。尽管有此规定,但如货物成分或特性会由于各种原因发生变化,则在有理由认为此种变化已经发生的情况下,应再次进行测定 TML 的试验。

(2)测定含水量的采样和试验时间应尽实际可能与装货时间接近。如从试验到装货期间下了大雨或大雪,则应进行核对试验,以确保货物含水量仍低于 TML。采样/试验与装货的这一间隔期绝不得超过 7 天。

(3)冻结货物的样品,应在完全解冻后测试其 TML 或含水量。

(六)精矿货堆的采样程序

(1)由于物质的性质及其存在形态会影响采样程序的选择,无法对所有托运货物规定单一的采样方法。如无国际或国家接受的标准采样程序,可用下述精矿货堆采样程序来测定精矿的含水量和 TML。这些程序不拟取代达到同等或更高精度含水量或 TML 的采样程序,例如使用自动采样法。

(2)如有可能,子样应以合理统一的方式从平整的货堆中采集。

(3)画出货堆的平面图,并根据待运精矿的数量将其划分为各含大约 125 t、250 t 或 500 t 的区域。该图须标出所要求的子样数量和各子样的采样点。各子样从指定区域的表面以下约 50 cm 处取样。

(4)子样的数量及样品的重量由主管当局规定,或按下述比例确定:

①托运货物不超过 15 000 t:每 125 t 待装货物取一个 200 g 子样;

②托运货物超过 15 000 t 但不超过 60 000 t:每 250 t 待装货物取一个 200 g 子样;

③托运货物超过 60 000 t:每 500 t 待装货物取一个 200 g 子样。

(5)用于测定含水量的子样取出后,立即放入密封容器(如塑料袋、罐、或小金属桶)运到试验室。在试验室将子样充分混合,以获得一份具有充分代表性的试样品。如试验场地没有试验设备,则子样的混合在货堆处受控条件下进行,然后将代表性样品放入密封容器运往试验室。

(6)基本的程序步骤包括:

①标识拟采样的托运货物;

②按上述(4)所述确定所要求的各子样和代表性样品的数量;

③确定子样的取样位置和混合子样以获取代表性样品的方法;

④将各子样集中并放入密封容器;

⑤充分混合子样获得代表性样品;

⑥如需将代表性样品运往试验室,则将其放入密封容器。

(七)船舶适运判断

船舶如果装运 B 组(非 MHB)固体散装货物,则应根据船舶所持有的“固体散装货物适装证书”来确定是否能够承运拟装 B 组(非 MHB)固体散装货物。表 9-2 为某固体散货船的固体散装货物适装证书(节选),其中列出了该船可以承运的 B 组(非 MHB)固体散装货物具体名称及其对应的装载处所。如果托运人托运的具体 B 组(非 MHB)固体散装货物没有列入附录,则说明船舶不能承载该货物。

此外,如果船舶的“固体散装货物适装证书”附录列出了该船可承运的所有固体散装货物,则未列入附录的固体散装货物不能被该船承运。

表 9-2 某固体散货船固体散装货物适装证书(节选)

CERTIFICATE OF COMPLIANCE FOR THE CARRIAGE OF SOLID BULK CARGOES LIST OF CARGOES					
BULK CARGO SHIPPING NAME	UN. NO	IMO Class	Group	Note	Cargo Space
ALUMINIUM NITRATE 硝酸铝	1 438	5. 1	B	4*	Allcargo space
BARIUM NITRATE 硝酸钡	1 446	5. 1	B	4*	Allcargo space
CALCIUM NITRATE 硝酸钙	1 454	5. 1	B	4*	Allcargo space
……					

(八)载运危险货物船舶要求备有的单证

(1)每艘载运散装固体危险货物的船舶应按《SOLAS 公约》第Ⅶ/7-2. 2 条持有一份特别清单或舱单,列出船上危险货物及其位置。标明船上所有危险货物类别及其位置的详细的配载图,可用来代替该特别清单或舱单。

(2)当载运散装固体危险货物时,船上应备有危险货物事故应急反应的相应须知。

(3)受《SOLAS 公约》第Ⅱ-2/19. 4 条(或第Ⅱ-2/54. 3 条)约束,1984 年 9 月 1 日或以

后建造的500总吨及以上的货船和1992年2月1日或以后建造的不足500总吨的船舶在载运散装固体危险货物(第6.2类和第7类除外)时,应持有符合证明。

二、测定静止角的方法

(一)概述

非黏性散装固体物质的静止角应按本规则的要求,用有关当局认可的方法测量。

(二)建议的测试方法

用于测定非黏性固体散装物质静止角的方法很多。以下是建议的测试方法:

1. 倾箱法

这种试验室测试方法适合于粒度不大于10 mm的非黏性颗粒物质。设备和程序的说明详见《IMSBC规则》附录2的2.1。

2. 船上测试法

在没有倾箱器具情况下测定近似静止角的替代程序《IMSBC规则》附录2的2.2。

具体实验见本教材第十一章"测定仪器的使用"。

三、易流态化货物的试验程序

1. 概述

对于A组货物,实际含水量和适运水分极限应按《IMSBC规则》的要求,根据有关当局确定的程序测定,除非该货物由特别建造或装备的船舶载运。

2. 测量含水量的试验程序

国际上和各国有测定各种物质含水量的公认方法参见《IMSBC规则》附录2。

3. 测定适运水分极限的方法

测定适运水分极限的建议方法参见《IMSBC规则》附录2。

4. 确定流态化可能性的补充试验程序

船长可在船上或码头边用下述辅助方法进行核对试验,大致确定货物流动的可能性:

用一份物质样品将一圆罐或类似容器(0.5~1 L容量)装至一半。一手持罐,将其从约0.2 m高度猛力摔在牢固的桌面之类坚硬表面上。以1 s或2 s为间隔,如此重复25次。检查货样表面是否出现游离水分或流动状况。如果出现游离水分或某种流动状况,则在接受该物质装载前应对其安排另做试验室试验。

具体实验见本教材第十一章"测定仪器的使用"。

第二节 散装固体危险和有害物质的一般装运要求

散装固体危险和有害物质既具有散装固体货物所具有的危险特性,又具有危险货物所具有的危害性。因此,散装固体危险和有害物质的安全运输不仅要达到散装固体货物的运输要求，还应满足危险货物的安全运输要求。

各类散装固体危险和有害物质由于具有不同的特性及危险性，因而在装运时应考虑的因素也存在一定的差异。《IMSBC 规则》对其运输的各个环节都提出了相应的安全要求。

一、固体散装货物的一般运输要求

（一）了解拟装货物的物理、化学性质

装货之前，托运人应向船方提供拟装货物的特点和性质的详细资料，如货物的化学危险（毒性、腐蚀性等）、流动水分点、积载因数、含水量、静止角等，以便船方采取必要的安全措施，船方可根据货名在《IMSBC 规则》中查到其安全运输的有关要求作为参考。对于《IMSBC 规则》未列出的货物，则货方还应提供该种货物发生的有关货运事故的资料、应急措施、医疗急救方法等。

（二）分配各舱室固体散装货物重量的基本原则

因固体散装货物装卸不当而发生的事故已经不少。应注意的是，固体散装货物须在全船范围内妥为分布，使船舶具有足够稳性并确保船舶结构绝不会受力过大。此外，托运人应按《IMSBC 规则》第 4 节的规定向船长充分提供货物资料，以确保船舶妥善装货。

确定各舱室散装固体货物应分配的货重主要应从船舶强度、稳性和吃水差三方面要求考虑。

1. 防止船舶结构受力过大

普通货船的构造通常可使载运密度在满舱满载时达到 1.39～1.67 m^3/t。当装载高密度固体散装货物（积载因数为 0.56 m^3/t 或以下）时，应特别注意重量的分布以避免应力过大，并考虑装载工况可能与已查明正常的工况不同以及货物分布不当可能使承载结构或整个船体处于受力状态。由于各船的结构布置可能差别很大，为所有船舶做出确切的荷载分布规定是不切实际的。关于货物妥善分布的资料可在船舶稳性资料手册内提供，或利用装载计算仪（如有）获得。

2. 提高船舶稳性

（1）根据《SOLAS 公约》第Ⅱ-1/22.1 条的规定，所有受该公约约束的船舶均应备有稳性资料手册。船长应能计算航程中预期最恶劣工况下的稳性和离港时的稳性，并证明船舶已具有足够稳性。

（2）凡在甲板间货物处所或仅用货物处所的一部分载运的固体散装货物有容易移动的疑问时，应安装具有足够强度的防移隔板和储存斗。

（3）高密度货物应尽实际可能优先装在底舱货物处所，此后再考虑甲板间货物处所。

（4）当有必要将高密度货物装在甲板间货物处所或更高的货物处所内时，应充分考虑确保甲板区域不会受力过大，并且船舶稳性不会减至低于船舶稳性资料中规定的最低可接受水准。

（三）对货物装卸的要求

（1）应按所要装载的特定货物，检查和准备货物处所，使其适于拟装货物。

（2）对需要特别准备的舱底污水井和滤板，应予以充分注意，以利于泄水和防止货物

进入舱底水系统。

(3)货物处所内的舱底水管系、测深管和其他工作管系应处于良好状态。

(4)考虑某些高密度固体散装货物装载的速度,可能有必要特别注意保护货物处所的设备不受损坏。在装货完成后对舱底水测深,是查出货物处所设备损坏的有效方式。

(5)应尽实际可能在装载或卸货期间关闭或遮蔽通风系统并将空调系统置于空气循环状态,以尽量减少进入生活区或其他内部处所的粉尘。

(6)应充分考虑尽量减少粉尘与甲板机械的运转部分以及外部助航设备的接触。

(四)对平舱的要求

1. 平舱一般规定

(1)货物平舱可减少货物移动的可能性并最大限度减少进入货物的空气。空气进入货物会导致自热。为最大限度减少这些风险,必要时应将货物合理整平。

(2)货物处所应在不对船底结构或甲板间强度造成过大载荷的情况下尽实际可能装满,以防散装货物固体滑动。应充分考虑各货物处所的固体散装货物量,并计及货物移动的可能以及船舶的纵向弯矩和剪切力。货物须尽可能合理地散布到货物处所的边界。可能还需考虑《SOLAS 公约》第Ⅻ章所要求的隔舱装载限制。

(3)船长如基于所拥有的资料而对船舶稳性有任何担忧并考虑船舶特征及预定航程,有权要求将货物整平。

2. 多层甲板船舶的特别规定

(1)当固体散装货物仅装在下层货物处所内时,应充分平舱以使货物重量均匀分布在船底结构上。

(2)当在甲板间内载运固体散装货物时,如装载资料表明这些甲板间的舱口敞开会使船底结构的应力达到不能接受的水平,则应关闭舱口。货物应合理整平并应从一舷散布至另一舷,或用具有足够强度的纵向隔板使其稳固。应注意甲板间的安全荷载能力,确保甲板结构不超载。

(3)如在甲板间内载运货煤,这些甲板间的舱口应牢固密封以防空气通过甲板间内的货体向上流动。

3. 黏性散装货物的特别规定

(1)所有潮湿货物和某些干燥货物均具有黏性。对黏性货物,《IMSBC 规则》第 5.1 章的一般规定应适用。

(2)静止角不是黏性散装货物稳定性的指标,没有纳入各项黏性货物的细目。

4. 非黏性散装货物的特别规定

(1)非黏性散装货物是《IMSBC 规则》附录 3 第 1 段列出的货物和该附录未列出,但显示非黏性物质特性的任何其他货物。

(2)就平舱而言,固体散装货物可分为黏性和非黏性两类。静止角是非黏性散装货物的一个特征,能表示货物的稳定性,已纳入各项非黏性货物的细目。应按货物的静止角来确定适用本节的哪些规定,静止角的测定方法见《IMSBC 规则》第 6 节。

(3)静止角小于或等于 30°的非黏性散装货物

这些像谷物一样自由流动的货物,应按谷物积载的适用规定载运。在确定下述各项时应考虑散装货物密度:

①隔板和储存斗壁的尺寸和系固布置；

②自由货面的稳定效果。

(4)静止角大于30°至等于35°的非黏性散装货物。

这些货物应按下列衡准平舱：

①按货物表面最高点和最低点之间的垂直距离(Δh)量取的货物表面不平整度不得超过$B/10$，其中B为船宽(以米计)，Δh的最大允许值为1.5 m；或

②装货中使用经主管当局认可的平舱设备。

(5)静止角大于35°的非黏性散装货装货物

这些货物应按下列衡准平舱：

①按货物表面最高点和最低点之间的垂直距离(Δh)量取的货物表面不平整度不得超过$B/10$，其中B为船宽(以米计)，Δh的最大允许值为2 m；或

②装货中使用经主管当局认可的平舱设备。

二、易流态化货物的装运要求

易流态化货物是指由较细颗粒的混合物构成且含有一定水分的物质，若水分含量超过货物的适运水分限量(TML)时，在海上运输过程中，受到外界各种力的作用，水分渗移而形成流态化从而导致货物移动。

(一)易流态化货物的危险特性

易流态化货物主要是渗水性的湿精矿，这类货物在《IMSBC 规则》中属于A组货物。在装载时可能呈现比较干燥的颗粒状态，但所含水分可能足以使其在压实作用和航行期间出现的振动作用影响下变成流体。其危险性如下：

(1)船舶的运动会引起货物移动，这可能足以使船舶倾覆。货物移动可以分为两种类型，即滑动失效和流化造成的后果。

(2)某些可流态化货物也可能自热。

(3)重量分布不合理或没有充分平舱导致船舶结构受损。

(二)易流态化货物产生危害的条件

(1)A组货物含有一定比例的小颗粒和一定水分。A组货物即使有黏性并已整平，在航行期间仍可能流态化。流化会造成货物移动。对这一现象可做如下说明：

①随着货物因船舶的运动等而压实，颗粒之间的空隙体积减小。

②货物颗粒之间的空隙减小引起空隙内的水压增加。

③水压的增加减小了货物颗粒的摩擦，造成货物抗剪强度减小。

(2)当达到下列条件之一时，流化不会发生：

①货物含有极小颗粒。在此情况下，颗粒的运动受到黏性的限制，货物颗粒之间空隙内的水压不会增大。

②货物由大的颗粒和块体组成。水穿过颗粒之间的空隙，水压不会增大。完全由大颗粒组成的货物不会流态化。

③货物所含空气的百分比高，含水量低。水压的增大受到抑制。干燥货物不易流态化。

(3)当含水量超过TML时，可能发生流化引起的货物移动。有些货物易有水分迁移，

即使平均含水量低于 TML 也可能形成危险的潮湿底层。尽管货物表面可能呈干燥状，仍有可能发生流态化而不被发现，造成货物移动。含水量高的货物易于滑动，特别是在货物较浅且受到较大横倾角影响时。

（4）在所造成的黏滞性流体状态中，货物可能随着船舶横摇而流向一侧，但可能不会随着船舶摇向另一侧而完全流回来。因此，船舶可能逐渐达到一个危险的倾侧度而突然之间倾覆。

（三）为确保安全运输，对这类货物装运要求

（1）货主应提供货物的适运水分限量和含水量资料，只有含水量没有超过规定的适运水分限量的情况下，才能同意装运，否则应予以拒载。

（2）在装货时，应进行货物取样，以便通过试验，了解装货时货物的情况。在样品经船货双方共同监督封存后，成为具有法律效力的凭据。

（3）在装运时应满足相关规定：

①可流态化精矿和其他货物应在其实际含水量不超过 TML 时方可接受装载。尽管有此规定，这类货物即使在其含水量超过 TML 时仍可接受用特别建造或装备的货船装载。

②除罐装或类似包装的货物外，含有液体的货物不得在同一货物处所内的这些固体散装货物的上面积载或与之相邻。

③在航行期间应采取适当措施防止液体进入积载这些固体散装货物的货物处所。

④应告诫船长注意在海上航行时用水冷却这些货物可能产生的危险。进水可能使这些货物的含水量达到流动状态。必要时，应充分注意以喷洒方式用水。

（4）凡装运易流态化货物的货舱，均应采取措施防止海水流入货舱。

（5）注意易流态化货物对某些危险货物的影响。有些危险品遇水会发生有害化学反应，产生易燃气体、有毒气体等，应将此类危险品与易流态化货物予以有效隔离。

（6）尽可能将易流态化货物集中配装，一旦货物形成流态化，可将对船舶稳性的影响减到最小。

（7）使用特别建造或装备的货船：

①含水量超过 TML 的货物应使用特别建造的船舶或特别装备的船舶载运。

②特别建造的货船应有永久性结构限界，其布置可将货物的任何移动限制在可接受的限度内。有关船舶应携带证据表明经主管机关批准。

③特别装备的船舶应装有特别设计的可移动隔板，将货物的任何移动限制在可接受的限度内。特别装备的货船应符合下列要求：

a. 这种特别装置的设计和安装，应不仅能充分约束高密度散货的流动所产生的巨大力量，而且能满足将货物在货物处所横向流动引起的潜在倾侧运动减至可接受的安全水平的需要。为符合这些要求所设的隔板不得用木材制作。

b. 必要时，船舶结构中围闭这种货物的构件应予以加强。

c. 特别装置的图纸和设计所依据的稳性条件细节应经主管机关批准。有关船舶应携带证据表明经主管机关批准。

④为认可这种船舶而向主管机关提交的资料应包括：

a. 相关结构图，包括按比例绘制的纵向和横向剖面图；

b. 稳性计算书，其中应考虑装载设备及货物的可能移动，并指出货物和舱柜液体的分布以及可能变为液体的货物的分布；

c. 有助于主管机关评估所提交资料的任何其他资料。

(8)具有特殊设备和具有特殊结构的船舶装运含水量较高的易流态化货物时，注意核算货物流态化时船舶稳性是否符合安全要求。

三、C 组货物的安全运输要求

《IMSBC 规则》中的 C 组货物是指既不流态化又无化学危险性的固体散装货物，这类货物的危险主要有两点：一是由于货物重量分布不合理导致船舶结构的损害；二是由于平舱不合理导致货移而产生船舶的稳性下降或船体倾斜。

对于干燥时不具有黏性的固体散装货物，装完货之前，应测出货物的静止角，以便决定使用合理的平舱措施。

除《IMSBC 规则》附录 3 所列货物以外的所有其他货物均有黏性，因此不适合使用静止角。除另有说明外，未列出的货物宜作为黏性货物对待。下列货物干燥时不具有黏性：

硝酸铵、硝酸铵基化肥(A 类、B 类和无危害类)、硫酸铵、无水硼砂、硝酸钙化肥、蓖麻子、磷酸二铵、磷酸一铵、氯化钾、钾碱、硝酸钾、硫酸钾、硝酸钠、硝酸钠和硝酸钾混合物、过磷酸盐、尿素。

第三节 常见船载散装固体危险和有害物质的船上安全作业

一般说来，散装固体危险和有害物质由于没有包装保护，因此较同种包装危险货物的积载隔离要求和安全作业要求更为严格，而且大多数散装货物都是整船运输的，故对积载处所的要求更严。当不相容物质在一起时，存在潜在危险，因而必须严格积载和隔离要求。在装卸和保管的作业中更要注重所运散装固体危险和有害物质的危险特性，分类对待，以确保安全。

一、散装固体危险和有害物质造成危害的类型

1. 安全危害

安全危害是指具有燃烧、爆炸危险性的散装固体危险和有害物质在一定条件下发生火灾和爆炸事故，对船舶和人命安全造成危害。

通常能造成危害的散装固体危险和有害物质包括：

第 4.1、4.2 和 4.3 类物质、第 5.1 类物质、具有燃烧爆炸危险性的 MHB 货物、具有燃烧爆炸副危险性的其他类 B 组货物、能产生可燃粉尘散装货物、能产生可燃气体的散装货物。

2. 接触危害

接触危害是指人员通过呼吸系统吸入，经皮肤、眼睛吸收或通过吞咽使有毒或腐蚀性

物质进入体内,或进入封闭处所可能造成缺氧和窒息的危害。

具有接触危害的散装固体危险和有害物质包括:

第6.1类、第7类、第8类、具有上述危险性的MHB货物、具有上述副危险性的其他B组货物、潮湿时能散发毒性气体的物质、潮湿时对皮肤和眼睛黏膜或对船舶结构具有腐蚀性的物质。

3. 污染危害

污染危害是指因撒漏进入海洋后可能给人类健康、海洋资源和海洋生物、海洋生态环境造成危害的物质。此外,污染危害也应包括能造成反射性污染的物质。

通常能造成这类危害的散装固体危险和有害物质包括:

《国际危规》中指明的"海洋污染物"、能造成放射污染的散装固体危险和有害物质。

二、积载与隔离

此类散装固体货物在配积载与装运时应充分考虑由于货物自身及外部因素影响而发生化学反应,可能产生危及船舶、货物和人员安全的事故,因而要采取措施确保安全。

(一)一般要求

(1)散装固体危险和有害物质具有潜在危害,因此必须将不相容的货物隔离。隔离还应考虑所确定的任何次风险。

(2)除了物质类别整体之间的隔离外,可能还需要将某种特定物质与其他物质隔离。就可燃物质的隔离而言,这应理解为不包括包装材料、舱底垫板或货垫。在这些情况下,后者的数量应保持在最低限度。

(3)就隔离不相容物质而言,"货舱"和"舱室"两词视为系指由钢质舱壁或船壳板及钢质甲板围蔽的货物处所。这种处所的限界应能防火和防液。

(4)当要载运B组的两种或两种以上不同的散装固体货物时,应按《IMSBC规则》9.3.4的要求将其隔离。

(5)当在同一货物处所内载运级别不同的散装固体货物时,则适用于其中任一级别的最严格的隔离规定应适用于所有级别。

(6)当B组的散装固体货物与包装危险货物一起载运时,应按《IMSBC规则》9.3.3的要求将其隔离。

(7)不相容的货物不得同时装卸。一种货物装载完毕后,应在开始装载其他货物之前关闭每个货物处所的舱盖,并清除甲板上的残留物。在卸货时也应按同样程序办理。

(8)为防止沾染,一切食品应按下列要求积载:

①与标明有毒的物质"隔离";

②与感染性物质用整个舱室或货舱"隔离";

③与放射性物质"隔离";

④"远离"腐蚀性物质。

(9)可能释放的有毒气体足以危害健康的物质,不得在这种气体有可能渗入生活区或与生活区相连的通风系统的处所内积载。

(10)腐蚀危害达到损害人体组织或船舶结构程度的物质,应在已采取充分的预防措施和保护措施后方可装载。

(11)在有毒或氧化性物质卸载后,应对用于其载运的处所的污染情况进行检查。已被污染的处所在用于装载其他货物前,应予妥善清洗和检查。

(12)在卸货后,应仔细检查有无残留物,在船舶用于载运其他货物前应将残留物清除。

(13)对于在紧急情况下应将舱口打开的货物,这些舱口应保持能自由打开的状态。

(二)散装固体危险和有害物质的隔离

为保证货物安全运输,具有化学危险性的散装固体货物与包装危险货物、具有化学危险性的散装固体货物之间都应适当隔离。若无特别规定,具有化学危险性的散装固体货物与包装危险货物间应按表 9-3 所示的要求进行隔离,具有化学危险性的散装固体货物间的隔离按表 9-4 所示的要求进行。

1. 散装固体危险和有害物质与包装危险货物的隔离

(1)隔离种类

①"远离":将不相容物质有效隔离,使其在发生事故时不会发生危险的相互作用,但只要最小水平隔距的垂直投影达到 3 m,仍可在同一货舱或舱室内或在甲板上载运,如图 9-1(a)所示。

②"隔离":当在甲板下积载时,装入不同的货舱中。只要中间隔离甲板防火和防液,则垂向隔离,即在不同舱室积载可视为与此隔离等效,如图 9-1(b)所示。

③"用一整个舱室或货舱隔离":系指垂向或水平隔离。如果甲板不防火和防液,则仅可接受纵向隔离,即用介于中间的整个舱室隔离,如图 9-1(c)所示。

④"用一介于中间的整个舱室或货舱作纵向隔离":如仅有垂向隔离,则不符合这一要求,如图 9-1(d)所示。

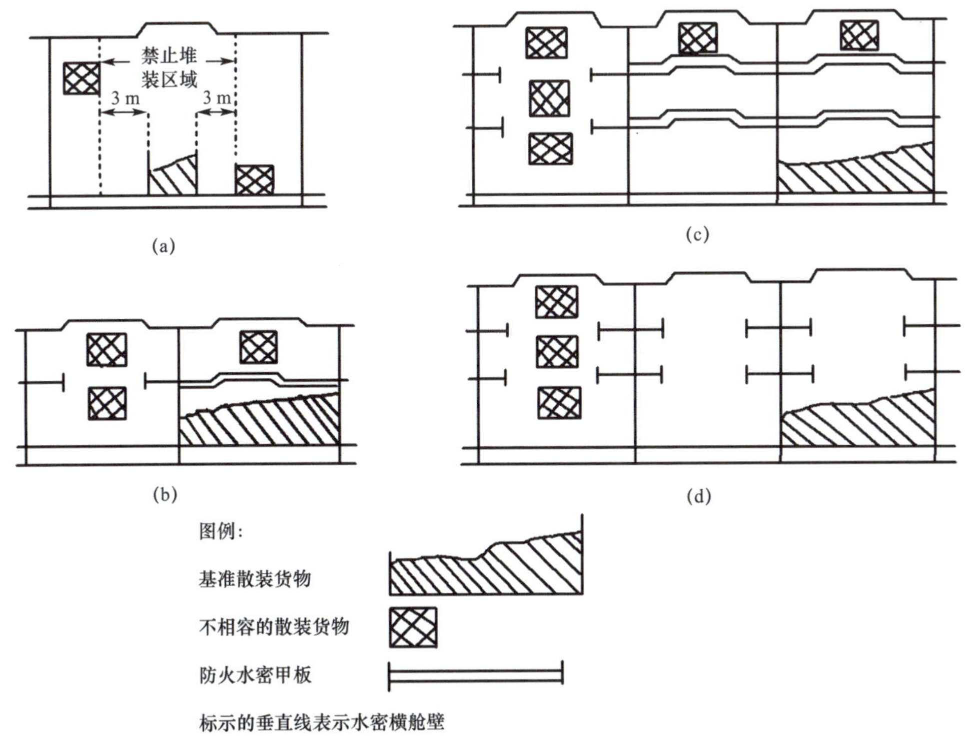

图 9-1 具有化学危险性的散装固体货物与包装危险货物间的隔离种类

(2)隔离表

具有化学危险性的散装固体货物与包装危险货物间的隔离要求列于表 9-3 内。表中数字“1”“2”“3”“4”依次表示“远离”“隔离”“用一整个舱室或货舱隔离”“用一介于中间的整个舱室或货舱作纵向隔离”,“×”要求(如有)见《国际海运危险货物规则》的危险货物清单和本规则中的细目。

表 9-3　具有化学危险性的散装固体货物与包装危险货物间的隔离表

散装货物(属危险货物类)	类别	包装形式的危险货															
		1.1 1.2 1.5	1.3 1.6	1.4	2.1	2.2 2.3	3	4.1	4.2	4.3	5.1	5.2	6.1	6.2	7	8	9
易燃固体	4.1	4	3	2	2	2	2	×	1	×	1	2	×	3	2	1	×
易自燃物质	4.2	4	3	2	2	2	2	1	×	1	2	2	1	3	2	1	×
遇水放出易燃气体的物质	4.3	4	4	2	1	×	2	×	1	×	2	2	×	2	2	1	×
氧化物质	5.1	4	4	2	2	×	2	1	2	2	×	2	1	3	1	2	×
有毒物质	6.1	2	2	×	×	×	×	×	1	×	1	1	×	1	×	×	×
放射性物质	7	2	2	2	2	2	2	2	2	2	1	2	×	3	×	2	×
腐蚀性物质	8	4	2	2	1	×	1	1	1	1	2	2	×	3	2	×	×
杂类危险物质和物品	9	×	×	×	×	×	×	×	×	×	×	×	×	×	×	×	×
仅在散装时具有危险性的物质	MHB	×	×	×	×	×	×	×	×	×	×	×	×	×	×	×	

2. 具有化学危险性的散装固体货物间的隔离

(1)隔离种类

①“隔离”:当在甲板下积载时,装入不同的货舱中。只要中间隔离甲板防火和防液,则垂向隔离,即在不同舱室积载可视为与此隔离等效,如图 9-2(a)所示。

②“用一整个舱室或货舱隔离”:垂向或水平隔离。如果甲板不防火和防液,则只可以接受纵向隔离,即用介于中间的整个舱室隔离,如图 9-2(b)所示。

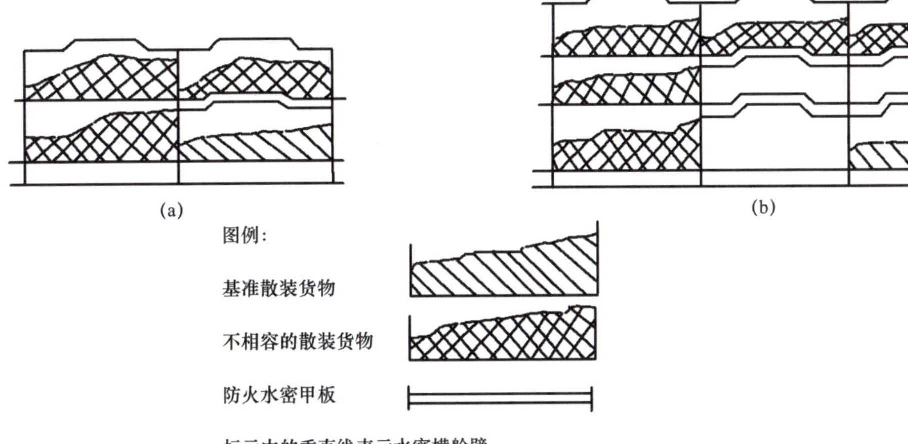

图 9-2　具有化学危险性的固体散货间的隔离种类

(2)隔离表

具有化学危险性的散装固体货物间的隔离要求列于表 9-4 内。表中数字“2”“3”分别表示“隔离”“用一整个舱室或货舱隔离”;“×”表示隔离要求(如有)见本规则中的细目。

表 9-4　具有化学危险性的散装固体货物间的隔离表

		4.1	4.2	4.3	5.1	6.1	7	8	9	MHB
易燃固体	4.1	×								
易自燃物质	4.2	2	×							
遇水放出易燃气体的物质	4.3	3	3	×						
氧化物质	5.1	3	3	3	×					
有毒物质	6.1	×	×	×	2	×				
放射性物质	7	2	2	2	2	2	×			
腐蚀性物质	8	2	2	2	2	×	2	×		
杂类危险物质和物品	9	×	×	×	×	×	2	×	×	
仅在散装时具有危险性的物质	MHB	×	×	×	×	×	2	×	×	×

三、各类散装固体危险和有害物质的特殊安全作业要求

由于各类散装固体危险和有害物质具有不同的特性,因此其安全作业的要求也有所不同。

1. 第 4.1、4.2 和 4.3 类物质

(1)这些类别的物质应尽合理可行保持冷却和干燥,并且除本规则另有规定外,应“远离”一切热源和火源积载。

(2)电气附件和电缆应处于良好状态,并有妥善保护以防短路和产生火花。如要求舱壁适合用于隔离,则甲板和舱壁的电缆及导管贯穿处应密封以防气体和蒸气通过。

(3)货物易于产生的蒸气或气体如能与空气形成爆炸性混合物,应在有机械通风的

处所内积载。

(4)在危险区域内应禁止吸烟,并应张贴醒目的“严禁吸烟”标志。

2. 第 5.1 类物质

(1)这类货物应尽合理可行保持冷却和干燥,并且除本规则另有规定外,应“远离”一切热源或火源积载。这些货物还应与其他可燃物质“隔离”积载。

(2)在装载这类货物前,应特别注意清扫其将装入的货物处所。应在合理可行范围内尽量使用不燃的系固和保护材料,木质货垫应尽量少用。

(3)应采取预防措施避免氧化性物质渗入其他货物处所、舱底水沟和可能放有可燃物质的其他处所。

3. 第 7 类物质

用于运输低放射性比度物质(LSA-Ⅰ)和表面污染物体(SCO-Ⅰ)的货物处所不得用于运输其他货物,除非由合格人员进行清污,使任何表面的非固定污染按 300 cm^2 面积平均值计不超过如下水平:

4 Bq/cm^2(10^{-4} $\mu Ci/cm^2$) β 和 γ 辐射源及低毒性 α 辐射源;天然铀;天然钍;铀 235 或铀 238;钍 232;矿石、物理或化学精矿所含钍 228 和钍 230;半衰期少于 10 天的放射性核素。

0.4 Bq/cm^2(10^{-5} $\mu Ci/cm^2$) 所有其他 α 辐射源。

拟装第 7 类物质的货舱不得有渗漏,并不与其他货物同舱装载。

4. 第 8 类物质或具有类似特性的物质

(1)这些货物应尽合理可行保持干燥。

(2)在装载这些货物前,应注意清扫其将装入的货物处所,特别要确保这些处所干燥。

(3)应防止这些物质渗入其他货物处所、舱底污水井和舱底垫板的间隙。

(4)卸货后应特别注意货物处所的清扫,因为这些货物的残留物可能对船舶结构有极强的腐蚀作用。应考虑用软管冲洗货物处所,随后仔细进行干燥。

5. 第 6.1 类物质

该类具有毒害性,要注意人员的防护。

6. MHB 货物

不同货物,性质不同,要根据不同货物的危险特性制定合适的安全作业方法。

四、散装固体危险和有害物质装卸和保管的注意事项

1. 装卸注意事项

由于散装固体危险和有害物质具有化学危险特性,它们属于危险货,在装运中应严格遵守规则规定,谨慎操作。

(1)由于不同货物对货舱的条件要求不同,因此应据此做好货舱的准备。就整体而言,应使货舱清洁、干燥、无油污,水密和舱内设备良好。采用专舱装运,舱壁周围及舱盖必须是防火型水密结构,舱内电器、电缆绝缘良好,并有防止产生火花短路等安全保护装置,否则应切断电源。

(2)尽管船长可以从规则中查获所承运货物的理化特性及其运输注意事项,但在装货前,船方必须从托运人处获得其理化特性和装运要求的最新资料。如拟装货物未列入

规则中,船舶必须持有主管机关对其运输的认可证明。

(3)货舱及其附近要有明显的警告标志。

(4)船方应对货物是否适运做进一步的考察,如货物对限制温度、露天堆放或陈放时间、潮湿程度的要求应予以满足。

(5)防止某些性质互抵的货物相互污染。在装完性质互抵的一种货物之后,舱盖应关闭,甲板上的残余货物要彻底清除,然后才能装另一种货物。卸货时也相同,舱内货物卸空之后,货舱应清除残留货物,经过严格检查,才能装运其他货物。

(6)对于在紧急情况下需将舱盖打开的货物,货舱舱盖应保持随时可开状态。

(7)多数具有化学危险性的货物要求货舱保持阴凉、干燥,要与所有热源和火源隔离。防止因温升或潮湿引起化学反应而导致危险。

(8)根据货物性质确定对货物装卸天气条件的要求,如第 4.3 类和多数 MHB 货物,在雨雪天都应停止作业。

(9)卸货后应注意清理货舱,尤其是有毒货物和腐蚀性货物。当卸完有毒货物后,必须检查货舱是否被污染,对受到污染的货舱,在装下批货物尤其是食品之前,必须彻底清扫并验舱。腐蚀性货物卸完后,最好用水冲洗货舱再加以干燥处理,因为这些货物的残余物可能腐蚀船舶结构。

(10)性质互抵的散装固体危险和有害物质与包装危险货物之间、散装固体危险和有害物质之间、散装固体危险和有害物质与食品之间一定按规则要求进行有效隔离。

(11)某些散发可燃气体或毒气的货物,应装在有机械通风的舱室。

2. 航行中货物管理

散装固体危险和有害物质在运送的过程中,应做好以下几方面的管理工作,以确保货物和船舶的安全。

(1)定期测定舱内的温湿度,进行适当的通风,防止舱内产生汗水而影响货物质量或因水湿使货物发生化学反应而对船舶构成威胁,或因货温过高而危及货物正常运输和船舶安全。

(2)按时测定货舱污水深度,及时排除舱内污水,防止货物水湿。

(3)对某些易产生有害气体的货物,航行中应注意适时通风换气,以排除舱内存在的有害气体。

(4)检查货物在货舱内的状况,发现异常情况,应采取相应的措施。

(5)注意下舱安全,防止人员伤亡。

五、几种常见具有化学危险性的散装固体货物的安全装运

(一)散装精选矿粉

精矿是指利用物理或化学的选矿方法从原矿中分离出不需要的成分后所得到的品质和纯度较高的物质。由于选矿的方法不同,所得矿粉的含水量有差异,因此有干精矿和湿精矿两大类。以水选法所得的含水量一般在 8%以上者为湿精矿粉,而以机械碾压所得的含水量较低的为干精矿粉。

1. 精选矿粉的主要特性

湿精选矿粉主要是由水选法产生的含硫化物的矿粉,含有相当的水分。虽形似干矿,

但在海运过程中，由于船舶的摇摆和振动，会产生流态化而危及船舶的安全，这是其主要的危险特性。

干精矿粉为粉末状，含水量在5%左右。其主要危险特性有：

（1）散落性。当船舶在航行中产生横摇时，货物由于其散落性而发生移动使船舶倾斜，危及船舶和人命安全。特别是静止角在35°以下的干精矿粉的危险性更大。

（2）自热和自燃性。干精矿粉含有硫化物和游离的硫黄，这些成分可能被氧化而放热，若其热量积聚达到易燃成分的自燃点时易引发货物的自燃。

（3）释放有毒和易燃气体。某些精矿粉在运输中会释放硫化氢、二氧化碳等有毒气体或使舱内缺氧。有些矿内含有的金属元素遇水会释放氢气，积聚后遇明火发生爆炸。

（4）腐蚀性。硫化金属矿粉遇海水会产生酸性溶液，对船体和设备有腐蚀作用。

2. 散装精选矿粉装运注意事项

散装精矿粉的装运注意事项，除了在本章第一节中已经提及的外，还有：

（1）托运人应向船方提供由产品质量监督检验部门签发的有关货物含水量、静止角、理化性质、积载因数等证明文件。

（2）装船前，船方应进行货物取样，并用简易方法检测货物的含水量，如发现或怀疑有问题，应及时通知货方重新申请检验。一般货船运输精矿粉时，其含水量不得超过货物的适运水分限量。含水量超过适运水分限量的货物只能由具有特殊结构的船舶进行运输，这种船舶应具有符合要求的永久性分隔设备，可以把货物的移动限制在允许的范围之内。这种船舶应携带其主管机关认可的证明。

（3）装船前，船方应做好货舱的清洁工作，清除货舱内任何化学物品和可燃物，并保持货舱的水密。做好货舱内污水井、管系的清洁保护工作，以防其堵塞或受损。装货后应立即进行污水测量和抽水实验，以保证污水管系的畅通。木质舱底板不宜装载精矿粉。

（4）干精矿粉特别是静止角小于35°的货物，在航行中很容易移动，装载时应特别注意采取相应的防范措施。为防止货物移动，可将部分矿粉装袋，用以设置纵向隔堵。

（5）货物在装卸过程中，应防止粉尘污染，尽量降低其对人体和船舶设备的损害。

（6）精矿粉的氧化发热在选矿后的15天内温度最高，所以，装船前货物在场地累计堆放时间应不少于15天。装载时，舱内货堆面积要大，以利散热，货堆高度宜在1.2~1.5 m之间。当精选铜矿粉外观颜色为浓绿色时，表明其尚未氧化发热，装船后必定发热，因此须特别警惕。如其颜色发黑则说明其正在氧化发热中或已到氧化后期。

（7）为保证人员安全，在装卸作业时，人员应佩戴气体防护口罩等防护用品。

（8）雨雪天不得进行装卸作业，装货过程中应防止杂质混入货物，特别是可燃物质。

（9）装运干精矿粉时，为限制其氧化，装妥后应平舱并压紧货物或在货物表面加以铺盖。航行中至少每天测量货温2次，如发现货温升高可开舱翻动发热的部分货物或通风散热。

（10）如果船舶在航行中发生横倾，船长应立即电告公司，并根据现场情况采取相应措施或到附近港口进行处理。

（11）精矿粉燃烧起火，二氧化碳灭火效果不明显。当舱内货物局部起火时，可用少量水雾灭火降温，单处着火时，可用掩埋法灭火。

另外散装精矿粉的含水量可以采用《IMSBC规则》的推荐方法，也可采用简易测定方法(按本章第二节所述)。

(二)煤炭

煤炭是重要的能源之一,在散货的海上运输中占有相当比例,在《IMSBC 规则》中它属于 B 组中仅在散装运输时具有危险的固体散装货物(MHB 货物),煤泥同时又是易流态化货物。

1.煤炭的主要特性

煤炭的主要成分是固定碳、挥发物(氢、氧、一氧化碳、硫、磷、甲烷等)、水分、灰分等,与运输有关的主要性质有:

(1)氧化性

煤在运输中会和空气中的氧发生缓慢的氧化作用,使煤堆发热,如果通风不良,会促使煤温不断升高。同时,氧化使舱内一氧化碳含量增加,氧气含量减少。影响煤氧化的主要因素有:黄铁矿含量、煤炭的粒度、所含水分、碳化程度等。

(2)自热和自燃性

某些煤因氧化作用而易于自热,使舱内煤温升高,当升到煤的自燃点时,就会发生自燃现象,挥发物含量越高的煤越易自燃。在煤的自热过程中,会产生一氧化碳气体,它具有易燃和有毒的危害性,其可燃极限为 12%~75%,吸入对人体有害。

(3)易产生易燃易爆气体

煤炭会产生甲烷气体,它比空气轻,易积存于货舱或其他封闭空间的上部。当空气中甲烷含量达到 5%~16%时,遇明火即会引起爆炸。另外,煤炭粉尘在空气中的含量达到 10~30 g/m^3 时,遇明火也会引起爆炸。

(4)与水反应性

某些煤易与水发生化学反应,生成酸和氢,酸对船体造成腐蚀,氢为易燃和有毒气体,其可燃极限为 4%~75%。

(5)易流态化的特性。

2.煤炭的装运要求

(1)装运前,应弄清拟运煤炭所属种类、特性、岸上堆存时间、煤堆温湿度、开采季节等,货煤中不应含杂草、粪便、废油渣等有机物。若煤温达 35 ℃及以上或含水量过大者应拒绝装船。

(2)货煤装船前船舶应做好以下准备工作:

①清除货舱内所有的废料和货物残渣,使货舱包括可移动的货舱护板,保持清洁干燥。

②清理污水沟,保证污水排出系统畅通,并封盖其盖板,以防被煤粉堵塞。

③检查舱内电缆及电气设备,保证其完好无损状态并能在有可爆气体或粉尘的空间安全使用或做了有效隔离。货舱内的电器均应为防爆型。

④检查船上灭火系统(包括烟火探测器),保证其处于良好状态。

⑤预先放置好不进入货舱即可测定有关参数的相应仪器。包括测量舱内的甲烷、氧气、一氧化碳及二氧化碳的浓度,舱内污水井中污水试样的 pH 值以及舱内温度测温仪等相应仪器。

⑥应从托运人或指定代理人处获得待运货煤的有关资料,包括货煤的含水量、含硫量

和粒度等特性,以及安全装载和运输的建议等。

(3)货煤在装载时,不应将货煤装在高热区附近,不在货区或毗邻货舱内吸烟和使用明火。避免将第5.1类物质与煤积载在一起。货煤应与包装的第1.4、2、3、4和5类物质"隔离",与第4和5.1类散装货物"隔离"。装载完毕应对货煤进行平舱,将货物表面整平至舱壁,以防形成积存气体的坑洼及空气渗入煤堆中。

(4)航行中,严禁烟火,除非经测定表明安全,否则不得在货物处所及毗邻区附近进行明火作业。

(5)条件许可时,可采用适当的通风方法来排除舱内的有害气体或降温,也可以根据不同季节地区特点采取甲板喷水降温的办法。

(6)对装运易自热自燃的煤炭的船舶,每天至少检测货温3次。远洋船舶的每个货舱应设3个在货煤表面下3 m处的均匀测温点,而且温度数据应在舱外读取,并做好记录。

(7)当装运煤炭的货舱舱内温度接近55 ℃时,应立即停止通风,并封闭所有货舱舱口和通风筒,防止空气进入货舱。如果货温继续升高并有烟雾出现,不能用水直接冷却货煤或灭火,可通过冷却货舱外壁界来间接降温,或者封舱释放二氧化碳进行灭火,有条件的话,可以就近港口避难。

(8)在开舱卸货前,应对货舱进行充分的通风,以排除有害气体,确保人员安全。人员不得随意进入可能积存有害气体或缺氧的舱室,必须进入时,应先对舱室进行检测并确认其安全,如有怀疑,应佩戴自给式呼吸器进入。

(三)种子饼

种子饼是各种含油植物的种、籽通过机械压榨或经过溶剂萃取法提取油料后剩余的残渣,它主要用作饲料和肥料。最常见的种子饼有:椰子饼、棉籽饼、花生饼、亚麻仁饼、玉米饼、尼日尔草籽饼、棕榈仁饼、油菜籽饼、稻糠饼、大豆饼及葵花籽饼等,常以饼、块、球等形式交付运输。

1. 种子饼的主要特性

因为种子饼内含有油和水,所以会自行缓慢地分解发热,并在遇潮湿或含有一定比例未经氧化的油类时会自燃。在长期的储运过程中也会发生自热和自燃,消耗舱内氧气并产生二氧化碳,能引起货舱内缺氧,所以包装运输的种子饼在《国际危规》中被列为第4.2类危险货。散装的种子饼在《IMSBC 规则》中属于B组货物。和其他物质一样,不饱和的有机物质较其饱和状态更容易产生化学反应,放出热量。表示有机物不饱和程度的一个指标是碘值。碘值越大物质的不饱和程度就越高。种子饼也是如此,因种类不同,其碘值也不同。其中葵花籽饼碘值最大,它最不稳定,更易发热自燃。

种子饼自燃主要由它们的理化性质决定的,但外界因素如温度、湿度、货物内氧化杂质等也是导致其发热自燃的重要条件。

2. 种子饼的装运注意事项

(1)托运的种子饼的含油量和含水量必须符合船运要求。为此,托运人必须提供由承运人认可的人员签发的证书,表明其含油量符合要求并提供有关的货物品质检验证书,对不符合装运要求的货物应拒装。

(2)装运种子饼的船舶应按《国际危规》和《IMSBC 规则》的要求,配备相应的设备和检测仪器，具有良好的通风条件，具有有效的二氧化碳灭火系统，货舱清洁干燥，货舱内管系、电缆状态良好，通风筒应设置防火罩，备妥安全灯，排除各种不安全因素，并具有有效的验舱证书。

(3)装货的舱室应保持污水沟、井的畅通，其盖板应用麻袋覆盖，以防货物流入堵住。

(4)种子饼应远离热源，不应装于机舱附近。整船装运种子饼时，在靠近机舱的舱室应从远离机舱壁的货舱另一端开始装货，并装成斜坡形，靠机舱壁的自然流堆的货高不能超过 1.5 m。底舱装运种子饼时，应避开需加热的油舱，若无法避开应采取有效的隔热措施，同时应控制燃油加热的时间和温度(一般宜在 50 ℃以下)。

(5)种子饼本身含有油分，且具有气味和吸味性，故不能与怕气味以及有气味的货装在一起，同时应与危险货物做好隔离工作。

(6)在装卸和运输种子饼的过程中要严禁吸烟和使用明火。作业期间，应显示规定的信号。

(7)货物要保持干燥，雨天和湿度较大的阴天应停止装卸。装货过程中如果货温超过当地最高气温 5 ℃时应停止装货，并采取降温措施。

(8)当舱内温度升高时，不能采取甲板洒水的降温措施，以免舱内产生过多汗水，引起货物表层温度升高，增加种子饼发热的可能。

(9)航行中应定时测量货温并做好记录，同时应按照通风的要求和原则进行正确的通风。当舱温和货温较高时，应根据外界气温条件，适时进行通风或开舱晾晒。如果种子饼局部发热，可将焦化冒烟和温度过高的货物清除抛海。当货温达到 55 ℃时应封闭货舱并停止通风，对机械压榨的种子饼可合理施放二氧化碳，而对溶剂萃取的种子饼则在未见明火前绝不能使用二氧化碳，以防产生的静电将溶剂蒸气点燃。当货舱内自燃起火时，可注入海水灭火，但一定要注意船舶的浮态和稳性。

(四)直接还原铁

直接还原铁(Direct Reduced Iron，DRI)是精铁粉或氧化铁在炉内经低温还原形成的低碳多孔状物质。它未经熔化，化学成分稳定，杂质含量少，主要用作电炉炼钢的原料。其常以块状、颗粒状、冷模砖、热模砖、粉末状进行运输。

1. 直接还原铁的主要特性

直接还原铁属于《IMSBC 规则》中的 MHB 货物，其主要特性有：

(1)自热性

在散装状态下，直接还原铁易与空气中的氧气发生反应而自热，氧化反应产生的热量预计会使舱内的货物温度暂时提高 30 ℃，且造成载货处所缺氧。直接还原铁在本质上不是自燃物质，但在 150~230 ℃范围内有可能会燃烧。

(2)过热性

直接还原铁堆在一起，而温度超过 150 ℃时的状态叫作过热。这时应将直接还原铁摊开，让其自燃散热，而不应在冒热气的货物上浇水。

(3)与水反应性

直接还原铁与水(尤其是海水)或含有淡水或海水的空气发生反应，产生热量和氢气。氢气是一种可燃气体，当其与空气的体积比超过 4%遇明火会发生爆炸。反应产生的热量足以点燃货物。该化学反应的强弱取决于矿石的来源、直接还原铁的种类、反应过程的温度以及货物的老化程度等。

2. 直接还原铁的种类

《IMSBC 规则》根据直接还原铁的形状、密度、性质及生成时的温度将其分为三类：

（1）直接还原铁（A）

直接还原铁（A）是指在温度高于 650 ℃压缩而成的、密度大于 5 g/cm^3 的一种灰色枕状金属物质，其中粉末和小颗粒（6.35 mm 以下）按重量比不超过 5%，又称冷模砖，热压铁块。

其高密度和枕状形状使其在处理、运输、储存及溶解过程中具有优势，性质较稳定，与水（特别是含盐水）接触后才可缓缓放出氢气，属于非易燃或具有较低火灾危险的物质。

（2）直接还原铁（B）

直接还原铁（B）是指在低于铁的熔点温度下对氧化铁进行直接还原的过程中产生的多孔的黑色金属物质，多成块状、颗粒状及冷模砖，其中粉末和小颗粒（6.35 mm 以下）按重量比不超过 5%。冷模砖是指在低于 650 ℃下形成的密度小于 5 g/cm^3 的铁块。

（3）直接还原铁（C）

直接还原铁（C）是指在直接还原铁（A）和（B）制造和装卸过程中产生的黑灰色粉末状金属物质，其平均粒度小于 6.35 mm，密度低于 5 g/cm^3。

此外，在实际生产和运输过程中，还存在一种直接还原铁铁粉，也是生产和加工直接还原铁（A）和（B）时产生的粒度较小的副产品。与直接还原铁（C）外形相似，但其含水量一般大于《IMSBC 规则》规定的 0.3%，有时高达 12%，因而此直接还原铁铁粉不在规则的货物清单中。

3. 直接还原铁的装运要求

（1）装运前，托运人应向货主提供货物的全面信息和在紧急情况下的安全程序，并向船长提交经装货港主管当局授权人员签发的货物适运证书，证明装货时间货物适合装船并符合《IMSBC 规则》的相关规定。

①粉末和小颗粒（6.35 mm 以下）：直接还原铁（A）和（B）中，按重量比不超过 5%。

②含水量：直接还原铁（A）低于 1%，直接还原铁（B）和（C）低于 0.3%。

③温度不超过 65 ℃（150 ℉）。

若不满足上述指标中的任何一项，则不得装船。此外，变湿的直接还原铁（B）和（C）不得装船。

（2）积载时应与包装形式的第 1.4S、2、3、4 和 5 类及第八类中的酸类物质"隔离"。与第 4、5 类固体散货"隔离"；直接还原铁（A）与除 1.4S 以外的第一类危险货物"用一介于中间的整个舱室或货舱作纵向隔离"，直接还原铁（B）和（C）不得与 1.4S 以外的第一类危险货物同船装运；装载这类货物的货舱舱壁应为防火的，并有液体通道。

（3）货舱应清洁干燥，清除盐分和以前货物的残余物。装货前应拆除木质构件如板条，移除松散的垫舱物料碎片和易燃物质。

（4）直接还原铁在存储期间、装货前、装货中及航行的所有时间内应保持干燥，雨雪天禁止装船或过驳，但直接还原铁（A）在装前可露天堆放。装卸期间，应关闭已装货舱或不使用的拟装舱室的所有舱盖。

（5）装载直接还原铁（B）和（C）前，应按规定在货舱上部引入干燥的惰性气体，首选氮气；装货结束后，应对所有装货处所进行密封和惰化，惰化结束后，货舱自由空间的氮气浓度应保持稳定，且体积比不超过 0.2%。整个航程中应达到保持舱内含氧量低于 5%。

(6)装船前，直接还原铁(B)至少应老化 3 天，直接还原铁(C)至少应老化 30 天，且由装货港国家主管当局授权人员签发证书予以确认。

(7)货物装卸期间，应在货物区域及其毗邻处张贴"禁止吸烟"标志，并禁止使用明火。应采取适当措施对机械设备、船员住舱、雷达和暴露的无线电通信设备等进行粉尘防护。

(8)装货期间，必须对货物的温度和含水量进行检测，并做详细记录，记录副本应提供给船长。装货后，装货港主管当局授权人员签发证书，证明装船的所有货物的含水量和温度均满足规则要求。

(9)船舶航行期间，如必要，仅能进行表面自然通风和机械通风，应保证空气不得进入货物内部。使用机械通风时，通风设备须为防爆型的且能防止任何火花的产生。

(10)船上应配备定性测量氢气含量和温度的测量设备，航行中对载货处所的氢气含量和货物的温度进行测量，检测结果应记录并至少随船保留 2 年。当测量的舱内氢气含量体积比高于 1%(>25%LEL)或货物温度超过 65 ℃时，应按照应急程序采取安全措施，若存在疑问应征求专家意见。发生火灾时，应封舱并使用氮气等惰性气体灭火，不得使用水、蒸气及二氧化碳。

六、散装固体废弃物的运输

1. 散装固体废弃物的定义

散装固体废弃物，是指按所含有或沾染上的一种或多种成分而受到《IMSBC 规则》中适用于第 4.1、4.2、4.3、5.1、6.1、8 或 9 类货物的规定约束的固体散装货物，且其不拟直接使用，而是运去倾倒、焚烧或以其他方法处置的物质。

2. 散装固体废弃物越境转移

散装固体废弃物越境转移是指将废弃物从一国的管辖区域运抵或运经他国的管辖区域，或运抵或运经无任何国家管辖的区域，但运输中至少涉及两个国家。散装固体废弃物的越境转移是对人类健康和环境的威胁。

散装固体废弃物的载运应符合相关国际建议案和公约，特别是在其海上散装运输时应符合《IMSBC 规则》的规定。

3. 适用范围

(1)本节的规定适用于船舶散装运输废弃物，并应结合本规则的所有其他规定予以考虑。

(2)含有或沾染上放射性质的固体货物应受到适用于放射性物质运输的规定约束，就本节而言不得视为废弃物。

4.《巴塞尔公约》规定的越境转移

应仅在下述情况下准许废弃物开始越境转移：

(1)来源国主管当局或废弃物产生者或出口者经由来源国主管当局的渠道已向最终目的地国主管当局发出通知；

(2)来源国主管当局在收到最终目的地国声明废弃物将安全焚烧或以其他处置方法

予以处理的书面同意后，已批准该转移。

5. 运输散装固体废弃物所需单证

散装固体废弃物的所有越境转移，除了所要求的固体散货运输单证外，应自越境转移始发地点至处置地点携带一份越境转移单证。该单证应随时可向主管当局和所有参与废弃物运输作业管理的人员出示。

6. 散装固体废弃物的分类

（1）某种废弃物如仅有一种成分系受到本规则中适用于第4.1、4.2、4.3、5.1、6.1、8或9类货物的规定约束的货物，则应视为该特定货物。如成分的浓度使废弃物持续具有该成分所固有的危害，则该废弃物应归入适用于该成分的类别。

（2）某种废弃物如有两种或更多成分系受到本规则中适用于第4.1、4.2、4.3、5.1、6.1、8或9类货物的规定约束的货物，则应如《IMSBC规则》之10.6.3和10.6.4所述，应根据其危险特征和特性归入适用类别。

（3）应按下述方法根据危险特征和特性进行分类：

①通过测量或计算确定物理和化学特征及生理特性，再根据成分的适用衡准进行分类；

②如无法确定，则废弃物应根据具有主要危害成分进行分类。

（4）在确定主要危害时，应考虑下述衡准：

①如一种或多种成分属于某一类别且废弃物具有这些成分所固有的危害，则废弃物应归入该类别；

②如有的成分属于两个或更多类别，则废弃物的分类应考虑《IMDG规则》中具有多种危险的货物所适用的先后顺序。

7. 散装固体废弃物的积载与装卸

散装固体废弃物的积载与装卸应符合本规则第1至9节的规定，以及B组货物细目中适用于具有主要危害的成分的附加规定。

8. 隔离

散装固体废弃物的隔离应符合《IMSBC规则》之9.3.3和9.3.4的相应规定。

9. 事故处理程序

如果废弃物在运输中会对承运船舶或环境构成危险，船长应立即通知来源国和目的地国的主管当局，并接受关于所应采取行动的建议。

第四节

船载散装固体危险和有害物质作业中的安全预防措施和应急程序

船舶载运散装固体危险和有害物质，除应按照规定的运输要求装运外，为了保证运输安全，防止事故的发生，还应根据所装货物本身的危险特性和可能造成的危害，采取必要的安全防范措施和应急程序。

一、燃烧、爆炸预防

（一）火灾的预防措施

（1）禁止明火

该措施适用于所有“可燃物质”。“明火”还包括温度高于该物质自燃温度的表面温度。

（2）禁止火花和禁止吸烟

该措施适用于能放出可燃气体的散装固体危险和有害物质。

（3）禁止与易燃物质接触

该措施适用于属于第5.1类的散装固体危险和有害物质或具有氧化性的MHB货物。

（4）禁止与性质相抵触的物质接触

该措施适用于能与性质相抵触的物质发生剧烈反应，有着火和爆炸危险的货物。

（二）爆炸预防措施

1. 密闭系统，通风，使用防爆电器与照明

该措施适用于能产生可燃气体（蒸气）与空气形成爆炸混合物的散装固体危险和有害物质。装运此类物质时，应采取必要的安全措施，防止气体（蒸气）和空气的爆炸混合物的形成和点燃，在适合有气体爆炸风险的空间和区域应使用防爆电器和照明。

2. 使用防止火花产生的工具

该措施适用于可以被很少能量引起的火花点燃，易产生可燃蒸气和空气混合物的散装固体危险和有害物质。

3. 防止摩擦或冲击

该措施适用于受摩擦或冲击可能发生爆炸和分解的散装固体危险和有害物质。

4. 密闭系统，防止粉尘沉积，使用防尘爆炸的电器和照明

该措施适用于能造成在空气中有微细分散的粉末，形成爆炸危险的物质，在这些货物处所应安装专用电气设备，使用防爆照明。

对于有粉尘爆炸危险的处所还应该采取防止静电产生和积聚的适当措施。

二、人身损害预防

（一）吸入预防

预防危险有害物质吸入，很大程度上取决于这些物质的物理状态和形态以及作业方式和使用的工具，预防措施通常为：

1. 通风

该措施适用于在正常操作条件下，吸入物质的蒸气或粉尘不超过职业接触限值时，不会带来严重风险的散装固体危险和有害物质。如果物质为粉末时能够被通风系统产生的空气流驱散，为防止吸入粉末物质不应使用通风。

2. 局部排气或呼吸保护

该措施适用于通常以粉末或晶体形式运输的散装固体危险和有害物质，即使晶体颗粒较大时，仍有一定量晶体颗粒由于摩擦而成为粉末。这种情况下，局部排气应当首先被看成一种吸入保护措施。虽然有局部排气措施，空气中该物质的有害浓度仍会产生，人员应佩戴适当的呼吸保护器。

3. 通风、局部排气或呼吸保护

对正常条件下会超出阈限值的蒸气或粉尘，必须采取其中一种措施。当使用密闭设备时，可以适当使用通风，其他情况必须使用局部排气或呼吸保护。应该注意，粉尘呼吸器不适用于处理气溶胶和雾化液体。

4. 密闭系统和通风

该措施适用于蒸气或粉尘危险性大，只能采取完全封闭系统的情况，由于很可能发生少量泄漏，通风是必要的。

（二）皮肤防护

对某些具有毒害和腐蚀性散装固体危险和有害物质的操作作业时，应佩戴防护用具。人员皮肤防护用具通常有：

1. 防护手套

该措施适用于冷物质或者是热物质。如果该物质可以穿透或损伤皮肤，就必须使用一种能有效抵御该物质的橡胶或塑料复合材料制成的手套。

一般在进行散装固体危险和有害物质作业时，均需要戴防护手套。只有在短时间接触对生理无害的物质时，可以不戴手套。用力接触某些物质时可能造成皮肤机械损伤（擦伤、割伤）时，建议使用皮革制或毛纺织的劳保手套。为了防止伤害皮肤或经皮肤吸收，应使用防渗透的橡胶或塑料制手套。

2. 防护服

该措施适用于接触某种会透过普通工作服造成严重后果的物质，通常防护服适用于下列物质：

会造成皮肤烧伤的液体，如强氧化剂和高浓度强酸和强碱；通过皮肤吸收有危险的物质；可能引起过敏的物质；可能引起感染的物质。

（三）眼睛防护

使用眼睛防护用品的种类应按照接触的物质和作业条件而定，最好戴有校正透镜的安全护目镜。眼睛防护用具有：

1. 安全护目镜

安全护目镜用来防护在偶然接触（除机械危险外）时，对眼睛和皮肤造成的轻微伤害，最好使用带有边屏的护目镜。应注意护目镜材料对所处置物质具有抵抗能力。

2. 护目镜

护目镜用于预防可能对眼睛构成危险，以及偶然接触时对表面皮肤仅有轻微危害的固体物质造成的危害，包括细微粉末。

3. 面罩

面罩用于防护对眼睛和皮肤有危险的非粉尘的固体物质造成的伤害。

4. 眼睛保护结合呼吸保护

眼睛保护结合呼吸保护适用于下列情况：

吸入有害蒸气浓度有巨大风险的物质，必须避免吸入的微细分散粉尘，绝对不能与皮肤接触的物质。

(四)吞咽预防

有害物质尤其是有毒粉末作业时,禁止进食、饮水或吸烟。作业后要彻底洗手,必要时要洗澡。

(五)放射性防护

放射性防护主要是防止受射线照射不超过最大容许剂量。

放射线外部照射防护原则是:缩短受照射时间、加大与放射源的距离和屏蔽射线。

防护方法有:

(1)时间防护法:估算容许最大照射时间。

(2)距离防护法:估算安全距离。

(3)屏蔽防护法:使用合适的屏蔽方法。

①用原子序数较大的重金属(铅、铁、混凝土)作屏蔽,以防护 α 和 γ 射线;

②用低原子序数物质(有机玻璃、塑料)作屏蔽,防护 β 射线;

③用水、石蜡等含氢物质作屏蔽,以防护中子流;

④用重、轻金属相间组成多层以防护 γ 射线及中子流。

放射性物质如果通过口、呼吸系统或皮肤进入人体内,会产生危害巨大的内照射,因此防护措施也较为严格。

(六)污染防护

通常污染预防措施包括:

1. 设置防护网

装卸作业时,在船岸间设置防护网,防止有害物质入海。

2. 谨慎排放

装卸后,禁止在港内冲洗甲板或排放洗舱水,航行中冲洗甲板或排放洗舱水应按排放要求进行排放。

3. 屏蔽保护

对能造成放射性污染的货物加以屏蔽保护。

4. 密封系统

作业时密封系统,尤其是对粉尘较细的散装固体危险和有害物质,要进行密封。

三、进入密闭处所应采取的预防措施

一些散装固体危险和有害物质由于某些原因,如氧化反应、遇水发生化学反应会造成封闭装货处所内产生缺氧或者放出有毒或可燃气体,当这些气体积聚达到一定浓度时,将对进入这些封闭舱室的人员安全造成危害,这类事故在航海实践中屡有发生。因此,在进入缺氧、有毒或可燃蒸气舱室前,应采取必要的预防措施。IMO 的 A. 864(20)决议,于 1997 年 12 月 5 日颁布,即《关于进入船上封闭处所的建议》,给出了进入船上封闭处所的安全指导。

2012 年 8 月 27 日,国际海事组织(IMO)通过了决议 A. 1050(27)经修订的《进入船上封闭处所建议案》。该经修订的建议案取代决议 A. 864(20)。

根据《国际安全管理规则》第 7 款的要求，公司应确保船上的关键操作中包含进入封闭处所的程序。公司应确保进行风险评估以识别船上所有的封闭处所。风险评估应定期进行，以确保评估的持续有效性。应根据情况的变化定期进行识别封闭处所的风险评估。应对适任和负责人员进行关于封闭处所危险识别、评估、控制措施和消除的培训。海员应进行关于封闭处所安全的适当培训，包括熟悉识别、评估和对进入封闭处所的相关危险进行控制的船上程序。要求至少每隔两个月进行一次封闭处所进入和营救演习，以确保海员熟悉要采取的措施。船东对船舶安全管理体系进行内审时应核查在实践中是否遵守已制定的程序。进入封闭场所前，应获得以下稳定读数：

(1)使用测氧仪测量氧气含量达到 21%。

(2)如果初步评估确定处所内可能存在可燃气体或蒸气，经适当精度的可燃气体测试仪测量，其含量不超过可燃下限(LFL)的 1%。

(3)暴露在有毒蒸气或有毒气体中，读数不超过职业暴露限值(OEL)的 50%。如果不能达到上述条件，应继续对处所进行通风，并且在适当间隔后对处所再次进行检测。在进行任何的气体检测时，应停止对封闭处所的通风，并在此环境状态稳定后进行，以便于获得准确的读数。要求船东充分考虑 IMO 经修订的指南，并确保其安全管理体系(SMS)中关于进入封闭处所的程序和检查表反映了新的建议案。

任何封闭处所都可能缺氧或富氧，或含有易燃或有毒气体或蒸气。这种不安全空气也可能会出现在先前认为是安全的处所之中。毗邻已知的危险处所，也有可能出现不安全空气。

1. 相关定义

(1)封闭处所的特征：

①出入口受限制；

②自然通风不良；

③未按工作人员连续通风而设计。

(2)船上封闭处所包括但不限于：

货舱、双层底、燃油舱、压载舱、货泵室、货物压缩机室、隔离空舱、锚链舱、空舱、箱形龙骨、保护层间处所、锅炉、发动机曲拐箱、发动机扫气箱、污水柜和相邻处所。本处所列并不详尽，应根据每艘船舶的自身情况识别封闭处所。

相邻处所是指在通常情况下，不用于放置货物的未通风舱室，但可能和封闭处所有相同的空气环境特征，例如但不限于货舱通道。

(3)适任人员是指具备足够理论知识和实践经验、能够对处所内当前或随后出现危险空气的可能性做出合理评估的人员。

(4)责任人员是指被授权允许进入封闭处所并对船上制定和需要遵守的以确保可以安全进入此处所的程序有充分了解的人员。

(5)协调员是指在安全管理系统内经过适当培训，在进入封闭处所时进行守护，同进入处所的人员保持联系并在发生事故时启动紧急程序的人员。

2. 进入封闭处所的安全管理

(1)公司应全面实施安全策略以防止在进入封闭处所时发生意外。

(2)根据《国际安全管理规则》第 7 款的要求，公司应确保有关人员和船舶安全的关键操作中包含有进入封闭处所的程序。

(3)公司应详细说明程序性的实施计划，提供在此类处所内使用空气检测仪器的培训，以及船员在船上进行定期演习的计划。

①适任人员和责任人员应按照主管当局认可的标准，接受在封闭处所内的危险识别、危险评估、危险测量、危险控制和消除的培训。

②根据实际情况，船员需接受在封闭处所内的安全培训，包括熟悉进入封闭处所的危险识别、危险评估和危险控制有关的船上程序。

(4)由公司对船舶安全管理体系进行的内部审核和由主管当局进行的外部审核，应核查在实践中是否遵守已制定的程序，并且这些程序是否符合(1)中的安全策略。

3. 风险评估

(1)公司应确保进行风险评估以识别船上所有的封闭处所。风险评估应定期进行，以确保评估的持续有效性。

(2)为确保安全，适任人员应经常对将要进入的空间中的任何潜在危险做出初步评估，应考虑之前运载的货物、处所的通风、处所的涂层和其他相关的因素。适任人员的初步评估中需判定出现缺氧、富氧，或含有易燃或有毒气体或蒸气的可能性。适任人员需谨记对于相邻连接处所的通风措施不同于封闭处所的通风措施。

(3)应在初步评估的基础之上决定检测处所内空气以及进入此处所的程序。这取决于初步评估是否表明：

①对进入封闭处所人员的健康和生命有微小的危险；

②没有直接的健康和生命危险，但在处所内工作期间可能会产生风险；

③已确认对健康或生命构成危险。

(4)当初步评估显示会对健康或生命构成微小的危险或在处所工作过程中可能会产生危险时，应适当采取下文4、5、6和7部分中所述的防范措施。

(5)如果初步评估发现需要进入的处所会对生命或健康构成危险，则需遵守下文8部分中所列的附加防范措施。

(6)在评估过程中，除非能够确实证明是可以安全进入的，否则应假定即将进入的处所存在危险。

4. 进入许可

(1)未经船长或指定责任人员批准，以及未采取针对特定船舶设定的相应安全措施时，任何人不得打开或者进入封闭处所。

(2)进入封闭处所前应做计划，建议采用进入许可制度，其中可包括使用检查表。进入封闭处所的许可证需要由船长或指定责任人员签发，而且拟进入封闭处所的人员应该在进入前获得。附件中提供了一份进入封闭处所许可证的样本。

5. 一般预防措施

(1)无须进入时，通向封闭处所的门和舱口应始终锁闭防止进入。

(2)当打开封闭处所的门或舱口盖来提供自然通风时，可能会错误地暗示人员以为里面的空气环境是安全的，因此可以在入口处安排协调员或者使用机械式障碍物，如用绳子或铁链拦在入口处并悬挂警告标识，以防止意外进入。

(3)船长或者责任人员在确定可安全进入封闭处所时，应确保：

①通过评估确定了潜在的危险,尽可能进行了隔离或消除;

②该处所已经通过自然方式或机械方式彻底通风,排出了所有有毒或易燃气体,并确保在整个处所内有足够的氧气含量;

③使用经过正确校准的仪器进行检测后,处所内的氧气水平经测试显示正常,处所内部的易燃或有毒蒸气的水平都达到了可以接受的程度;

④处所设有安全保护,可以进入,并有良好的照明;

⑤对在进入封闭处所期间各方所使用的通信系统,已进行了商定和测试;

⑥有人员进入封闭处所时,应该在入口处安排一名协调员;

⑦处所入口处的救援和急救设备已安排到位,同时也应商定好救援计划;

⑧进入人员需正确着装并带好装备,以便于进入并完成后续任务;以及

⑨取得经签发的进入许可证。

第⑥和⑦中的防范措施可能不适用于本节所描述的所有情况。获得授权进入的人员应确认是否有必要在处所的入口处安排协调员以及配备救援设备。

(4)只有接受过培训的人员才能被指派进入封闭处所,或者承担协调员或救援小组成员的职能。应对担任救援和急救职责的船员进行救援和急救程序方面的定期训练。训练至少应包括:

①识别进入封闭处所后可能会面临的危险;

②进入过程中,由于暴露在危险状态中,能识别对健康造成不利影响的迹象;

③对进入封闭处所人员所需防护装备的了解。

(5)在使用前,应对所有与进入封闭处所相关的设备进行检查,并确保其处于良好工作状态。

6. 空气检测

(1)对封闭处所内空气的检测需使用经准确校准的设备,并由经过培训的人员进行操作。应严格遵守生产厂家的使用说明。检测应在人员进入封闭处所前进行,并在其后定时检测,直至所有工作完成。如合适,应在处所的不同层面进行空气检测,以便得到处所内有代表性的气体样本。在某些情况下,不进入处所内部会很难对整个处所的空气进行全面检测(如梯道的底部)。因此,在评估人员进入封闭处所的风险时,要将此类情况考虑在内。可以考虑在封闭处所内使用可以达到远端的软管或固定的取样线,这些工具可以实现在不进入封闭处所的情况下,进行安全的检测。

(2)为了能够进入,应获得以下所需数据的稳定读数:

①使用氧气含量计测量氧气体积百分比达到21%。注意:国家要求将决定安全的空气读数范围。

②如果初步评估确定处所内可能存在可燃气体或蒸气,经适当精度的可燃气体测试仪测量,不超过可燃下限(LFL)的1%。

③暴露在有毒蒸气或有毒气体中,读数不超过职业暴露极限(OEL)的50%。

如果不能达到上述条件,应继续对处所进行通风,并在适当间隔后对处所再次进行检测。

(3)在进行任何的气体检测时,应停止对封闭处所的通风,并在此环境状态稳定后进行,以便于获得准确的读数。

(4)如果初步评估认定处所内存在有毒气体和蒸气,需使用固定式或便携式的气体或蒸气测试设备进行适当的检测。根据上文空气检测(2)中的要求,通过设备得到的读数,应低于公认的国家或国际标准中给出的有毒蒸气或气体的职业暴露极限。应当注意的是,对易燃性或氧含量的检测,不能作为有毒性测量的检测方法,反之亦然。

(5)需要强调的是,处所内部的结构、货物、货物残余和储罐涂料也可能会造成缺氧区域的出现,应对此始终保持警惕,即使是经过检测可以进入的封闭处所。这种情况尤其可能会发生在通风进出口都被结构件或货物堵塞的处所内。

7. 进入封闭处所后的预防措施

(1)处所内有人员进入时,应经常对空气进行检测,并在状况发生恶化时提示处所内的人员离开。

(2)应当为进入封闭处所的人员提供经校准的、试验合格的多种气体测试仪,用以在需要的情况下来监控氧气、一氧化碳和其他气体的含量。

(3)在人员进入处所后以及在人员临时休息期间,应持续对处所进行通风。休息过后再次进入时,应再次对空气进行检测。如果通风系统发生故障,处所内的所有人员必须立即离开。

(4)在处所内进行管道和阀门作业时,要特别引起注意。如果工作过程中情况发生变化,应增加空气检测频率。可能出现的情况变化包括气温升高、使用氧燃料火炬、移动设施、在封闭处所内可能会产生蒸气的工作、工作间歇,或者在工作进行期间船舶进行压载或平仓操作。

(5)一旦出现紧急情况,在救援到达并对现场情况进行评估、确保可以安全进入处所来实施救援之前,任何在场船员不得进入此处所。只有训练有素和装备完善的人员可以在封闭处所内从事救援工作。

8. 进入已知或怀疑空气不安全的处所的附加注意事项

(1)人员拟进入的未经检测的处所均被视为非安全场所。如果怀疑封闭处所的空气或已确认为不安全,则仅在没有可行的替代方案的情况下才能安排人员进入。进入的目的只为实施进一步的检测、必要操作、保证生命安全或船舶安全。进入处所的人员数量应为执行相应工作所需要的最低数量。

(2)只有接受过设备使用培训的人员,在配备了适宜的呼吸器的情况下,例如空气管线式或自给式,才允许进入此处所。不应使用空气净化呼吸机,因为这种设备需要利用处所内部的空气,不能提供独立的清洁空气。

(3)应当为进入封闭处所的人员提供经校准的、试验合格的多种气体测试仪,用以在需要的情况下来监控氧气、一氧化碳和其他气体的含量。

(4)应穿戴救助护具,除非不可行,也应使用救生绳。

(5)应穿适宜的防护服,特别是当进入处所内部的人员的皮肤或眼睛存在接触有毒物质或化学品的风险时。

(6)上述7(5)段中给出的有关紧急情况下的救援操作建议和本章节内容紧密相关。

9. 与特定类型船舶或货物有关的危险

(1)包装形式的危险货物

①任何载有危险货物处所内部的空气都有可能会对进入人员的健康和生命造成危

害。这些危险包括取代氧气而存在的易燃、有毒或者腐蚀气体或者蒸气、包装上的残留物和泄漏物质。同样的危险可能存在于和货舱相连接的区域。《国际海运危险货物规则》(《IMDG 规则》)、《船舶载运危险货物应急反应措施》和《材料安全数据单(MSDS)》中包含特殊物质危险性的资料。如果有证据证明或怀疑发生了危险物质泄漏,应遵循规则要求的防范措施。

②处理泄漏物质或搬运残缺或包装损坏的人员,必须接受适当培训并且装备适宜的呼吸器和防护服。

(2)散装液体货物

油船业已经以专门的国际性安全指南的形式,为从事散装运输的石油、化学品和液化气体运输的经营人和船员提供了广泛的建议。指南中详述了对进入封闭处所的建议,应作为制订进入计划的依据。

(3)散装固体货物

在运输散装固体货物的船舶上,货舱和与其相邻的区域都有可能产生危险空气。承运人声明的危险可包括易燃性、有毒性、耗氧导致氧气衰竭或者自热。如需要进一步信息,可以参阅《国际海运固体散装货物规则》(《IMSBC 规则》)。

(4)使用氮气作为惰性气体

氮气是一种无色无味的气体,当作为惰性气体用于清洁水罐、空隙或在货舱使用时,会在封闭处所和甲板排气口造成缺氧状态。需注意,深吸入浓度为100%的氮气是可以致命的。

(5)耗氧货物和材料

此类货物的一个突出危险就是货物的耗氧特性造成氧气衰竭,例如自热、金属和矿石的氧化,或者植物油、鱼油、动物脂肪、谷物和其他有机物质的变质,或其残留物的腐烂。以下列出的是已知可以造成耗氧的物质,当然这里所列并非全部,其他源于蔬菜或动物中的物质、易燃或自燃性物质以及高金属成分物质也可能造成氧气消耗。这些物质包括但不局限于:

①谷物,谷物制品以及谷物加工过程中产生的残留物(例如糠、粉碎的谷粉,碎麦芽或者粗粉)、啤酒花、麦芽壳和废麦芽;

②油籽及其产品和油籽的残留物(例如榨籽残渣、种子饼、油渣饼和粗粉);

③干椰子肉;

④木材,包括包装形式的木材、圆木、原木、纸浆、撑材(坑木和其他撑材)、木屑、刨片、木芯和锯屑;

⑤黄麻、大麻、亚麻、剑麻、木棉、棉花和其他植物纤维(如茅草/西班牙草、干草、稻草、毕莎草)、空袋子、废棉、动物纤维、动植物纤维、羊毛废料和旧布片;

⑥鱼、鱼粉和鱼渣;

⑦鱼肥料;

⑧硫矿和精矿;

⑨木炭、煤炭、褐煤和煤制品;

⑩直接还原铁,干冰,金属废料和碎片、铁屑、钢屑和其他车、钻、刨、锉和切产生的碎屑,以及废金属。

(6)熏蒸

当船舶进行熏蒸消毒时,应遵循《关于船上安全使用杀虫剂的建议(MSC. 1/Circ. 1358)》中包含的具体细节规范。与熏蒸处所相连接的舱室也应被当作熏蒸消毒处所对待。

10. 结论

不遵守简单的程序可能会导致人员在进入封闭处所时发生意外。遵守上述原则和程序是评估在此类处所风险和采取必要的防范措施的可靠基础。

11. 安全检查

封闭空间的空气可能不足以支持人的生命,其间可能缺氧、富氧,或含有易燃或有毒气体或蒸气。未得到船长或负责驾驶员的明确批示,任何人不得进入与周围空间隔离的处所。船长或负责驾驶员应填写"封闭处所进入许可证"。

封闭处所进入许可证样本

本许可证用于进入封闭处所,应由船长或责任人员以及拟进入此处所的所有人员共同填写完成,如适任人员和协调员。

概述		
封闭处所的位置/名称:________ 进入理由:________ 许可证有效期:________ 从:______时______日期______ 到:______时______日期______(见注1)		
第1部分——进入前准备		
(由船长或指定的责任人员检查)	是	否
·是否通过机械手段对处所进行了彻底通风?	____	____
·处所是否已被隔离,将所有相关的管路或阀和电源或电力设备切断或关闭?	____	____
·处所是否进行了必要的清理?	____	____
·处所是否进行了检测并确认可以安全进入?(见注2)	____	____
·进入前空气检测的读数 —氧气____%容积(21%)　　检测:____ —碳氢化合物____%*LFL*(小于1%) —有毒气体____ppm(小于特定气体50%*OEL*)(见注3)时间:____		
·当处所内有人以及工作间歇后时,是否已经安排连续的空气检测?	____	____
·在处所内有人以及工作间歇时,是否对处所进行了持续通风?	____	____
·通道和照明是否足够?	____	____
·处所入口处是否安排了即时可用的救援和急救设备?	____	____
·是否已指派一名协调员持续驻守在处所入口处?	____	____
·是否已经将进入计划通知值班船员(驾驶室、机舱、货控室)?	____	____

续表

·各方之间的通信系统是否已经检测并统一了应急信号?	______	______
·是否制定了应急程序和撤离程序,并使所有涉及进入处所的人员了解该程序?	______	______
·是否所有的设备都处于良好工作状态并在进入前进行了检测?	______	______
·人员是否正确穿着防护服和携带安全装备?	______	______
第 2 部分——进入前检查		
(由进入处所的每一个人进行检查)	是	否
·我已从船长或指定的责任人员处获得进入封闭处所的指令或许可证	______	______
·此许可证的第 1 部分已经由船长或指定责任人员完成	______	______
·我已同意和明白通信程序	______	______
·我已同意每隔______ min 报告一次	______	______
·我已同意和明白应急程序和撤离程序	______	______
·我明白一旦处所内的通风系统发生故障或空气检测显示与安全标准有差异时,必须马上撤离	______	______
第 3 部分——呼吸器和其他设备		
(由船长或指定责任人员以及拟进入封闭处所的人员共同检查)	是	否
·拟进入封闭处所的人员熟悉呼吸器的使用	______	______
·呼吸器已经进行如下检测:		
—压力表和容量	______	______
—低压声音报警	______	______
—面罩在正压力下不泄露	______	______
·为所有拟进入封闭处所的人员提供了救助用具和救生绳		
(如可行)处所是否进行了必要的清理?	______	______
·处所是否进行了检测并确认可以安全进入?(见注 2)	______	______
进入前空气检测的读数:____________		
完成第 1、2 和 3 部分后签字: 船长或指定责任人员　日期______时间______ 协调员　日期______时间______ 拟进入封闭处所的人员　日期______时间______		
第 4 部分——进入人员 (由负责监督进入的人员完成) 姓名________________________ 进入时间__________________出来时间__________________		

续表

第 5 部分——工作完成	
(由负责监督进入的人员完成)	
·工作完成	日期______时间______
·锁闭进入的处所	日期______时间______
·已经正式通知值班的高级船员	日期______时间______
当完成第 4 节和第 5 节后签字:	
负责监督进入的人员	日期______时间______
如果处所中的通风停止或检查表中注明的任何条件发生变化,则该许可证无效	

注:1. 许可证中应写明最长有效期。

2. 为了获得处所内有代表性的空气样本,应尽可能在处所的不同层面通过尽可能多的开口抽取样本。进行空气检测前 10 min 应停止通风。

3. 根据以前处所内物质的性质来检测特定有害气体,例如苯和硫化氢。

四、货物在货舱中发生移动的预防以及应急措施

由于散装固体危险和有害物质的运输形式,和本身具有的下沉性和散落性,导致装运此种货物的船舶在恶劣天气或大风浪中极容易发生货物移动,从而导致危险,特别是装运易流态化货物,货物移动危险就更容易发生,其后果非常严重,因而船舶驾驶人员在货物装前就应该了解货物移动可能性的大小及对船舶安全的影响,装货后要及时合理平舱,航行时要减小船舶摇摆,并制订货物移动的应急防范计划。

1. 恶劣天气中应采取的行动

(1)由于货物移动的主要原因是船舶颠簸和摇摆造成的,如何避免恶劣天气下船舶的摇摆是解决问题的关键,避免船舶过分摇摆的措施有:改变船舶的航向或航速;大风浪滞航;尽早避开不利气候和海况的区域;及时压载,改善船舶航海性能。

(2)大风浪航行前应做好充分的准备工作,如关闭所有水密门窗、通风筒,调好油水的分布,避免局部过大的应力,并使船舶具有适当的稳性和横摇周期。

(3)船长在可能及可行时,认真做好航次计划,避开恶劣气候和海况,船长和驾驶员要不断查阅和得到航行海区的最新气象资料。

2. 货物移动时应采取的行动

(1)改变航向、航速(降速),并避免横摇、纵摇以及垂荡的谐摇。根据实际情况可采取减速顶风航行或滞航的航法,如果条件允许,可到就近港口避难。

(2)监视货物状态的变化,确保船舶强度和浮性不受损。

(3)寻找避风锚地或较好气候和海况。

(4)加压载改善船舶稳性和横摇。

五、应急计划和应急程序

散装固体危险和有害物质要安全适运,船舶要安全适载,人员要训练有素,而且还要采取安全预防措施,进行严格的监督管理,所有这些对船舶载运散装固体危险和有害物质

安全运输起到了很大的作用。但是,这些只能避免或减少事故的发生,而不能完全消除事故,散装固体危险和有害物质的运输事故仍时有发生。

经常发生的散装固体危险和有害物质事故有火灾、爆炸、辐射、中毒、窒息、腐蚀等,其中火灾事故的比例最大。

“预防为主,防治结合”是对待事故的重要方针。

有效而及时的应急行动能控制事态的扩大和减少事故的损失,包括人身伤亡和船货损失。保证应急行动的有效性和及时性的关键是防治结合的应急反应计划、应急措施和应急程序的付诸实施。一旦发生事故,可以按照应急计划做出迅速反应,并及时处理。所以船舶都要具备长远的和临时性的应急计划,以备急用。

1. 应急反应原则

(1)合理的船舶结构和设备

对船舶来说,从设计到建造都是按照规范进行的,尤其是装运散装固体危险和有害物质的船舶不仅要满足《SOLAS 74 公约》对一般船舶的要求,还要配备公约第Ⅱ-2 章第 54 条规定要求的特殊构造和设备,特别是固定和手提式的安全设备和消防设备。因此载运散装固体危险和有害物质的船舶在结构和设备上已具备了基本的安全保障,这也是采取应急行动的物质基础。

(2)严格的管理

管理工作包括严密的组织和周密的计划。实施应急方案必须要有一个指挥中心对报警承担咨询和决策的责任,然后迅速发布命令,实施应急行动。统一的指挥还可以保证临危不乱、有条不紊地实施应急行动。应急行动是应急计划的具体体现,因此计划的制订工作尤为重要。应急计划是一项复杂的系统工程,需用信息作为分析和处理问题的基础,以及建立系统内部联系的纽带。

(3)培训和训练

实施应急行动必须有良好的设备和能熟练操作设备的技术人员。应急设备是在紧急关头使用的设备,平时闲置的设备若不精心维护保养,应急时就会应用不上。同样,操作人员也应进行定期和不定期的培训和训练,以掌握最新知识和熟悉操作程序。操练演习可起到一举两得的作用,不仅训练了操作人员的技能,又可以保证应急设备始终处于良好的待用状态。

(4)检测和检查

事故发生往往会有预兆,掌握危险货物的特性,及时发现事故苗头,是防止发生事故的有效措施。因此必须加强监测和检查工作,由专责人员进行定期检查和特殊检查。监测工作必须要有良好的监测人员,经过专门训练,掌握检测技术,包括对监测仪器的维护、校正和修理技术。监测检查人员还必须有自我保护意识,加强防护,避免无谓的伤害。

(5)迅速行动

应急处理必须行动迅速,因为时间就是财产,时间就是生命。根据经验总结,迅速行动有两种情况:一种情况是立即采取的行动,即所谓“第一分钟措施”(First Minutes Measures);另一种情况是按计划执行较长时间的行动。采取何种行为需要有高度的应变能力和果断的决策能力。经过冷静的判断、迅速的行动,将事故抑制在第一分钟固然是上策,同样,根据事态的严重性按计划行动也是明智的决策。

船舶在航行时，必须依靠自身的力量和全体船员的努力来完成应急行动。而在港口时就有比较优越的条件，船舶可以得到由港口或城市的消防队和其他应急服务机构的支援。从统计数字看出，大约 2/3 的事故发生在港口作业时。因此对港口来说，采取迅速行动尤为重要。

2. 应急反应计划

《SOLAS 74 公约》第Ⅶ章要求船长制订一个详细的货物积载计划或特殊清单或舱单。积载计划应附有简要的应急行动计划。

应急行动计划主要包括报警、联络和采取的行动。

事故一旦发生需要立即报警。报警信号应该简单明了，人尽皆知。全体船员一听到报警后能立即知道事故的类型，按照责任分工立即到位。

事故地点的负责人应以最快的速度向指挥中心的船长或值班驾驶员报告出事地点和情况，并保持联络，接受统一指挥，采取行动。

(1)应急行动计划包括：

①报警型号；

②责任区域的划分和分工；

③组织指挥的机构和通信联络方法；

④事故性质和应采取的行动细则。

指挥中心接到报警后，应迅速做出决策，故在驾驶台上或在容易取用的地点应存放相关文件和资料。

(2)资料和文件至少包括：

①应急行动计划；

②货主提供的特别指导书；

③最新版本《国际危规》，包括应急措施(EmS)和医疗急救指南(MFAG)；

④危险货物积载图。

3. 船舶载运危险货物应急反应措施

散装固体危险和有害物质的装卸和运输必须用安全的方法谨慎进行，以防止事故的发生和环境的污染。装卸和运输散装固体危险和有害物质的人员必须事先了解所运散装固体危险和有害物质的危险特性，以及需要落实的必需的安全措施。在发生事故时，还应向他们提供有关的安全规则、急救方法，应该遵守的应急程序和事故发生时应采取的行动资料。为了给船长提供应采取何种紧急行动的建议，IMO 海上安全委员会(MSC)对载运危险货物有关应急措施提出了建议，制定了《船舶载运危险货物应急反应措施》作为《IMDG 规则》补充本的重要内容，以便在发生危险、危害时使用。本措施除了适用于《IMDG 规则》中所列的包装危险货外，还适用于《IMSBC 规则》中能产生危险的 B 组货物和 MHB 货物。《船舶载运危险货物应急措施》的内容和使用方法在本教材第一篇“船舶载运包装危险与有害物质安全作业”部分已经详述，这里不再赘述了。

第五节 相关案例分析与研究

在散装固体货物的运输中，尤其是散装固体危险和有害物质的运输中，由于货物性质的特殊性和相关人员操作作业的疏忽，经常会发生各种各样的事故。经统计，事故的分类无外乎由于货物的化学危险性导致的燃烧爆炸事故，由于易流态化货物的移动导致船舶的翻沉，由于货物释放有害气体而导致的人员窒息、中毒或腐蚀的危害，由于货物分布不当导致船舶结构受损等。为使"前车之鉴"成为"后事之师"，本节特别收集了几个典型的散装固体危险和有害物质事故的案例进行分析，以便吸取事故教训，进一步强化散装固体危险和有害物质安全运输的管理意识，做到防患于未然。

一、装运直接还原铁的安全事故

（一）事故发生的经过和造成的后果

"Ythan"轮装载热铸型直接还原铁精矿（Hot Briquetted Iron，HBI）和冷铸型直接还原铁精矿（Direct Reduced Iron，DRI），从委内瑞拉前往中国。2004 年 2 月 28 日航行至哥伦比亚圣玛尔塔北部时，货舱内的直接还原铁精矿（HBI/DRI）发生了一系列的爆炸。此次爆炸引起沉船并导致船长死亡以及轮机部 5 名船员失踪。

2004 年 2 月 20 日至 2 月 22 日，"Ythan"轮在委内瑞拉帕拉码头上将 27 610 t 的直接还原铁精矿分装在船舶的 5 个货舱内；又于 2 月 23 日至 2 月 24 日用驳船分别在一、三和五号货舱里加装了共 6 150 t，共计 33 760 t 货物。2 月 25 日该船离开奥里诺科河，计划经巴拿马运河前往中国。为了货舱通风，一连几天白天所有货舱的舱盖都是部分打开着的，直到下午 5 点多钟才关舱，并打好压紧器。2 月 28 日上午 9:50，船员正在拆卸舱盖压紧器时，一号货舱首先发生爆炸。上午 9:53，五号货舱发生爆炸。在甲板室前方发现有淡灰色烟雾冒出。紧接着，三号货舱，最后是四号货舱相继发生爆炸。二号货舱由于舱盖部分开启着通风而没有发生爆炸。船员被迫弃船，大约上午 10:30，该船坐沉于哥伦比亚圣玛尔塔以北 30′处约 1 200 m 深的海底。

事故中船长被三号货舱舱盖板砸中并死亡，5 名机舱工作人员因五号货舱的爆炸波及机舱而造成死亡。

（二）对事故发生原因的分析

1. 直接还原铁的不稳定性是导致危险的前提

由于两种直接还原铁的较为活泼的化学性质，致使其在露天存放中，可被缓慢地氧化，并释放出热量，同时它可以与水和空气反应而产生氢气并发热。直接还原铁越纯，其氧化过程就越强烈。当货物装船后，货物本身会发生氧化。当货物潮湿时，就会产生氢气。这就给货舱的燃烧和爆炸的危险提供了可能。因此，能保持货舱内良好的通风和干燥的环境将会最大限度地减少类似爆炸的发生，但较小区域死角内的热量和氢气仍然会引起爆炸。

2. 装运和管理不当使发生事故成为必然。

（1）船方轻易相信货主的承诺，而不对货物的潜在危险做足够的思想和物质准备。

因为装货前,发货人给船长的指示中注明:“将装于你船的奥里诺科铁矿砂在不需要使用惰性气体检测系统或其他特殊防范措施的情况下即可安全运输”。在装货前就发现货物不干燥的情况下,没有采取适当的通风干燥措施就贸然装货,致使运输中货物氧化发热。

(2)船舶在航行途中,曾经发现货舱口有水分凝结而且货舱内的温度早晨为55~66 ℃,晚上关舱前的温度为30~34 ℃时,仍采取只在白天开舱,夜里关舱的做法,使得货物内的温度上升到55~60 ℃,关舱的结果是阻止了货舱的通风,导致货舱温度过高引燃由于水湿而释放的可燃气体,从而发生爆炸。

(三)事故的教训

不管是冷铸还是热铸型的直接还原铁,其化学危险性都是显而易见的,即水湿时放出易于燃爆的氢气以及足够点燃的热量。因此,船舶货舱条件的好坏、装货前货物的干湿程度、航行途中正确的通风降温是其运输安全的保障。另外发现货物过热,如何预防爆炸的发生以减小事故带来的损失,也是摆在每个船舶管理人员面前的课题。

(四)关于直接还原铁海上运输安全运输

1. 对直接还原铁海上运输的建议

有关涉及直接还原铁颗粒运输的船舶管理者已经注意到并对其规程和操作进行了改进,以适应此货物的运输。

(1)检查该货物的质量和状态,必要时改进该货物的状态后再装船;

(2)为保证正确、安全地运输此货,装货前要做好货舱的准备;

(3)运输途中每6 h检测货舱内及货物的氢气、氧气含量以及湿度等参数;

(4)安装附加的可控机械通风设备,以保证货舱内的良好通风;

(5)指导驾驶员及船员在运输过程中关注此类货物的特性及正确的处理方法;

(6)必要时对货舱进行惰性处理。

相关人员还应该对直接还原铁矿原料特性有详细的了解,包括其危险性。在海上运输中,应适当地通知船长及船员如何处理此种货物。

2. 直接还原铁装卸和保管注意事项

直接还原铁的安全防护要从装货、途中保管一直到卸货,贯彻始终。

(1)装货前准备工作不能马虎。货舱清洁、干燥,沟井干燥,管泵正常,通风消防设施完善、水密设备良好,并保证舱口围流水孔畅通。有可能的话,应在舱顶设置田字形惰性气体管路以便向大舱充入惰性气体。

(2)装货期间坚持有专业资格的有关人员监控装货,严禁雨天作业,装货作业时严禁进行燃烧、吸烟、切割、刮铲或其他动火作业。装后封舱,灌入氮气以控制货舱的氧气和氢气含量。

(3)航行中要控制舱内氧气和氢气含量,定时测量,定时充入氮气,若无惰性气体系统要及时通风,必要时打开舱盖进行通风降温。定时测定舱温,控制舱温在65 ℃以下。切忌货舱进水。货舱缺氧,严禁人员无装备进入。

(4)直接还原铁火灾很难扑灭,一旦着火不能用水灭火,直至烧完。在紧急情况下,打开舱盖爆炸的可能性会减少或避免。在危及生命的情况下,果断弃船以保生命。

二、装运易流态化货物的安全事故

（一）事故发生的经过和造成的后果

2010 年年底，三艘巴拿马籍船舶（“JIAN FU STAR”“NASCO DIAMOND”“HONG WEI”）在印度尼西亚驶往中国途中沉没，造成 40 余名中国船员遇难，船舶全损。这三艘船舶装载了同一种货物——镍矿。

（二）事故原因分析

精矿粉是利用物理或化学的选矿方法从原矿中分离出不需要的成分后所得到的品质和纯度较高的物质。选矿方法的不同，导致矿粉含水量不同，通常分为湿精矿和干精矿。以水选方法选矿所得含水量在 8%以上者通常称为湿精矿；而以机械碾压方法所得含水量较低的则称为干精矿。按照《IMSBC 规则》，铁/镍精矿属于 A 组“易流态化货物”。此类货物在装运时外观比较干燥，但含有大量水分，在航行中由于船舶的颠簸、振动，使其水分逐步渗出，表面形成可流动状态。其表层已流态化的货物在船舶摇摆时会流向一舷侧，但在回摇时却不能完全流回，将使船舶逐步倾斜乃至倾覆。

（三）船舶装运精矿粉安全注意事项

（1）船东应要求货主提供权威检验机关出具的有关货物平均含水量、成流含水量（《IMSBC 规则》称为“流动水分点 FMP”）、适运水分限量 TML（或可运含水率）、静止角、理化特性、积载因素等证明文件；按照经验和惯例，适运水分限量通常确定为流动水分点的 80%~90%。如果货物含水量超过可适运水分限量，应用特殊结构船舶载运，否则船东可行使“拒运权”。此项可由口岸城市的质检部门出具的“海运精选矿粉或含水矿产品安全检验报告书”作为能否承运的依据。

（2）如果有多票货物，需要求货主分别提供证明文件。按照海运实际操作中，货物证明文件（如 TML 证书）在船舶到达装货港前应已备妥，错误或迟疑提供 TML 证书或其他文件都可能说明存在问题。

（3）流动水分点的测定应 6 个月进行一次，如果货物成分或者性质发生变化，那么试验周期应 3 个月或更短。测定含水量的采样和试验时间应可能和装货时间接近，采样/试验与装货时间的间隔不得超过 7 天。若试验到装货期间下雨或下雪，则应进行核对试验。在个别情况下，有些货主为了急于运出货物可能很随便地提供不一定准确的数据。尤其是装船前一段时间装港下过雨的情况下，更要仔细、注意，因为这种货一般都是露天堆放的。

（4）在中国国内目前并无权威机构和可靠设备测定流动水分点和适任水分限量的情况下，应按照《水路运输易流态化固体散装货物安全管理规定》对易流态化固体散装货物以及适运水分极限进行判断。

（5）装船前，船方取样，并用简易方法（经验方法）测量货物的含水量。如果发现有问题或者怀疑，应通知货方申请重新检验。建议船方在装货完毕后、开航前从货舱取一份样品，保存好，直至航次安全结束。

（6）装船前，做好舱内污水井、管系的清洁保护工作，防止堵塞或者受损。检查船舶排水泵是否处于有效工作状态；装货后，立即进行污水井测量及抽水试验，保证其通畅。

(7)雨天禁止装货作业。

(8)进入货物的空气可能导致货物自热,须对货物进行合理平舱。货物处所应尽量装满,尽可能合理地散布到货物处所的边界。

(9)要求船员在船舶航行途中注意每日密切观测舱内货物、注意是否发生流态化迹象。如果货物发生流态化迹象或者船舶发生倾斜,应立即电告船公司,并根据情况采取就近进港处置等相应措施。流态化一般需要航行 2 天左右,而且一般是自下而上形成的,前期不易察觉。

三、装运易放出窒息和有毒气体的散装固体危险和有害物质的事故

(一)事故发生的经过和造成的后果

1985 年 8 月某日,D 港××泊区,巴拿马籍货船“B 轮”装卸化肥“磷酸氢二铵”开舱后,两名外籍船员进入舱内发生中毒,经抢救无效,一名当场死亡,另一名在送医院途中死亡。参加抢救的船方 3 人和港方 2 人,也发生头晕、恶心和呕吐的症状,经抢救后脱险。经检验分析证明,伤亡是由二氧化碳和其他有毒气体造成的中毒和缺氧所致。

(二)事故原因分析及对策

1. 事故原因

许多散装固体危险和有害物质会分解或反应而散发易燃、有毒或窒息气体,只是数量微弱,但积聚时间久了,就会造成密闭处所的缺氧或人体毒害事故。

2. 防护措施

(1)通风:原则上是在开舱作业前,用机械通风最为有效,若无机械通风,要提早开舱通风,通风时间视舱内货物及货舱层数的情况而定。

(2)监测:监测不仅是安全作业的必要手段,也是法律的依据;只有通过认真的监测才能掌握运输中货物的真实情况,及时采取相应的防护措施。这项重要的工作,现在各港都有检测机构,进行安全检测工作。

四、种子饼的自燃事故

(一)事故发生的经过和造成的后果

1982 年 1 月,中远“F”轮,在大连港装载去汉堡的散装葵花籽饼 500 t,装载在五号货舱底舱内。2 月 12 日在红海中航行时,发现船舶五号货舱通风孔道内冒烟,经检查为葵花籽饼自燃所致。船上立即进行灭火、抛货等应急措施,并弯靠亚丁港进行处理。事故造成除货物全损外,还耽误船期达 44 天之久。

(二)防范对策

(1)种子饼在装船前,必须严格要求托运人向船方提供详细的货物说明书,存放风干的日期,并说明油及水分的含量,清除一切油污杂质。装船前要严格监装,凡属于潮湿、油污或发霉变色有异味的种子饼应拒装。一般认为含油量在 10%以下或油水总量在 20%以下的种子饼,才允许散装运输。

(2)装运种子饼的船舶应按《国际危规》和《IMSBC 规则》的要求,配备相应的设备和检测仪器,具有良好的通风条件,具有有效的二氧化碳灭火系统,货舱清洁干燥,货舱内管

系、电缆状态良好，通风筒应设置防火罩，备妥安全灯，排除各种不安全因素，并具有有效的验舱证书。

(3)装货的舱室应保持污水沟、井的畅通，其盖板应用麻袋覆盖，以防货物流入堵住。

(4)种子饼应远离热源，不应装于机舱附近。整船装运种子饼时，在靠近机舱的舱室应从远离机舱壁的货舱另一端开始装货，并装成斜坡形，靠机舱壁的自然流堆的货高不能超过 1.5 m。底舱装运种子饼时，应避开需加热的油舱，若无法避开应采取有效的隔热措施，同时应控制燃油加热的时间和温度(一般宜在 50 ℃以下)。

(5)种子饼本身含有油分，且具有气味和吸味性，故不能与怕气味以及有气味的货装在一起，同时应与危险货物做好隔离工作。

(6)装卸和运输种子饼的过程中要严禁吸烟和使用明火。作业期间，应显示规定的信号。

(7)货物要保持干燥，雨天和湿度较大的阴天应停止装卸。装货过程中如果货温超过当地最高气温 5 ℃时应停止装货，并采取降温措施。

(8)当舱内温度升高时，不能采取甲板洒水的降温措施，以免舱内产生过多汗水，引起货物表层温度升高，增加种子饼发热的可能。

(9)舱温和货温较高时，应根据外界气温条件，适时进行通风或开舱晾晒。如果种子饼局部发热，可将焦化冒烟和温度过高的货物清除抛海。当货温达到 55 ℃时应封闭货舱并停止通风，对机械压榨的种子饼可合理施放二氧化碳，而对溶剂萃取的种子饼则在未见明火前绝不能使用二氧化碳，以防产生的静电将溶剂蒸气点燃。当货舱内自燃起火时，可注入海水灭火，但一定要注意船舶的浮态和稳性。

【本章小结】

本章从船载散装固体货物的安全适运要求、散装固体危险和有毒物质的一般装运要求、常见船载散装固体危险和有害物质的船上作业安全、船载散装固体危险和有害物质作业中的安全预防措施和应急程序入手，强调了散装固体危险和有害物质的安全装运，主要叙述了散装固体货物适运性的鉴定方法、静止角的测定方法以及易流态化货物的试验程序，突出了散装固体货物尤其是散装固体危险和有害物质的运输要求、特殊作业要求以及装卸和保管的注意事项等，最后对船载散装固体危险和有害物质作业中的安全预防措施和应急程序做了阐述，进行了相关的海运散装固体货物的海事案例分析，提出安全运输建议，以起到安全指导和警示作用。

【思考题】

1. 简述散装固体货物静止角的测定方法。
2. 简述《IMSBC 规则》对易流态化货物适运水分限量的补充试验方法。
3. 简述散装固体货物运输的平舱要求。
4. 什么是易流态化货物？简述易流态化货物的安全运输要求。
5. 简述散装固体危险和有害物质的危害类型。
6. 简述散装固体危险和有害物质与包装危险货的隔离要求。
7. 简述散装固体危险和有害物质之间的隔离要求。
8. 什么是散装固体废弃物？简述散装固体废弃物的运输要求。

9. 简述散装固体危险和有害物质的燃烧、爆炸的预防措施。
10. 简述散装固体危险和有害物质对人身伤害的预防措施。
11. 简述进入密闭处所的安全措施。
12. 货舱中发生货物移动的预防以及应急措施。
13. 简述装运散装固体危险和有害物质的应急反应原则。
14. 简述装运散装固体危险和有害物质的应急反应计划的内容。

第十章 医疗急救和事故报告

在危险货物的装卸和运输过程中，虽然配备了必要的设施和经过培训的作业人员，采取了各种安全防范措施，进行着严格的监督管理，但仍会不可避免地发生一些火灾、爆炸、溢漏等事故。事故发生后也采取了及时的、有效的应急措施来控制事态的发展，但就人员在事故中的伤亡与救治以及危险货物事故的报告也是危险货物运输应急的重要内容。

第一节 危险货物事故医疗急救

船上发生危险货物事故，现场工作人员应该依据《国际海运危险货物规则》附录中的医疗急救指南，积极对伤员进行诊断和救治，有条件还应向有关部门及时汇报事故情况，根据事故造成的人员伤害情况及时取得专家指导，以争取宝贵的急救时间。实践证明，如果当场由有关人员提供了适当的应急治疗，并且将其安全运到进一步治疗的地方，那么伤员就有较大的康复机会，且不会发生并发症。在这里，《危险货物事故医疗急救指南》起到了重要的指导作用。

一、《危险货物事故医疗急救指南》简介

《危险货物事故医疗急救指南》(MFAG)是由国际海事组织、世界卫生组织和国际劳工组织共同编写的《国际船用医疗指南》的增补本。该指南中的建议是针对《国际海运危险货物规则》中所包括的物质、材料和物品，以及《国际海运固体散装货物规则》中所包括的B组物质在发生事故时可能造成人员伤害时，应采取的急救行动。其目的是利用船上所配备的有限器械，对化学中毒提供诊断所需要的建议。该指南作为《国际海运危险货物规则》附录中的医疗急救指南，应与《国际海运危险货物规则》(《IMDG规则》)、《国际

海运固体散装货物规则》(《IMSBC 规则》)、《船舶载运危险货物应急反应措施》、《国际散装运输化学品船舶构造和设备规则》(《IBC 规则》)以及《国际散装运输液化气体船舶构造和设备规则》(《IGC 规则》)中的资料配合使用。

另外,该指南提供了可能出现的特殊毒性反应的一般资料。该指南建议的治疗方法分别在相应的表中提出,并在附录中的相应部分做了更全面的说明。但是,不同国家的治疗方法可能存在某些差异,当出现这些差异时,在有关国家的医疗指南中会加以说明。

值得注意的是,该指南中的治疗方法是针对危险货物海上运输中事故对人体造成的影响,由于在航海中极少发生有毒物质摄入的事故,故指南中不包括故意摄入。

只要采取适当的急救措施,化学品的轻微事故通常不会导致严重后果。尽管已有报告的严重事故较少,但涉及毒性或腐蚀性化学品的事故仍然是危险的,在受害者完全康复或在获得不同医疗建议之前,必须认为具有潜在严重性。

具有一般特性并且不是与化学中毒有关的疾病治疗方面的资料见 ILO、IMO、WHO 国际船用医疗指南(IMGS)。

1.《危险货物事故医疗急救指南》的主要内容

该指南包括的内容:如何使用该指南,与船舶装运化学品危险有关的医疗建议,中毒的诊断、急救,中毒并发症,一般毒性危害,应急处理,化学物品急救表,药品目录等。

具体内容由 20 个表和 15 个附录构成:

(1)表

表 1——抢救;

表 2——心肺复苏 CPR;

表 3——输氧与控制通风;

表 4——化学品引起的意识障碍;

表 5——化学品引起的惊厥(癫痫、痉挛);

表 6——中毒性精神错乱;

表 7——眼睛接触化学品;

表 8——皮肤接触化学品;

表 9——吸入化学品;

表 10——摄食化学品;

表 11——休克;

表 12——急性肾衰竭;

表 13——镇痛;

表 14——化学品引起的出血;

表 15——化学品引起的黄疸;

表 16——氢氟酸和氟化氢;

表 17——有机磷和氨基甲酸酯类农药;

表 18——氰化物;

表 19——甲醇和乙二醇;

表 20——放射性物质。

(2)附录

该指南共 15 个附录,前 12 个附录与前 12 个表一一对应,并且提供了更详细资料和诊断治疗方法。

附录 13——补充体液；

附录 14——药品和设备清单；

附录 15——物质清单。

2.《危险货物事故医疗急救指南》的使用

为方便使用，确保发生紧急情况时能迅速得到建议，指南分成三部分形成三步法。

一般应先从第一步紧急抢救和诊断开始，以流程图的形式表明需紧急抢救和诊断的各种情况。如伤员出现第一步框图中列出的症状，则需要到第二步表中查找治疗方法，若表中的治疗方法效果不大，还要进一步到第三步附录中得到更详细的资料。MFAG 使用流程图如图 10-1 所示。

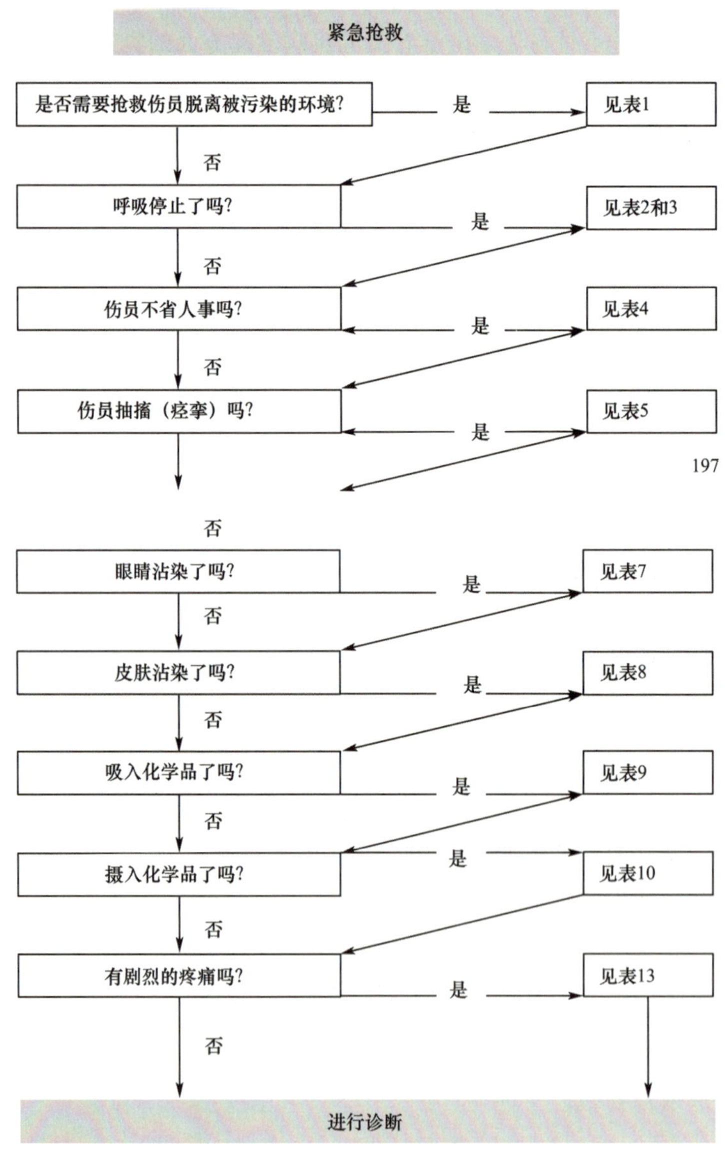

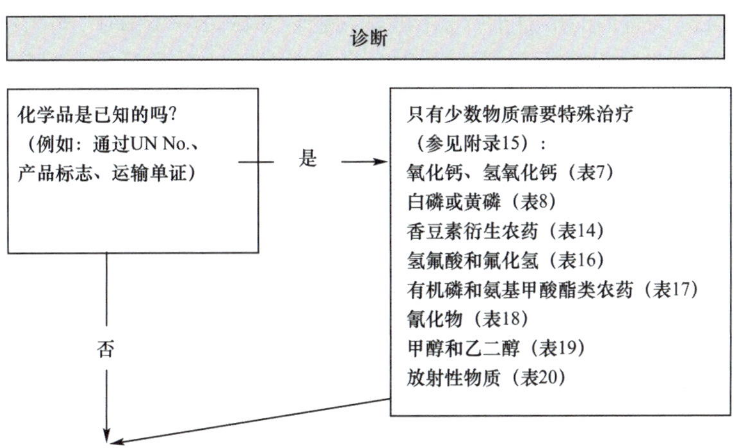

伤员现在的状态	
呼吸是急促的、微弱的、困难的、不规则的还是深沉的:	表 3 和附录 3
伤员咳嗽、喘息、嗓子嘶哑还是严重地无呼吸:	表 9 和附录 9
脉搏是慢的、弱的还是快的:	表 11 和附录 11
有无水泡、烧伤或冻伤现象:	表 8 和附录 8
伤员是否处于昏迷状态:	表 4 和附录 4
伤员抽搐(癫痫、痉挛):	表 5 和附录 5
伤员正在呕吐:	表 10 和附录 10
伤员是焦虑的、激动的、慌乱的或出现幻觉:	表 6 和附录 6
伤员是否出现黄疸(皮肤或眼睛变黄):	表 15
尿量减少或没有:	表 12 和附录 12
在尿、呕吐物或粪便中有血,牙龈出血,皮肤上有小的出血点(瘀点):	表 4

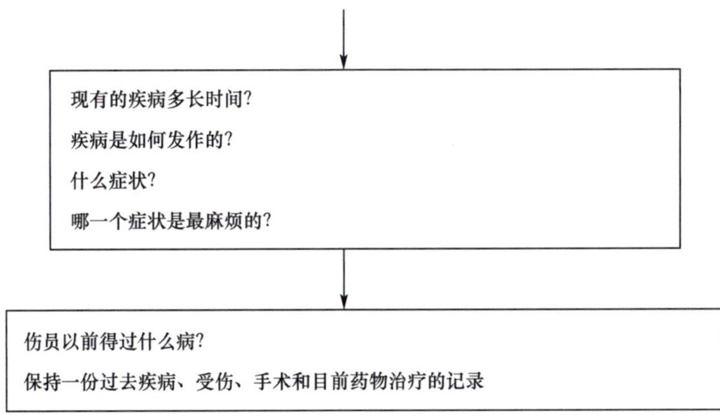

图 10-1 MFAG 使用流程图

二、抢救的完整措施和应急反应计划

1. 完整措施

载运危险物质的船舶存在对人员发生危害性化学暴露及引起伤害的潜在威胁,化学事故能危及暴露人员以及救援人员的健康。被危害性物质严重损伤的病人,如果当场由受过训练的人员提供适当的应急治疗,并将其安全转移做进一步治疗,那么伤员就有较大的康复机会,不会发生并发症。这需要船舶具备完整的医疗急救反应,包括船长和暴露事故发生后会被召集参加抢救和医疗救援的所有人员。

2. 应急反应计划

成功处理化学品事故的一个共性是完备的应急反应计划。该计划需船上所有可能被召集参加应急反应和急救伤员的人员参加。

每一艘载运危险货物的船舶应制订一个应急反应计划,该计划包括下述内容:

(1)经过训练能对暴露事故做出反应进行急救的人员名单;

(2)专门针对特殊船应急反应做法和程序,包括给伤员清污的程序和设备;

(3)存放个人防护设备和运输装备的位置;

(4)培训和演习的内容和频率;

(5)存放物质安全数据表(MSDS)的位置,与船上的物品清单以及其他单证密切相关,有助于识别事故中的化学品的文字材料。

三、医疗急救的步骤

1. 中毒诊断的一般原则

在危险货物装卸过程中,当发现怀疑有人中毒时,应首先确定此人产生的病症是化学品引起的中毒症状还是其他疾病所引起的症状,然后才能采取相应的治疗措施。一般在下列情况下可初步确定为化学品中毒:

(1)有化学品泄漏;

(2)发生化学品燃烧、爆炸等事故并发出有毒物质;

(3)涉及多人,而且病情类似。

然而不同的人可能在不同的时间内接触毒物,火灾一次事件中中毒的程度不同,他们可能在不同的时间内发病或发病的程度不同,而根据每人的健康状况、体质以及接触到毒物的多少,他们对毒物的反应是不同的,所以当发现有毒化学品泄漏或已有个别中毒者出现时,还应密切注意周围其他人员的情况。

2. 诊(判)断伤员状况

(1)呼吸是急促的、微弱的、困难的、不规则的还是深沉的;

(2)伤员咳嗽、喘息、嗓子嘶哑还是严重地无呼吸;

(3)脉搏是慢的、弱的还是快的;

(4)有无水泡、烧伤或冻伤现象;

(5)伤员是否处于昏迷状态;

(6)伤员抽搐(癫痫、痉挛);

(7)伤员正在呕吐;

(8)伤员是焦虑的、激动的、慌乱的或出现幻觉;

(9)伤员出现黄疸(皮肤或眼睛变黄);

(10)尿量减少或没有;

(11)在尿、呕吐物或粪便中有血,牙龈出血,皮肤上有小的出血点(瘀点)。

3. 判断伤员中毒途径

(1)眼睛沾染;

(2)皮肤沾染;

(3)吸入化学品;

(4)吞咽化学品。

4. 抢救的一般步骤和要求

(1)到达现场做好防护工作;

(2)划定禁区或危险区;

(3)对伤员进行检查、清污或初步治疗;

(4)按要求进行清污;

(5)对伤员进行初步治疗和保护;

(6)将伤员送到船上医务室;

(7)对伤员进行进一步的治疗。

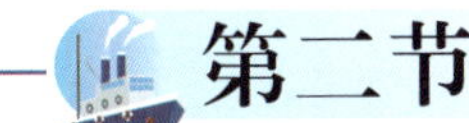

第二节 事故报告

船舶载运海洋污染物的事故报告早在《73/78 MARPOL 公约》议定书Ⅰ“关于涉及有害物质事故报告的规定”中做出规定,该议定书经 1985 年和 1996 年修正案修正,该修正案于 1987 年 4 月 6 日和 1998 年 1 月 1 日起生效。经修正的议定书Ⅰ将包装有害物质扩大范围到包括集装箱、可移动罐柜、铁路和公路槽罐车以及船载驳船。

为了对议定书Ⅰ的要求进行补充,IMO 在第 20 届大会上通过了关于船舶报告系统和船舶报告要求总则的第 A. 851(20)号决议,其中包括关于《涉及危险货物、有害物质和/或海洋污染物的事故报告指南》(以下简称“指南”)。这些总则代替了以前所有海上安全委员会和海洋环境保护委员会通过的有关指南。在 2005 年的第 53 次会议上,海洋环境保护委员会采纳了总则修正案[MEPC. 138(53)号决议]。

一、指南的目的、要求和主要内容

指南的目的是建立船舶报告系统和统一的报告机制,为方便对危险或在海上灭失或可能灭失事件进行报告。

指南包含 3 个部分和 1 个附录,分别为总则、危险货物事故报告指南和有害物质/海洋污染物事故报告指南。

船舶报告系统和报告要求通过无线电报告提供、收集和交换信息。这种信息用于许多目的,包括搜救、船舶交通服务、气象预报和防止海洋污染。

报告应仅包括为达到报告系统目的所必需的资料;报告应简洁,并且使用标准的国际船舶报告格式和程序;报告的次数应保持到最低限度;对报告的通信不应收取费用。

涉及安全或污染的报告应优先传送,不得延误;非紧急的报告,在选择时间和地点时,应有适当的灵活性，以避免干扰正当的航行职责；当遇险、安全和防污染方面需要时，本报告系统所获得的资料应提供给其他系统。

基本资料（船舶资料、船上设施和设备等情况）应报告一次并存储于系统中。所报告的基本资料变更时，由船舶进行更新。

船舶报告系统和报告要求应规定船舶对其船体、机器、设备或配员方面的不足或缺陷进行特别报告，或对会影响航行的其他限制和实际或可能发生的海洋污染事故进行特别报告。

通过涉及危险货物、有害物质和/或海洋污染物的事故报告，各个海岸国家和其他有关方面能迅速无误地了解任何涉及货物的漏失、可能漏失或落入海中的事故，或对海洋环境造成污染的事故。报告应发给最近的海岸国家，如果船舶处在或靠近已建立了船舶报告系统的区域，则该报告应传给该系统制定的岸台。

由于船舶或其设备损坏而可能造成的排放也要进行报告。

二、报告程序和格式

（一）程序

应发送的报告如下：

1. 开航计划（SP）

在驶离或即将驶离某一报告系统内的港口之前，或进入某一报告系统覆盖的区域时。

2. 船位报告（PR）

当需要时，确保该系统的有效操作。

3. 绕航报告（DR）

当船舶的船位与以前报告的预计船位有较大变化时；当改变原报告的航线或船长决定时。

4. 最近报告（FR）

到达目的港及驶离某一报告系统所覆盖的区域时。

5. 危险货物报告（DG）

当发生涉及包装危险货物（包括集装箱、可移动罐柜、铁路和公路槽罐车以及船载驳船）落入或可能落入海中时。

6. 有害物质报告（HS）

当发生涉及油类或散装有毒液体物质的排放或可能排放的事故时。

7. 海洋污染物报告（MP）

当发生涉及海洋污染物的包装有害物质（包括集装箱、可移动罐柜、铁路和公路槽罐车以及船载驳船）落入或可能落入海中时。

8. 其他报告

根据总则，按照报告系统规定的程序应提交的任何其他报告。

（二）标准报告格式和程序

（1）船舶报告格式中不适用的部分不应包括在报告中。

（2）当可能存在言语困难时，所使用的语言中应包括英语，并尽可能使用《标准航海通信用语》。作为代替,也可以使用《国际信号规则》来发送具体的资料。当使用国际信号规则时,应在报文中字母索引的后面插入相应的标识符号。

(3)关于船舶航线资料,应按"标准报告格式"表 10-1 的"C"项给出每一转向点的经纬度,并同时给出每段航线的种类,例如"RL"(恒向线航线)、"GC"(大圆航线)或"近岸航线"等。当近岸航行时,应按表中"B"项以 6 位数字给出船舶预计经过重要地点的日期和时间。

表 10-1 标准报告格式

电报系统名称	电话	功能	所需求的资料
系统名称	系统名称全文发送	系统识别符报告种类	
SP			开航计划
PR			船位报告
DR			绕航报告
FR			最近报告
DG			危险货物报告
HS			有害物质报告
MP			海洋污染物报告
全文发送			其他报告
A	船舶(alpha)	船舶	船名、呼号或船舶电台识别及船旗
B	时间(bravo)	事故的日期和时间	六位数组表示日期(前两位数)、小时和分钟(后四位数)。如未使用世界协调时,应说明所使用的时区
C	船位(charlie)	船位	四位数组后加 N 或 S 表示维度的度和分,五位数组后加 E 和 W 表示精度的度和分;或
D	船位(delta)	船位	相对于一明显或识别陆标真方位(前三位数)和以海里为单位的距离。
E	航向(echo)	航向	三位数组
F	航速(foxtrot)	单位节	三位数组
G	离港(golf)	驶离港	前一停靠港口
H	驶入(hotel)	进入报告系统的日期、时间和位置	参照 B 项和 D 项
I	目的港和 ETA(india)	目的港的 ETA	港口名称和按 B 项表示日期和时间

续表

电报系统名称	电话	功能	所需求的资料
J	引航(juliet)	引航员	是否有引航员
K	驶离(kilo)	离开报告系统的日期、时间和位置	参照B项和D项
L	航线(lima)	航线资料	计划航线
M	无线电通信(mike)	无线电通信	说明所听电台的全称和频率
N	下一次报告(november)	下一次报告时间	参照B
O	吃水(oscar)	以米表示最大吃水	以四位数字表示米和厘米
P	货物(papa)	所载货物	货物及可能危及人身安全和环境的危险货物或有害物质和气体的概要内容(见具体报告要求)
Q	不足/损坏/缺陷(quebec)	不足/损坏/缺陷/其他限制	不足、损坏、缺陷或其他限制的概要情况(见具体报告要求)
R	污染/危险货物落入海中(romeo)	有关污染或危险货物落入海中的情况描述	污染种类概要情况(油类、化学品类等)或落入海中的危险货物种类概要;按C项和D项表示的位置(见具体报告要求)
S	气象(sierra)	气象情况	主要气象或海况概要
T	代理人(tango)	船舶代表或所有人	船舶代表或所有人或两者的详细名称及细节,以便提供资料(见具体报告要求)
U	船舶尺度类型(uniform)	船舶尺度类型	所要求的船长、船宽、吨位及类型等具体资料
V	医务人员(victor)	医务人员	医务人员详情、未受过医务培训的人员
W	人员(whiskey)	船上人员总数	说明人数
X	备注(x-ray)	其他	其他有关情况包括事故的概要情况,及事故所涉及的或参与救助的其他船舶的概要情况(见具体报告要求)
Y	转发(yankee)	要求转发给另一个报告系统	报告的内容
Z	报告结束(zulu)	报告结束	没有进一步要求的信息

三、详细报告要求

1. 危险货物报告(DG)

(1)首次报告应包括标准报告格式中的 A、B、C(或 D)、M、Q、R、S、T、U、X 项。

R 项的具体内容如下:

①货物的正确技术名称或品名。

②一个或多个联合国编号。

③一种或多种 IMO 危险性类别。

④货物生产厂家名称(如已知),或收货人或发货人名称。

⑤包装的类型,包括识别标记。具体说明是可移动罐柜还是罐车,是车辆还是集装箱,或是其他装有包件的运输组件,包括运输组件的正式注册标记及所分配的编号。

⑥货物的数量和大概的状况。

⑦所失落的货物是在漂浮,还是已经沉没。

⑧失落是否仍在继续。

⑨失落货物的原因。

(2)如果船舶的状况存在进一步发生包装危险货物落入海中的危险,报告应包括标准报告格式的 P 项和 Q 项。

P 项的具体内容如下:

①货物正确的技术名称或品名。

②一个或多个联合国编号。

③一种或多种 IMO 危险性类别。

④货物生产厂家名称(如已知),或收货人或发货人名称。

⑤包装的类型,包括识别标记。具体说明是可移动罐柜还是罐车,是车辆还是集装箱,或是其他装有包件的运输组件,包括运输组件的标记及编号。

⑥货物的估计数量和大概的状况。

(3)当时不能立即提供的细节应加入补充报文提供。

2. 有害物质报告(HS)

(1)发生实际排放时,初次 HS 报告应包括标准报告格式中的 A、B、C(或 D)、E、F、L、M、N、Q、R、S、T、U、X 项,可能发生排放时还应包括 P 项。P、Q、R、T 和 X 各项的具体内容如下:

P 项:

①油的种类或船上有毒液体物质的正确技术名称。

②一个或多个联合国编号。

③有毒液体物质的污染种类。

④物质的生产厂家名称(如可行并已知时),或收货人或发货人名称。

⑤数量。

Q 项:

①船舶的有关状况。

②对货物、压载水、燃油的转驳能力。

R 项：

①排入海中的油的种类或有毒液体物质的正确技术名称。

②一个或多个联合国编号。

③有毒液体物质的污染类别(A、B、C 或 D)。

④物质的生产厂家名称(如已知)，或收货人或发货人名称。

⑤物质的估计数量。

⑥所失落的物质处于漂浮状态，还是已经沉没。

⑦失落是否仍在继续。

⑧失落货物的原因。

⑨所排放或失落物质的估计运动方向，并提供水流的方向(如已知)。

⑩如可能，提供所估计污染表面面积。

T 项：

船舶所有人和代表(租船人、管理人或船舶经营人或其代理人)的姓名、地址、电传和电话号码。

X 项：

①对排放所采取的行动及船舶的动向。

②申请的或已由其他方面提供的支援或援助行动。

③进行支援或援助的船舶的船长应报告所采取的或拟采取的行动细节。

(2)上述初次报告的资料发送后，应尽可能迅速、详细地就与该事件有关的，对海洋环境所必需的资料做出补充报告。这些资料应包括 P、Q、R、S 和 X 各项。

(3)任何进行或被请求进行支援或援助的船舶的船长应尽可能按标准报告格式的 A、B、C(或 D)、E、F、L、M、N、P、Q、R、S、T、U、X 项的内容进行报告，并向海岸国家通报进展情况。

3. 海洋污染物报告(MP)

(1)发生实际排放时，初次海洋污染物质报告应包括标准报告格式的 A、B、C(或 D)、M、Q、R、S、T、U、X 项，可能发生排放时还应包括 P 项。

P、Q、R、T 和 X 项的具体内容如下：

P 项：

①货物正确的技术名称或品名。

②一个或多个联合国编号。

③一种或多种 IMO 危险性类别。

④货物生产厂家名称(如已知)，或收货人或发货人名称。

⑤包装的类型，包括识别标记。具体说明是可移动罐柜还是罐车，是车辆还是集装箱，或是其他装有包件的运输组件，包括运输组件的标记及编号。

⑥货物的估计数量和大概的状况。

Q 项：

①船舶的有关情况。

②对货物、压载水、燃油的转驳能力。

R 项：

①货物的正确技术名称或品名。

②一个或多个联合国编号。

③一种或多种 IMO 危险性类别。

④货物生产厂家名称(如已知),或收货人或发货人名称。

⑤包装的类型,包括识别标记。具体说明是可移动罐柜还是罐车,是车辆还是集装箱,或是其他装有包件的运输组件,包括运输组件的正式注册标记及所分配的编号。

⑥货物的数量和大概的状况。

⑦所失落的货物是在漂浮,还是已经沉没。

⑧失落是否仍在继续。

⑨失落货物的原因。

T 项：

船舶所有人和代表(租船人、管理人或船舶经营人火气代理人)的姓名、地址、电传和电话号码。

X 项：

①对排放所采取的行动及船舶的动向。

②申请的或已由其他方面提供的支持或援助行动。

③进行支援或援助的船舶的船长应报告所采取的和拟采取的行动细节。

(2)初次报告发送后,应尽可能详细地就与所发生事故相关的,为保护海洋环境所必需的资料进行报告。这些资料包括 P、Q、R、S 和 X 各项。

(3)任何进行或被请示进行支援或援助的船舶的船长应可能按标准报告格式中的 A、B、C(或 D)、M、P、Q、R、S、T、U、X 项的内容进行报告,并通知该海岸国家有关进展情况。

4. 排放的可能性

(1)由于船舶或其设备损坏造成可能的排放是要求报告的一个理由,判断是否存在这种可能性或是否进行报告,在所考虑的因素中应包括下列因素：

船舶、机器或设备损坏、失灵或故障的性质；出事时间和地区的海况、风况及交通密度。

(2)作为一般准则,船长应在发生下述情况时进行报告：

①影响船舶安全的损坏、失灵或故障事故,例如碰撞、搁浅、着火、爆炸、结构断裂、进水、货物移动；

②影响航行安全的机器或设备失灵或故障,例如舵机、推进系统、发电系统、主要船载助航设备发生失灵或故障事故。

【本章小结】

本章主要介绍了船舶载运危险及有害物质的医疗急救的基本知识和船运危险货物报告制度,以公约和国际危规为依据,旨在让相关人员了解和掌握危险货物医疗急救的常规知识和报告制度的一般程序和方法,以便装运危险和有害物质的船舶能在紧急情况下,合理处置,按章执行,从而减少人员的伤亡和发生海洋污染的可能性。

【思考题】

1.《危险货物事故医疗急救指南(MFAG)》制定的目的是什么?

2. 简述 MFAG 的使用方法。

3. 叙述中毒诊断的一般原则。

4. 判断伤员中毒途径有哪些?

5. 简述抢救的一般步骤和要求。

6. 发生事故的船舶应何时向何处报告?

7. 事故报告应包含哪些主要信息?

第三篇

实操训练部分

第十一章
测定仪器的使用

第一节
便携式可燃气体检测仪

便携式可燃气体检测仪是一种用来检测舱室内空气中可燃气体比例含量的安全仪器。如果船舶密闭舱室内或管系内含有可燃气体且在爆炸极限范围内，遇火源就会发生爆炸。因此，在存有可燃气体的处所内工作时，必须事先对其测爆，符合要求才可以工作。

一、常见设备的种类及原理

可燃气体检测仪有催化灯丝型可燃气体检测仪及非催化加热灯丝型可燃气体检测仪两种类型。

1. 催化灯丝型可燃气体检测仪(测爆仪)

催化灯丝型可燃气体检测仪专门用来测定空气中浓度低于可燃下限的烃气含量，其刻度盘上标有可燃下限或可爆下限的百分数。

检测原理：这种检测仪的传感元件是一种用电流加热的催化性金属丝，组合成惠斯顿电桥，传感灯丝为一个电桥臂。此仪器依靠氧气的存在(最小值为 11%)有效作业，所以不能用于测量已惰化舱室中可燃气体的浓度。当烃气与空气的混合气体通过灯丝时，气体就会在炽热的灯丝上起氧化反应，从而使灯丝的温度进一步升高，灯丝电阻随即升高，这种灯丝电阻的变化为检测提供了依据。

当灯丝处于正常操作温度时，令其与新鲜空气接触，然后把电桥调整到平衡状态使读数归零，这样检测仪就处于随时可用状态。混合气体被检测仪吸收后，便会在传感灯丝上燃烧，增加了灯丝的电阻，破坏了已平衡的电桥平衡。仪表上的数码管显示器就会根据燃烧气体的浓度大小显示一个数字，表示可燃下限的百分比比率。为了保证读数的准确性和重现性，则必须把电桥电压始终控制在恒定值，这就要求所使用的干电池电压稳定，不可使用旧电池。

2. 非催化加热灯丝型可燃气体检测仪（缺氧测爆仪）

非催化加热灯丝型可燃气体检测仪用来测定烃气浓度在 1%以上的空间中烃气的含量。其与催化灯丝型可燃气体检测仪相比，区别只是传感灯丝是没有催化作用的炽热灯丝，检测原理同样是周围环境的烃气含量决定了灯丝的散热温度和电阻值。烃气的存在会改变传感灯丝的电阻，这样变化的电阻可指示出按体积比的烃气百分数，这个数字直接由数码管显示出来。

二、基本参数

以 JL268D 型可燃性气体检测仪为例，如图 11-1 所示。

图 11-1　JL268D 型可燃性气体检测仪

检测原理：催化燃烧式。

采样方式：扩散式。

检测气体：甲烷、天然气、煤气、乙烷、丙烷、乙炔、丁烷、正丁烷、异丁烷、戊烷、己烷、卤代烃、醇类、醚、酮、氢气、甲苯等气体燃料。

灵敏度：优于 50 ppm。

报警方式：数码管直观显示数字。

报警声音：≥70 dB。

低报警点：20%LEL。

高报警点：50%LEL。

预热时间：10 s。

响应时间：<10 s。

分辨率:1LEL。

防护等级:IP54。

防爆等级:Exia Ⅱ CT3。

防爆方式:本质安全型。

测量范围:0~100LEL。

工作温度:-40~70 ℃。

工作湿度:≤95%相对湿度(无冷凝)。

电池:4.8 V/1 600 mA 镍氢可充电电池。

充电时间:15 h。

持续工作时间:≥8 h。

外形尺寸:170 mm×62 mm×26 mm。

三、使用说明

在进行测定时,应按使用说明书要求的步骤进行,其通用步骤为:

(1)除气:在新鲜空气中反复进行吸气和排气,使传感灯丝处于原始状态。

(2)调零点:使用调零旋钮,将数字显示调整到零位上。

(3)吸气测量:用橡皮球或自带电动泵将被测气体吸入检测仪内,当数字稳定下来并不再继续变化时,即为所测得的结果。

四、注意事项

(1)在进行检测之前,一定要检查一下电压指示,若显示为"正常"说明电池可以使用,否则应更换电池。

(2)虽然显示器上的读数只到可燃下限的 100%,可是仪器中电桥失去平衡的程度与烃气的浓度是成比例的,有时电桥失去平衡,其烃气浓度已达到可燃下限的 2~3 倍了。若仪器长期在这种高烃气浓度下工作,则在传感灯丝上会留下碳质,致使仪器的灵敏度降低,此时需要校验仪器的灵敏度。

这种仪器在使用一段时间以后应进行校验,在更换灯丝后也应做校验。为此,仪器出厂附件中有一种烃气与空气混合标准样气,其浓度为可燃下限的 50%。重复操作要求的三个步骤,将探测头在样气瓶中吸气看显示是否在 50%。有的还附有 8%和 12%的样气,以备重复校验时用。

(3)为了避免仪器在使用中带来点燃危害,仪器在灯丝检测腔的出入口装有回火消焰装置。该装置的主要功能是阻止仪器燃烧腔中的火焰外窜,而引燃被检测空间的可燃气。因此,要经常检查消焰器是否安妥。

(4)被测烃气应在气态下,不可测定油雾状烃气含量。

(5)被测烃气应在大气压下,方可进行检测,如货油舱处于高压下,则应从此舱吸取采样后,将其气压降至正常大气压,再进行测量。

第二节 便携式氧气含量测定仪

一、常见设备的种类及工作原理

便携式氧气含量测定仪通常用于确定封闭场所内部(如货油舱)的舱气是否可以认为已充分惰化或场所内部是否可以安全进入。最常用的氧气含量测定仪有顺磁传感式和电解传感式两种。

1. 顺磁传感式氧气含量测定仪

氧气是强烈顺磁气体,而大多数其他普通气体却不是。因此这种特性使得氧气能够从范围广泛的混合气体中被检测出来。

常用的顺磁传感式氧气测定仪具有一个气样室,其内是一个悬挂在磁场中的轻质悬浮体。当吸入的气样通过气室时,悬浮体就感受到与气样的磁化率成正比的扭矩。一个大小相等、方向相反的扭矩由于一股电流通过绕在悬浮体上的线圈而产生。这一补偿电流就是磁力的量度因而也是气样的量度,即与气样的氧气含量相关。

氧气测定仪使用前应经过校准,用含氧量21%的标准空气,以及0%氧气含量的氮气或二氧化碳进行校准。

氧气测定仪测得的读数与氧气测量室中的气压有直接的比例关系,仪器是在特定的大气压中标定的,由于大气压的变化而引起的小量误差在必要时可以加以修正。有些气体取样装置使用中压力变化时,读数误差会更为显著,但可在读取读数时将取样时产生的压力降低到大气压以避免这种误差。应当以正压力将气样连续输入仪器。而不应以负气压将吸入的气样通过测定仪,因为这样的话测量压力变得不确定。

当需要增加气样压力以保持通过测定仪的合理流量时,仪器的过滤器就应清洁或更换。气体不够干燥使过滤器变得潮湿,也将造成同样的影响。所以应经常检查过滤器是否需要清洁或更换。

2. 电解传感式氧气含量测定仪

电解传感式氧气含量测定仪是借助于测量电解电池的输出来测定混合气体中的氧气含量。在一台同类型的测定仪中,氧气通过一层薄膜扩散到电解电池中,产生的电流在两个由液态或胶状电介质隔开的特制电极之间流通。

该电流的大小与气样中的氧气浓度有关,仪器的数字显示能直接指示出氧气含量。该电池可内装于独立的传感探头中并由电缆连接到读数显示器。

这种测定仪的测量读数与测量电池处的气压有直接的比例关系,但由于大气压在正常情况下变化不大,所以只会产生较小的误差。

某些气体会使传感器受到影响而得出虚假的读数,如果存在二氧化硫和氮氧化合物,其浓度超过0.25%的体积比时,就会干扰氧气含量的测定。硫醇和硫化氢的浓度超过1%体积比时就会毒化传感器,毒化作用不会立即显现,而是经过一段时间才发生。被毒化的传感器其性能飘移不定而且在空气中不能校准,如有这种情况出现则应查阅厂家的产品使用说明书。

二、常用仪器的基本参数和使用

以 TYSD-O_2-25 型便携式氧气检测仪为例，如图 11-2 所示。

检测原理：电化学式。

检测范围：0%~25%VOL。

低报警点：18。

高报警点：23。

精度：±3%FS。

响应时间：≤30 s。

防爆型式：本质安全型。

电源：标准单节锂锰电池。

电池最高开路电压 U_o：3.0 V。

最大短路电流 I_o：7 A。

最大工作电流（报警时）：150 mA。

工作时间：2 年（非报警、背光灯关闭状态）。

环境温度：-10~40 ℃。

海拔高度：≤2 000 m。

环境大气压：80~106 kPa。

相对湿度：≤98%（无冷凝），无破坏绝缘的腐蚀性气体或蒸气的环境中。

体积及重量：95 mm×45 mm×30 mm，约 100 g。

图 11-2 TYSD-O_2-25 型便携式氧气检测仪

三、维护、标定和试验方法

由于氧气测定仪的重要性涉及人员生命安全，在投入使用前，必须具备有效的标定证书，并严格依照厂家的产品使用说明书进行试验。

每一次准备使用仪器的时候，电池（如有）的检查、零位（21%的氧气）的调整都是必不可少的。使用中应不断进行核对以保证随时测得准确读数。

各种氧气测定仪的校验都不复杂,可以将大气中的空气作为校验参考点(21%的氧气),用惰气校验刻度范围(氮气校验电解式传感器,二氧化碳校验顺磁式传感器)。

第三节 便携式有毒气体检测仪

一、常见设备的种类及基本参数

便携式有毒气体检测仪是一种可连续检测可燃气体浓度或者有毒气体浓度的本质安全型设备。它适用于防爆、有毒气体泄漏抢险、地下管道或矿井等场所,能有效保证工作人员的生命安全不受侵害,生产设备不受损失。

(一)ToxiRAE Ⅱ型有毒气体(或氧气)检测仪

如图 11-3 所示,ToxiRAE Ⅱ型有毒气体(或氧气)检测仪,是一款个人便携式气体检测报警仪。它适用于在工矿企业环境空气中连续检测有毒气体的 ppm 浓度或氧气的浓度百分比,直接用数字显示现场的气体浓度值,并显示 STEL、TWA 和峰值浓度读数。当环境浓度偏高时,进行 STEL、TWA、高限、低限声光振动报警,警示现场人员尽快撤离危险区域。

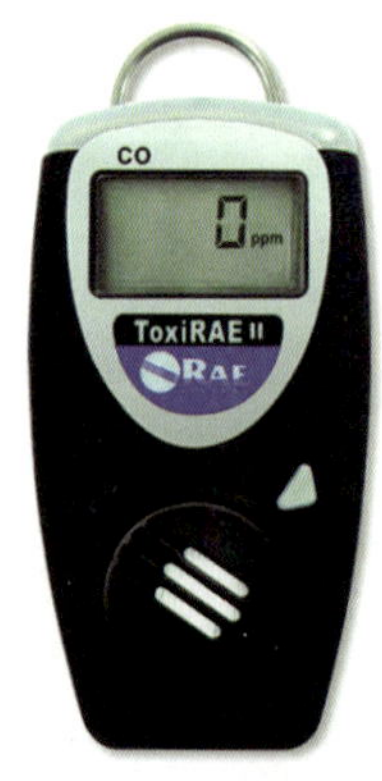

图 11-3 ToxiRAE Ⅱ型有毒气体(或氧气)检测仪

1. 工作原理

ToxiRAE Ⅱ型有毒气体(或氧气)检测仪采用电化学气体检测传感器检测有毒气体(或氧气)。电化学传感器以扩散方式工作,它能直接与扩散在环境气体中的有毒气体反应,产生电流,转换成线性电压信号,电压信号经放大、A/D 转换,MCU 对 A/D 转换的数据进行分析处理后由 LCD 显示出所测气体浓度。当检测气体的浓度达到预先设定的报警值时,蜂鸣器和发光二极管将发出报警信号,振动器振动。

2. 主要技术参数(表 11-1)

外形尺寸:93 mm×49 mm×22 mm。

重量:102 g(带夹子)。

传感器类型:电化学式。
电源:不可充电,可更换 3.6 V 锂电池。
电池类型:2/3AA 大容量锂电池。
操作方式:单键操作。
工作时间:每天使用 8 h,每天报警不超过 5 min,可连续工作 24 个月。
显示方式:连续 ppm(或%)浓度和文字液晶显示。
读数类型:实时 ppm(或%)浓度读数、STEL 和 TWA 值、峰值保持。
报警点设置:高限报警、低限报警、短时间暴露极限报警、8 h 加权平均值报警。
报警信号:

声:90 dB。
光:高亮度,仪器上端、正面、侧面红色/绿色 LED。
振动:内置式振动报警。
高限报警:显示"High",每秒 3 次声光报警。
低限报警:显示"Low",每秒 2 次声光报警。
STEL 报警:显示"STEL",每秒 1 次声光报警。
TWA 报警:显示"TWA",每秒 1 次声光报警。

标定方法:用空气和标准气体做两点现场标定。
安全认证:UL 和 cUL。
本质安全认证:UL/cUL Class Ⅰ,Division 1,Groups A、B、C、D、T5。
ATEX 认证:Ⅱ 1G EEx ia ⅡB T5/Ⅱ 2G EEx ia ⅡC T5。
工作温度:连续工作:-20~45 ℃,间断工作:-40~+55 ℃。
工作湿度:≤95%相对湿度(无冷凝)。
抗辐射干扰能力:抗电磁波和无线电波,符合 EMC 标准 89/336/EEC。
外壳防护:从 2 m 高度摔落后仍可继续使用。
防护等级:IP-55,不怕灰尘及雨淋。

表 11-1 ToxiRAEⅡ型有毒气体(氧气)检测仪传感器参数

传感器	量程 ppm	分辨率 ppm	标定气体 ppm	低限报警 ppm	高限报警 ppm	STEL 报警 ppm	TWA 报警 ppm	预热时间
NH_3	0~50	1	50	25	50	35	25	4 h
CO	0~500	1	100	35	200	100	35	20 min
CO	0~2 000	10	1 000	35	200	100	35	20 min
Cl_2	0~10	0.1	10	0.5	5	1	0.5	20 min
ClO_2	0~1	0.01	0.5	0.2	0.5	0.3	0.1	20 min
HCN	0~100	1	10	4.7	50	4.7	4.7	20 min
H_2S	0~100	1	25	10	20	15	10	20 min
H_2S	0~1 000	2	100	10	20	15	10	20 min

续表

传感器	量程 ppm	分辨率 ppm	标定气体 ppm	低限报警 ppm	高限报警 ppm	STEL 报警 ppm	TWA 报警 ppm	预热时间
NO	0~250	1	25	25	50	25	25	4 h
NO_2	0~20	0.1	5	1	10	1	1	20 min
O_2	0%~30%	0.1	$N_2$20.9%	19.5	23.5	-	-	24 h
PH_3	0~5	0.01	5	1	2	1	0.3	20 min
SO_2	0~20	0.1	5	2	10	5	2	20 min

说明：仪器使用不同的软件版本对应不同的传感器，其中 0~2 000 ppm CO 传感器使用 F1.8 版本，0~1 000 ppm H_2S 传感器使用 F1.7 版本，O_2、0~500 ppm CO 和 0~100 ppm H_2S 传感器使用 F1.7 版本，其他各传感器使用 F1.4 版本。各版本菜单及操作略有不同。

（二）ToxiRAE 3 PGM-1700 便携式气体检测仪

如图 11-4 所示，ToxiRAE 3 毒气检测仪是一种可持续显示浓度的个人用毒气检测仪。与传统一次性检测仪相比，ToxiRAE 3 不单显示电池的剩余寿命，它能持续、数字化地显示全方位的检测数据，包括所选的气体浓度、STEL 值、TWA 值、峰值、STEL 和 TWA 高/低报警值。其采用智能化设计，内置 MCU，菜单式参数调整，无须开盖调节。其外形设计新颖，坚固可靠，可更换锂电池。

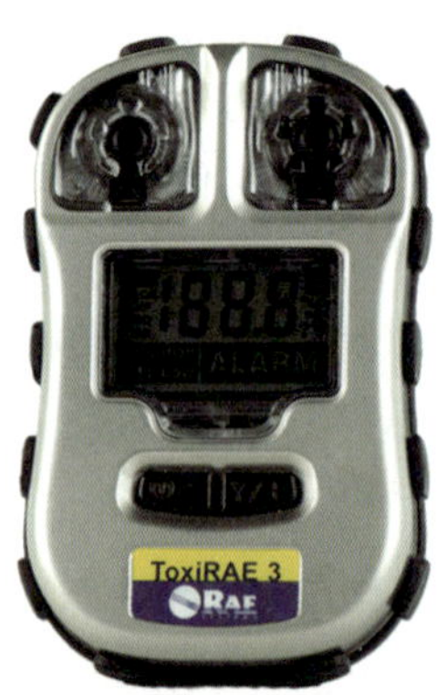

图 11-4　ToxiRAE 3 毒气检测仪

如表 11-2 所示，主要技术参数：

尺寸：85 mm×54 mm×27 mm 含背夹。

85 mm×54 mm×20 mm 不含背夹。

重量：76 g（带电池）。

电池：可更换 2/3AA 高容量锂电池。

操作时间：每天 8 h，低于 1 min 报警，使用寿命为 2 年。

传感器寿命：CO/H_2S 传感器为 2 年，O_2 传感器为 1 年。

显示：LCD 显示屏简单易懂，实时显示气体浓度和其他文字信息。

直接读数：实时气体浓度（ppm）、暴露极限值（STEL）和加权平均值（TWA）、峰值保持。

警报:

声音:95 dB。

颜色:高亮红色 LED 显示(任意方向可视)。

内置振动报警:

高报警:显示"High","嘟"3 下,每秒闪动 1 次。

低报警:显示"Low","嘟"2 下,每秒闪动 1 次。

STEL:显示"STEL","嘟"1 下,每秒闪动 1 次。

TWA:显示"TWA","嘟"1 下,每秒闪动 1 次。

标定:二点现场标定;开机自动校零,用户自选标准气。

数据存储:记录 10 次报警数据。

响应时间:<12 s。

EMI/RFI:强力抗电磁/射频干扰,符合欧盟指令 89/336/EEC。

IP 级别:IP-67,防尘;可耐受各方向低压水流。

环境温度:-20~60 ℃。

环境湿度:≤95%相对湿度(无冷凝)。

安全级别:本质安全:UL 和 cUL Class I,Division 1,Group A、B、C、D、T4。

欧洲 CE 标准,防爆等级:ATEX Ⅱ 1G,EEx ia IIC T4。

IECEx:EEx ia IIC T4。

表 11-2 ToxiRAE 3 毒气检测仪传感器参数

传感器	CO	CO	H_2S
检测范围(ppm)	0~500	0~1 999	0~100
分辨率(ppm)	1	1	0.1
校正气(ppm)	50	999	25
低报警值(ppm)	35	35	10
高报警值(ppm)	200	200	15
STEL 报警值(ppm)	100	100	15
TWA 报警值(ppm)	35	35	10
传感器预热时间(min)	20	20	20

二、常见仪器的使用

以 PGM-1100 个人用有毒气体或氧气检测仪为例。

(一)开关机操作

1. 开机

确认电池已经装入仪器。按住按键 3 s,LCD 显示"on",红色 LED 亮,蜂鸣器响一声,振动器振动,仪器开机。接下来 LCD 显示版本号(如 F17 表示软件版本号为 1.7),同时进行预热和自检。10 s 倒计时预热和自检完成后,仪器进入检测模式,显示实时读数(检

测 O_2 的仪器开机没有 10 s 倒计时)。

2. 关机

如要关机,按住按键不放,LCD 显示 5 s 倒计时,倒计时结束后 LCD 显示“OFF”,随后仪器无显示,关机。

(二)检测模式说明

仪器正常开机后,进入检测模式,显示实时读数。用户可以在检测模式下按动按键,依次检查 STEL、TWA 和峰值读数。如果 1 min 不按按键,仪器将自动返回实时读数显示。

短时间暴露极限(STEL):是最后 15 min 时间内气体浓度读数的平均值(在仪器开机后的头 15 min 内 STEL 读数不显示)。

8 h 加权平均值(TWA):是仪器开机以来的气体浓度读数累计值除以 8 h 得到的平均值。

峰值读数(PEAK):是仪器开机以来的最大读数。可将显示读数在 PEAK 和实际读数之间来回切换。如果气体浓度达到预设的报警值,仪器将报警,用户应立即离开已污染的区域。

(三)仪器标定

虽然仪器在出厂前已进行标定,但环境温度变化和运输过程中的振动均可引起仪器内传感器的信号漂移。所以,任何新买的仪器在正式使用前,均应用已知浓度的标准气体进行试验。

为了最大限度地确保安全,在每天使用前应将仪器用已知浓度的标准气体进行现场校正。即在检测模式下读取标准气体的浓度,如读数与实际浓度的误差在±10%范围内,则仪器可以使用。

仪器需要定期标定,在不能通过新鲜空气校正或现场需要校正时进行标定。ToxiRAE Ⅱ采用两点标定,即新鲜空气零点标定和用已知浓度的标准气体(扩展气)标定。

1. 零点标定

编程模式下液晶首先在“CAL”和“go”之间闪烁,同时字母“ZARO”点亮,提示进行零点标定。

如要进行零点标定,确保仪器处在没有检测气体(氧气除外)的地方,按住按键 3 s 后,LCD 显示“go”。

放开按键,仪器显示 10 s 倒计时。倒计时结束后 LCD 在“dn”(标定完成)和当前读数间闪烁 6 s,正常情况下读数应该稳定为 0,否则就说明零点标定不成功,需要重做零点标定。

如果在倒计时状态下用户要取消标定,只需按一下按键,LCD 显示“no”,再按一下按键,仪器进入下一个状态。

2. 标准气体标定

仪器进入编程模式,液晶显示在“CAL”和“go”之间闪烁,同时字母“SPAN”和气瓶符号点亮,提示进行标准气体标定。

如要进行标准气体标定,按住按键 3 s 后,LCD 显示“go”。

放开按键,仪器仪器会延迟 10 s,等待用户接通标准气体,LCD 在“GAS”和标准气体浓度设定值之间闪烁。

仪器读到气体变化或得到 10 s 后，液晶显示器显示 60 s（传感器不同，该时间不同）倒计时。倒计时结束后 LCD 在“dn”（标定完成）和当前读数间闪烁 6 s，正常情况下读数应该稳定为标准气体的浓度值，否则就说明 SPAN 标定不成功，需要重做 SPAN 标定。

如果倒计时结束后仪器没有读到任何读数，LCD 会显示“Err”，红色 LED 亮，蜂鸣器响一声，提示标定失败，仪器重新回到标准气体标定状态。

如果在倒计时状态下用户要取消标定，只需按一下按键，LCD 显示“no”，再按一下按键，仪器进入下一个状态。

三、使用注意事项

（1）仪器更换电池或简单维修时应在安全场所进行。

（2）传感器和仪器要注意防水和杂质。

（3）不要在无线电发射台附近校准仪器。

（4）仪器长期不工作时，应关机，置于干燥、无尘、符合储存温度的环境内。

（5）调整仪器的专用工具应有专人保管，调整好的仪器不要随便打开盖。

第四节 放射性物质射线测定仪

一、常见设备的工作原理及种类

放射性物质射线测定仪是指能够指示、记录和测量核辐射的材料或装置。辐射和核辐射探测器内的物质相互作用而产生某种信息（如电、光脉冲或材料结构的变化），经放大后被记录、分析，以确定粒子的数目、位置、能量、动量、飞行时间、速度、质量等物理量。核辐射探测器是核物理、粒子物理研究及辐射应用中不可缺少的工具和手段。按照记录方式，核辐射探测器大体上分为计数器和径迹室两大类。

（一）计数器

计数器以电脉冲的形式记录、分析辐射产生的某种信息。计数器的种类有气体电离探测器、多丝室和漂移室、半导体探测器、闪烁计数器和切伦科夫计数器等。本书主要介绍气体电离探测器。

气体电离探测器通过收集射线在气体中产生的电离电荷来测量核辐射，主要类型有电离室、正比计数器和盖革计数器。它们的结构相似，一般都是具有两个电极的圆筒状容器，充有某种气体，电极间加电压，差别是工作电压范围不同。

1. 电离室

电离室的工作电压较低，直接收集射线在气体中原始产生的离子对。其输出脉冲幅度较小，上升时间较快，可用于辐射剂量测量和能谱测量。

2. 正比计数器

正比计数器的工作电压较高，能使在电场中高速运动的原始离子产生更多的离子对，在电极上收集到比原始离子对要多得多的离子对（即气体放大作用），从而得到较高的输出脉冲。脉冲幅度正比于入射粒子损失的能量，适于用作能谱测量。

3. 盖革计数器

盖革计数器又称盖革–米勒计数器或 G-M 计数器，它的工作电压更高，出现多次电离过程，因此输出脉冲的幅度很高，已不再正比于原始电离的离子对数，可以不经放大直接被记录。它只能测量粒子数目而不能测量能量，完成一次脉冲计数的时间较长。

（二）径迹室

径迹室通过记录、分析辐射产生的径迹图像测量核辐射，主要种类有云室和泡室、火花室和流光室、固体径迹探测器、核乳胶等。

1. 云室和泡室

使入射粒子产生的离子集团在过饱和蒸气中形成冷凝中心而结成液滴（云室），在过热液体中形成汽化中心而变成气泡（泡室），用照相方法记录，使带电粒子的径迹可见。泡室有较好的位置分辨率（好的可达 10 μm），本身又是靶，目前常以泡室为顶点探测器配合计数器一起使用。

2. 火花室和流光室

这些装置都需要较高的电压，当粒子进入装置产生电离时，离子在强电场下运动，形成多次电离，增殖很快，多次电离过程中先产生流光，后产生火花，使带电粒子的径迹成为可见。流光室具有较好的时间特性。它们都具有较好的空间分辨率（约 200 μm）。除了可用照相记录粒子径迹外，还可记录电脉冲信号，作为计数器用。

3. 固体径迹探测器

重带电粒子打在诸如云母、塑料一类材料上，沿路径产生损伤，经过化学处理（蚀刻）后，将损伤扩大成可在显微镜下观察的空洞，适于探测重核。

二、常见仪器介绍

（一）HD-2000 型 γ 辐射仪

1. 仪器简介

该仪器用于放射性场所测量、环境监测、进出口商品和运输物品放射性检测、核医疗、同位素应用、辐照、放射性实验室、放射性矿床普查、找矿及环境评价等需要测量放射性强度的场合。其灵敏度高，功耗低，具有 GPS 卫星定位及数据存储功能，操作方便、中文液晶显示、标准 USB 通信接口。

2. 技术指标

HD-2000 型 γ 辐射仪如图 11-5 所示，具体参数如下：

含量：≤30 000 Ur。

照射量率：≤5 000 $nC \cdot kg^{-1} \cdot h^{-1}$。

吸收剂量率：≤169 μGy/h（在空气中）。

剂量当量率：≤169 μSv/h（在空气中）。

灵敏度：含量≥5 s^{-1}/Ur。
照射量率：≥30 $s^{-1}/nC \cdot kg^{-1} \cdot h^{-1}$。
能量阈：40 keV。
非线性：≤5%。
稳定性：≤5%。
准确性：测量准确度≤±5%。
GPS 定位准确度≤10 m。
电源：使用 4 节 5 号 AA 电池或充电电池。
功耗：≤200 mW 或≤600 mW（加 GPS）。
使用环境：
温度：-5～50 ℃。
湿度：≤95%相对湿度（40 ℃）。
外形尺寸及重量：320 mm×50 mm×215 mm，1.2 kg（短款）；655 mm×50 mm×215 mm，1.4 kg（长款）。

图 11-5 HD-2000 型 γ 辐射仪

（二）INSPECTOR ALERT 便携式多功能射线检测仪

1. 仪器简介

INSPECTOR ALERT 便携式多功能射线检测仪如图 11-6 所示。该仪器可以测定 α、β、γ 和 x 射线，能探测辐射强度的微小变化，且对通常的放射性核有很高的灵敏度。

图 11-6 INSPECTOR ALERT 便携式多功能射线检测仪

检测仪计量电离情况并将结果显示在液晶显示器(LCD)上,既可使用常规的单位(mR/h 和 CPM),又可以使用 SI 单位(μsv/h 和 CPS)。使用模式开关可以显示你所选择的测定单位。

检测仪运行时,每探测到一次计数(一个电离过程),红计数灯就会闪动一次。

在使用常规单位时,显示器显示出的当前辐射强度以每分钟计数,可从 0~300 000 CPM。如显示×1 000 时,用 1 000 乘所读的数字即为最终数据。在使用 SI 单位时,显示器显示的辐射程度以每秒计数,可从 0~5 000 CPS。

当转换开关到 Total/Timer 这个位置时,显示器显示从开关置于这一位置开始的计数,累积计数总量可从 0~9 999 000。如显示×1 000 时,用 1 000 乘所读数字即为最终获得的数据。

2. 技术指标

剂量率:

mR/h(毫伦/小时)0.001~100。

μSv/h(微希伏/小时)0.01~1 000。

能量范围:20 keV~3 MeV。

计数:

CPM(每分钟计数)0~300 000。

CPS(每秒钟计数)0~5 000。

精度:15%。

重量:420 g。

体积:150 mm×80 mm×30 mm。

探测器:卤素破碎式盖革计数管,有效直径 1.75″(45 mm)。

效率:Sr-90:约 45%。

C-14:约 11%。

能量敏感性:以 Cs-137 为参照时,3 500 CPM/mR/h。

显示器:含模式指示器的 4 位数字液晶显示器。

平均周期:显示器每 3 s 更新一次显示,显示在通常强度下前面 30 s 的平均值,平均周期随着辐射强度的增大而缩短。

运行范围:mR/h:0.001~100.0。

CPM:0~300 000。

Total:1~9,999 000。

μsv/h:0.01~1 000。

CPS:0~5 000。

计时:以每分钟增量计数时,可设定 1~10 min 为一测定周期;以 10 min 计数时,可设定 10~50 min 为一测定周期;以每小时增量计数时,可设定 1~24 h 为一测定周期。

警报点:根据用户需要可自行调节。

精确度:读出器以最大比例下保存 100 次最大读数。

温度范围:-10~+50 ℃,14~122 ℉。

工作时间：一个 9 V 碱性电池。正常情况下电池寿命最短为 200 h，在 1 mR/h 时最短为 24 h。

三、使用注意事项

(1)本仪器应注意防振防撞。
(2)本仪器应放置于干燥处所。
(3)仪器长期不用，须将机内电池取出。
(4)本仪器探测元件为玻璃制品，使用时请勿碰撞、跌落。
(5)仪器更换电池的适当时间为液晶显示器上的小数点消失时。

第五节 温度测定仪

一、常见设备的种类及基本参数

(一) HCT-300 系列手持式数字测温仪

1. 仪器简介

HCT-300 手持式数字测温仪如图 11-7 所示。该仪器是专门针对有色和黑色金属冶炼、铸造行业炉前快速测温及机械制造、食品、化工等企业进行温度巡回检测需要的高精度便携仪表。该系列仪表可配用多种型号的国际标准热电偶，提供高可靠性的使用方便的温度计量器具。

图 11-7　HCT-300 手持式数字测温仪

其内部采用高性能、低成本、低功耗的 8 位 CMOS 单片微计算机(89C52)为核心，充分发挥其强大的实时数据处理功能，对一次元件传递的温度信号能进行高精度的线性化处理。系统具有自检、自动稳零及自动量程切换等功能，保证了仪表准确、可靠地工作。

根据不同使用场合,仪表专门设置了“峰值保持”“谷值保持”“稳定值保持”,可将测得的最高温度、最低温度或稳定值在液晶显示器上保持任意时间,便于用户观察测量结果。

2. 工作原理

HC-300 系列测温仪采用国际标准热电偶作为测温传感元件,热电偶在温场中产生的热电势经仪表前置放大器放大后,再经过 A/D 转换器转换成数字信号,由微处理器进行线性化、冷端补偿、自稳零、自动量程切换等数据运算,根据外部功能设置实现温度的数字显示及保持等功能。

3. 测温仪技术性能指标

如表 11-3 所示,测量范围和测量精度:

分辨能力:1 ℃(K 型热电偶在-175 ~200 ℃范围内为 0.1 ℃)。

响应时间:<0.4 s。

环境温度:工作条件 0~50 ℃。

存贮条件-20~60 ℃。

环境湿度:工作条件 5%~80%相对湿度。

存贮条件 5%~90%相对湿度。

机械性能:振动条件 f=30 Hz,A=0.19 mm。

冲击条件:a=30g。

电源:电压 6 V DC(1.5 V×4)。

允许电压变化:<±10%。

整机功耗:<90 mW。

外形尺寸:212 mm×72 mm×26 mm。

表 11-3 测温仪测量范围和测量精度

热电偶型号	测量范围(℃)	测量精度(测量范围的%)
K(镍铬-镍硅)	-175~1 300	<±0.5±1
S(铂铑 10-铂)	500~1 700	<±0.5±1
B(铂铑 30-铂铑 6)	1 000~1 800	<±0.5±1
Wre-3/25(钨铼 3/25)	0~1 999	<±0.2±1
R(铂铑 13-铂)	500~1 700	<±0.5±1

(二)TP-5 便携式电子温度测量仪

1. 仪器简介

TP-5 便携式电子温度测量仪如图 11-8 所示。该仪器用于储存油类或化学品的油库或油罐,炼油厂、化学厂或热水处理厂及海上运输(如油船、驳船或其他运输设备)等的温度测量。

仪器的电缆和探针传感器与仪器完美结合,电子电路置于仪器内部,可以得到很好的保护。如要接触电子电路和电池,必须拆掉面板、边板或电池盖。测得的温度显示于仪器面板上的 LCD 显示窗。电子元件采用 CMOS 技术,由一节 9 V 不可充电电池供电。电缆一端连接电子电路，另一端连接探针，组成一个“固态电路”。按下面板上的“on”键即可读取显示器上的测量读数。如要在危险区域使用，则本仪器必须接地，且操作人员应具有在危险区域工作的相关安全知识。

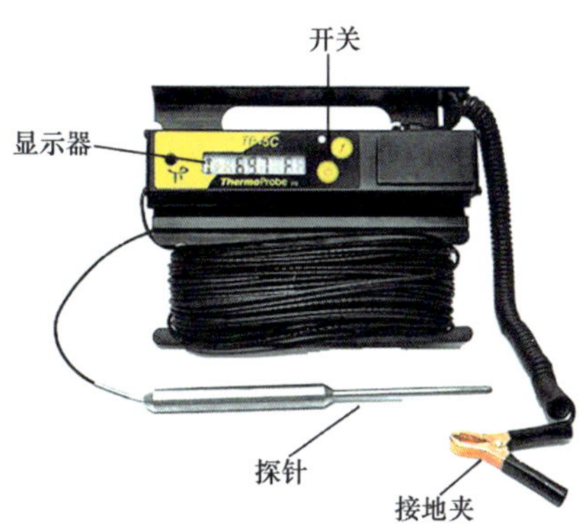

图 11-8　TP-5 便携式电子温度测量仪

2. 基本参数

探针：密封型 304 不锈钢，并有芳族聚酰胺纤维加强，FEP 或 PFA 材质同轴电缆保护。

外壳材料：镀铝外壳，不锈钢接扣。

电池：2 节 AAA 碱性电池，使用时间大约 100 h。

电池工作温度：-20～54 ℃，如环境温度低于-20 ℃或高于 54 ℃，电池将不能提供足够的电力。

测量温度范围：-10～204 ℃。

分辨能力：0.1 ℃。

测量精度：±0.1 ℃，0～100 ℃；±0.3 ℃，100～200 ℃。

安全等级：EEx ib IIB T4。

电缆长度：34 m。

外形尺寸：290 mm×54 mm×220 mm。

二、仪器的使用

以 TP-5 便携式电子温度测量仪为例。

1. 使用前的准备

(1)测试人员应对被测物质具有完全的了解，且必须懂得对被测物质安全操作的相关知识。

(2)应检查设备是否有缺陷，检查设备具有完全良好状态的电池及接地线缆等。如果需要，检查设备的测量精度。如果有发现任何的缺陷，须等设备维修好后才能使用。

(3)为了安全及使用方便，设备特别是线缆和探针应保持清洁。

(4)如果认为待测空间有主要的或次要的危险源或者两者兼有，应该对此进行有效的安全评估。

2. 测量程序

(1)检查待测空间里的风向或其他气体的移动，以避免吸入水汽。

(2)通过接地装置连接船舶与设备。

(3)送下线缆和探针到达想要的深度。

(4)按下"on"按钮,在不同方向上提起并降下探针 1 in 左右,以缩短温度的稳定时间。

(5)往上缠绕线缆的过程中,擦拭线缆和探针,以保证其下次使用时是干净的。

(6)从接地装置上移除接地电缆,包裹好设备放到存储箱里。

第六节 易流态化货物适运水分限量 TML 的测定

一、实验目的

测定散货试样的含水量和流动水分点,进而确定其适运水分限量。在实践中,要求装船散货的含水量满足:具有代表性散货试样的含水量<该散货的适运水分限量。

流盘测试仪如图 11-9 所示。

图 11-9 流盘测试仪

二、实验仪器

实验仪器主要有流盘测试仪、捣棒、机械搅拌机、烘干炉、天平与砝码、玻璃量筒和量管等。

流盘测试仪的主要技术指标:流盘升落高度 12.5 mm,每分钟升落为 25 次数。

三、实验方法

本实验采用的"流盘试验法"一般适用于最大粒度为 1 mm 的精矿或其他颗粒物质,最大粒度大于 7 mm 的物质不适用此法,对于含有较高比例黏土的物质,测试结果不理想。

本实验采用的试验物质为煤,重量约 2 kg,经验表明:使试验物质水分渐增至流动水分点所得结果比渐减时所得结果要准确。

1. 试验物质含水量的确定

试验物质含水量 w 的计算公式为：

$$w=\frac{m_1-m_2}{m_1}\times 100\%$$

式中：m_1——收到时试验物质的精确质量；

m_2——将试验物质烘干后的精确质量，通常将试样在 105 ℃下干燥数小时后，若试样称重的重量已无变化后得到。

2. 试验物质流动水分点 FMP 测定

(1) 将试验物质放入搅拌机中进行充分搅拌，随后将其分为三部分：

①A 试样：取 1/5，立即称重，并置于烘干炉中烘干，以确定试样收到时的含水量。

②B 试样：取 2/5，用于预备试验。

③C 试样：取 2/5，用作主试验。

(2) 装填圆模

将圆模置于流盘中心，将搅拌后试样分三层装填，各层经捣实后约占圆模深度的 1/3，最后一层应刚好达到圆模顶边的下部。对试样捣实的目的是模拟货物在舱内积载时所受压力，其计算公式为：

捣棒压力(Pa)= 散货密度(kg/m^3)×最大货物深度(m)×重力加速度(m/s^2)

当无货物深度资料时，则应用货物的最大可能深度。

底层试样应用捣棒捣 35 次，中层 25 次，上层 20 次。

(3) 移去圆模：轻拍圆模四周至其松动，取出圆模。

(4) 流动水分点预备试验(使用 B 试样)

①移去圆模，将流盘以每分钟 25 次的速率自 12.5 mm 高处升落 50 次，观察试样。

②若试样未达到流动水分点状态时，将试样重新装回搅拌机中并在试样表面喷洒 5~10 mL 或更多水，并将试样搅拌均匀。

③重新填装圆模，重复上述①过程，直至试样达到呈流态状。

试样呈流态状识别：一方面，当试样经过流盘颠振后，试样塌落并成碎块状，则显然试样还未达到流态状；另一方面，当经过流盘颠振后，试样产生塑性变形，或用卡尺测出圆台状试样有 3 mm 以上的增加量，则可表明试样已达到流态状。

(5) 流动水分点主试验

将 C 试样的含水量调至比预备试验中未达到流态的最后试样含水量低 1%~2%，测试方法和步骤与预备试验时相同，但每次加水量不超过 5%，每次可将模中的试样置于容器中并立即称重，以备测试其含水量。要求测试达到流动水分点前和后的 2 份试样含水量(两者差不应超过 0.5%)。

(6) 试验物质流动水分点 *FMP* 计算

$$FMP=\frac{1}{2}(w_1+w_2)\times 100\%$$

式中：w_1——试样刚达到流态后的含水量；

w_2——试样刚达到流态前的含水量。

3. 试验物质适运水分限量 TML 确定

适运水分限量取流动水分点的 90%。

四、注意事项

(1)在机械搅拌机顶盖开启时,除非搅拌机电源被切实切断,否则实验人员严禁将手伸进搅拌机搅桶内。

(2)当要将流盘测试仪电源插头变换原使用的插座时,须先将流盘垂向向上取出,再将插头插入插座并按下启动按钮,随后观察流盘下所示内外两个箭头旋转方向是否一致。若两个箭头旋转方向相反,则须变换电源插头内两相电源线的位置,再启动仪器按钮,直至观测到流盘下内外两个箭头旋转方向一致后才能将流盘放回,并正常使用;否则,启动仪器电源后,将会使流盘下的机械部件受损。

(3)流盘试验仪若较长时间未使用,则在使用前应至少升落十几次。

(4)试验人员在用手接触试样时,须戴胶皮手套。

(5)实验最好在不受温度、气流和湿度变化的室内进行,盛放试验物质的容器上应加塑料薄膜或盖子,试验必须当天完成,以使试验物质水分损失最少。

(6)将试验物质放入烘干炉进行干燥处理时,不要开启烘干炉的鼓风机按钮,以减缓某些试样的氧化程度。

五、含水量的简易测定方法

精选矿粉等易流态化货物的流动性,可采用以下几种简易检测方法近似测定:

(1)用坚固圆筒或类似容器(容积为 0.5~1.0 L)盛装半罐货样,提起后从离地面约 0.2 m 高处摔向一坚硬的地面,以 1~2 s 间隔重复 25 次,观察其表面,如出现游离水分或流动液面,则应怀疑货物的适运性,应对其含水量进行正规检测。

(2)用手抓一把矿粉,从 1.5 m 高处自由落到地面上或甲板上,如着地时货样崩散,说明其含水量较低,如仍为一团,则其含水量较高,应借助仪器测定其实际含水量。

(3)手抓矿粉成团后,如用手能捏散表明其含水量较低,否则应要求进行正规的含水量测定。

(4)货样装入平底玻璃杯或其他类似容器内,来回摇动 5 min,如明显有液体浮在货物表面,说明货物含水量太高,应要求进行正规的含水量测定。

(5)货样散在一平盘上压成锥体,用平盘抨击桌面,如锥体呈碎块或块状裂开而不坍塌,表示货物适运,如坍塌成煎饼状,则其含水量过高。

(6)人踩在矿粉上,如出现松软现象,呈流沙状流动,表明货物的含水量过高。

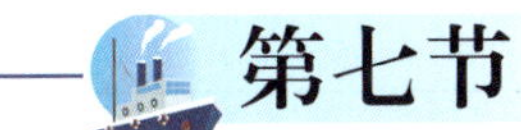

第七节 散装固体货物的静止角测定

一、实验目的及实验准备

1. 实验目的

测定粉末状或颗粒状物体静止角(休止角、安息角)。

2. 实验准备

静止角测定仪器、一定量的被试样品。

二、观测法、倾箱法的使用

(一)观测法

1. 仪器及用具

堆积试样用工具:小铲、毛刷等。

直尺:1 000 mm×50 mm×10 mm(用于粒度上限≥50 mm 试样);

400 mm×30 mm×5 mm(用于粒度上限<50 mm 试样)。

量角仪外形尺寸:400 mm×100 mm×4 mm。

图 11-10 所示为量角仪。

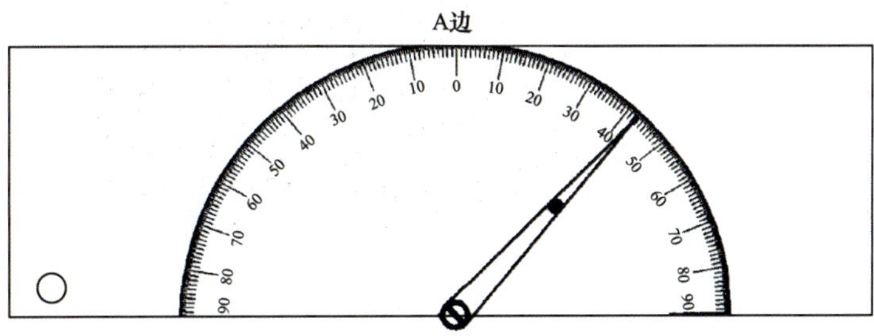

图 11-10 量角仪

试样:

按有关规定采取有代表性试样,不同粒级应取的最小试样质量如表 11-4 所示。当试样因粒度原因不能形成自然锥体时,应加大试样质量。

表 11-4 不同粒级应取的最小试样质量

最大粒度(mm)	最小质量(kg)
>100	150
100	100
50	30
25	15

续表

最大粒度(mm)	最小质量(kg)
13	8
6	4
3	2
0. 5	1

2. 测定步骤

(1)将一粗质纸铺在水平板上,将 10 L 试样分成 3 等份。

(2)将一份试样的 2/3 倒在粗质纸上,形成一初始锥形。将余下该份试样从距锥顶约几毫米高处特别仔细地倒在锥顶上。注意锥形形状对称。

(3)将静止角量角器在锥形四周间隔约 90°的四个位置上测出。测量时应注意量角器不要接触到锥形体。所测静止角为自圆锥体半高处量起的斜面与水平底平面的夹角。静止角的观测如图 11-11 所示。

(4)将其余 2 份试样重复上述(1)~(3)步骤测定静止角。

(5)散装货物试样的静止角即为三份试样共 12 个测量值的平均值。

图 11-11　静止角的观测

(二)倾箱法

1. 仪器组成

仪器主要有试验箱(600 mm×400 mm×200 mm,不锈钢板制成,上部边缘装有两个呈垂直方向布置的水平泡,箱内有可卸式网格)、电动推杆(最大推力 100 kg)、支架(装有脚轮和水平可调螺杆)、电控部分、刮板、勺子等,另外还有散装货物静止角测定仪、静止角量角器、一张堆试样用的粗质纸、一容量为 3 L 的锥筒形砂斗等。

2. 技术要求

试验箱上升倾斜:最大速度:≤0. 3°/s。

最大倾斜角度:50°。

精确度:0. 5°。

工作环境:环境温度,常温。

相对湿度:≤85%,周围无强电场、无高浓度粉尘及腐蚀物质。

静止角测定仪的主要技术指标:试验箱最大载重 150 kg,上升倾斜最高速度<0. 3°,试

验箱倾斜范围 0°~50°,倾斜箱指示角精度为 0.5°。

倾箱法测静止角如图 11-12 所示。采用“倾箱试验法”适合于测定非黏性细颗粒(颗粒小于 10 mm)物质的静止角。

图 11-12 倾箱法测静止角

3. 静止角的测定步骤

(1)将测定仪放置于干燥水平处,使用前调整本设备水平。

(2)插上电源,供电电源应设有专门开关,并有效接地。

(3)将试样从尽可能低的高度倒入试验箱中,并保证装填物表面与箱底平行,多余的试样应用直边铲刮掉。铲刮时,应将边铲倾斜 45°。

(4)接通电源,通过倾斜按钮控制箱体倾斜,当粉体的表面产生滑动时,立即按停止按钮停止倾斜,试验箱外侧指示的倾斜角度即为试样的静止角。

(5)散货静止角取 3 次测量值的平均值。试验最好用 3 份试样分别进行。

三、注意事项

(1)记录的测试角度应精确到 0.5°以内。

(2)经大量测试表明,采用倾箱试验法测定的静止角要大于采用观察试验法测定的静止角。

第十二章 人员防护设备的使用

第一节 防化服与消防服

一、防化服

防化服有消防防化服、化学防化服等类型。

如图 12-1 所示,消防防化服(Fire-fighting Anti-chemical Clothes)是消防员防护服装之一,它是消防员在有危险性化学物品和腐蚀性物质的火场和事故现场进行灭火战斗和抢险救援时,为保护自身免遭化学危险品或腐蚀性物质的侵害而穿着的防护服装。化学防护服可以是密封的,也可以不是密封的,这取决于应用情况和危险的等级。所有用于防护服的材料都必须能够抵抗化学渗透和降解。缝型结构也是影响防护服性能的一个重要因素,如果处理得不好,织物的针眼处会留下足够可以使微料或液体通过的孔隙,从而降低防护性能。

图 12-1 消防防化服

消防防化服双面涂覆阻燃防化面胶,制成遇火只产生炭化、不产生熔滴,能保持良好强度的胶布作为主材,经贴合—缝制—贴条工艺制成服装主体和手套,并配以阻燃、防化、耐电压、抗刺穿的防化靴。

化学防护服分为轻型和重型两类。

轻型防护服一般采用尼龙涂履 PVC 制成,重量较轻,适用于危险场所作业的全身保护,可以防止一般性质的酸碱侵害,不用配备呼吸器。其重量一般在 5 kg 左右。

重型防护服可以采用多层高性能防化复合材料制成,具有防撕裂、防扎耐磨、阻燃、耐热、绝缘、防水密封等优异性能,能够全面防护各种有毒有害的液态、气态、烟态、固态化学物质、生物毒剂、军事毒气等。其重量一般不超过 7 kg。

(一)主要技术参数

以 RHF-01 型轻型防化服为例。

(1)阻燃防化面胶厚度:0.45±0.05 mm。

(2)拉伸强度:经、纬向≥450 N/5 cm。

(3)耐撕裂强度:≥32 N。

(4)防酸碱渗透性能:80% H_2SO_4、60% HNO_3、30% HCl、6.1 mol/L NaOH,10 mm 液注下,1 h 不渗透。

(5)损毁长度:≤10 cm(无熔融、滴落现象)。

(6)抗汽油性能:120#汽油浸泡 30 s 无裂纹、不发黏。

(7)阻燃性能:续燃时间≤2 s,阻燃时间≤10 s,损毁长度≤10 cm,无熔滴。

(8)防化靴性能:

①靴底电绝缘性能:≥5 000 V。

②靴底耐刺穿性能:≥780 N。

③靴的防水性能:浸水 2 h,不渗水。

(9)防化服性能:

①贴条黏附强度:≥0.78 kn/m。

②抗水渗漏性能:5 支 3 L/min 喷头冲刷 15 min 不渗漏。

③整体重量:≤5 kg。

(二)穿着及存储方式

1. 防护服穿着

(1)须对防护服进行检视和气压检测,确定没有缺陷。

(2)如有必要,应按所建议的说明,在防护服的目视镜内侧涂防雾剂。

(3)两人合作,即在穿着防护服时有另一人帮忙。

(4)去掉可能损坏防护服的个人物品,如笔、证章、首饰等。

(5)脱掉鞋,一些长筒胶靴不允许户外用鞋穿入(当穿上一个附带有长筒胶靴的防护服时,可省去这一步)。

(6)把裤腿卷入长袜中,以便能方便地穿上防护服的裤腿和长筒胶靴。

(7)如使用呼吸装置,检查并装上该设备,完成所有连接,根据制造厂要求进行调节,除非该呼吸装置要求,暂勿戴上面罩。

(8)坐着将两条腿放入防护服。

(9)将两脚伸入套靴内,拉下套靴上面的防溅罩(注:工作靴应比通常穿的靴子大1~2号,这样有足够的空间将防护服保护套的靴子放入套靴)。

(10)打开空气供应装置,戴上面罩,确定供气系统工作正常。

(11)站起身,扎上内腰带(如有)。

(12)将手臂和头套入防护服里,拉上拉链,然后合上拉链覆盖。

(13)请助手检查确定拉链及拉链覆盖是否完全拉紧,面罩视野是否清晰,所有空气管路是否紧密结合,防护服是否处于最佳工作状态。

2. 防护服卸装

(1)在呼吸装置尚有足够的空气时离开工作现场或“热区”,安全地清除污染,及时脱去防护服。

(2)如果防护服接触了有毒化学品,要先适当地去毒,然后脱去防护服。

(3)按穿上防护服的相反顺序脱去防护服,勿接触防护服上可能沾有化学品的地方。

(4)如有可能,对防护服进行全面去毒、清洗、检视及气压检测,以备再用。

(5)如果不能对防护服进行去毒时,应当用安全的方法将防护服抛弃。

3. 防护服储藏

应储藏在凉爽、干燥、不受阳光直接照射的地方。

防护服可直接用原包装袋储藏或放在衣架上储藏。

防护服由各种不同的橡胶及聚合物物成,目前缺少这些材料的储藏期限方面的数据。应该根据防护服的使用情况,一般过5年便作为“训练专用”的化学防护服。

二、消防服

消防服也叫消防战斗服,如图12-2所示,是保护活跃在消防第一线的消防队员人身安全的重要装备品之一,它不仅是火灾救助现场不可或缺的必备品,也是用来对其上下躯干、头部、手部和脚部进行隔热防护,保护消防队员身体免受伤害的防火用具。消防服是由外层、防水透气层、隔热层、舒适层等多层织物复合而成,这种组合部分的材料可允许制成单层或多层。消防服包括消防上衣、消防裤、消防头套、消防手套以及防火脚套。

图12-2 消防战斗服

消防服是在进行消防活动中,消防队员用来保护身体的重要工具。因此,它必须具备以下特征:

(1)从防护性来考虑,必须具有耐火性、耐热性和隔热性,还要具有强韧性,防止锐利

物体的冲击、碰撞等,另外更要具有能够阻止化学物质对皮肤伤害的性能;

(2)适应外界的冷暖、风雨等环境的变化,能够保持体力和旺盛的精力;

(3)从作业效率方面考虑,消防服应在作业中有活动余地,尽量选用伸缩性能良好的材料。

消防服大致可以分为两种:一种是连体式的,另一种是分体式的(分为上衣和裤子)。

分体式消防服的优点是:安全性高(含下半身防护、全身的防护性高)、容易活动、不易沾湿、防水性好、耐寒性好、功能和外观好。

分体式消防服的缺点是散热性差、体热不易排出、造价高、衣体重。连体式消防服的优点是散热性好、体热容易排出、造价低,缺点是安全性差、活动不便、衣体重。

(一)消防服技术要求

1. 外层面料性能

(1)阻燃性能:损毁长度不应大于 100 mm,续燃时间不应大于 2 s,且不应有熔融、滴落现象。

(2)面抗湿性能:沾水等级不应小于 3 级。

(3)断裂强力:经、纬向干态断裂强力不应小于 650 N。

(4)撕破强力:经、纬向撕破强力不应小于 100 N。

(5)热稳定性能:经 260±5 ℃热稳定性能试验后,沿经、纬方向尺寸变化率不应大于 10%,试样表面无明显变化。

2. 防水透气层

(1)耐静水压性能:耐静水压不应小于 17 kPa。

(2)透水蒸气性能:水蒸气透过量每 24 h 不应小于 5 000 g/m^2。

(3)热稳定性能:经 180±5 ℃热稳定性能试验后,沿经、纬方向尺寸变化率不应大于 5%,试样表面无明显变化。

3. 隔热层

(1)阻燃性能:损毁长度不应大于 100 mm,续燃时间不应大于 2 s,且不应有熔融、滴落现象。

(2)热稳定性能:经 180±5 ℃热稳定性能试验后,沿经、纬方向尺寸变化率不应大于 5%,试样表面无明显变化。

4. 整套服装重量

整套服装重量不应大于 3.5 kg。

(二)消防服的穿戴方法

以连体消防服为例:

(1)从包装盒中取出消防服。

(2)小心卸下包装,展开消防服,检查其是否完好无损。

(3)拉开消防服背部的拉链。

(4)先将腿伸进连体消防服,然后伸进手臂,最后戴上头罩。

(5)拉上拉链,并将按扣按好。

(6)穿上安全靴,并按照个人需要调节好鞋带。

(7)必须确认裤腿完全覆盖住安全靴的靴筒。

(8)最后戴上手套,这样就穿戴好了全套消防服及组件。

(9)依照相反的顺序脱下消防服。

第二节 自给式呼吸器

一、种类及参数

自给式呼吸器(Self-contained Breathing Apparatus,SCBA)是使人的呼吸器官、眼睛和面部完全与外界受污染空气隔离,依靠面具本身提供的氧气(空气)来满足人的呼吸需要的一类防护面具,主要由全面罩、供气系统和背具构成。自给式呼吸器主要用于有害物质浓度较高(体积浓度不小于1%时),有害物质种类不明,环境空气中氧气浓度小于16%,以及空气中含有大量一氧化碳等状况,过滤式防毒面具无法发挥作用的场合。与过滤式防毒面具相比,其优点是使用方便,受使用场合的限制较小,不论毒剂的种类、状态和浓度大小,均能有效地予以防护。缺点是使用时间相对较短,质量重、体积大、结构复杂、价格昂贵,使用、维护、保管要求高。

自给式呼吸器按供气系统的供气原理可分为贮气式呼吸器、贮氧式呼吸器和生氧式呼吸器三种。

1.贮气式呼吸器

贮气式呼吸器又称空气呼吸器,是以压缩空气为供气源的开路式呼吸器,由全面罩组件、供气阀组件、减压器组件、高压气瓶和瓶阀组件、背架组件等组成。

空气呼吸器的工作原理是:压缩空气由高压气瓶经高压快速接头进入减压器,减压器将输入压力转为中压后经中压快速接头输入供气阀。当人员佩戴全面罩后,吸气时在负压作用下供气阀将洁净空气以一定的流量进入人员肺部;当呼气时,供气阀停止供气,呼出气体经全面罩上的呼气活门排出。这样形成了一个完整的呼吸过程。

根据呼吸过程中全面罩内的压力与外界环境压力间的高低,空气呼吸器可分为正压式和负压式两种。呼吸过程中,全面罩内压力始终比外界环境压力稍高的,属正压式。全面罩内压力在吸气时比外界环境压力稍低的,属负压式。正压式空气呼吸器在呼吸的整个循环过程中,全面罩内始终处于正压状态,因而即使全面罩略有泄漏,也只允许全面罩内的气体向外泄漏,而外界的染毒气体不会向全面罩内泄漏,具有比负压式空气呼吸器高得多的安全性。而且正压式空气呼吸器可按佩戴人员的呼吸需要来控制供给气量的多少,实现按需供气,使人员呼吸更为舒畅。基于上述优点,正压式空气呼吸器已在世界各国广泛使用。

空气呼吸器气瓶中的呼吸空气使用完后,可用呼吸空气充填泵对气瓶进行充气。

RHZKF6.8/30型正压式空气呼吸器的组成部分如图12-3所示。它由12个部件组成,现将各部件的特点介绍如下:

(1)全面罩:为大视野面窗,面窗镜片采用聚碳酸酯材料,透明度高、耐磨性强,具有防雾功能,网状头罩式佩戴方式,佩戴舒适、方便,胶体采用硅胶,无毒、无味、无刺激,气密性能好。

(2)气瓶:为铝内胆碳纤维全缠绕复合气瓶,工作压力为 30 MPa,质量轻、强度高、安全性能好,瓶阀具有高压安全防护装置。

(3)瓶带组:为一快速凸轮锁紧机构,并保证瓶带始终处于一闭环状态。气瓶不会出现翻转现象。

(4)肩带:由阻燃聚酯织物制成,背带采用双侧可调结构,使重量落于腰胯部位,减轻肩带对胸部的压迫,使呼吸顺畅,并在肩带上设有宽大弹性衬垫,减轻对肩的压迫。

(5)报警哨:置于胸前,报警声易于分辨,体积小、重量轻。

(6)压力表:大表盘、具有夜视功能,配有橡胶保护罩。

(7)气瓶阀:具有高压安全装置,开启力矩小。

(8)减压器:体积小、流量大、输出压力稳定。

(9)背托:背托设计符合人体工程学原理,由碳纤维复合材料注塑成型,具有阻燃及防静电功能,质轻、坚固,在背托内侧衬有弹性护垫,可使佩戴者舒适。

(10)腰带组:卡扣锁紧、易于调节。

(11)快速接头:小巧、可单手操作、有锁紧防脱功能。

(12)供给阀:结构简单、功能性强、输出流量大、具有旁路输出、体积小。

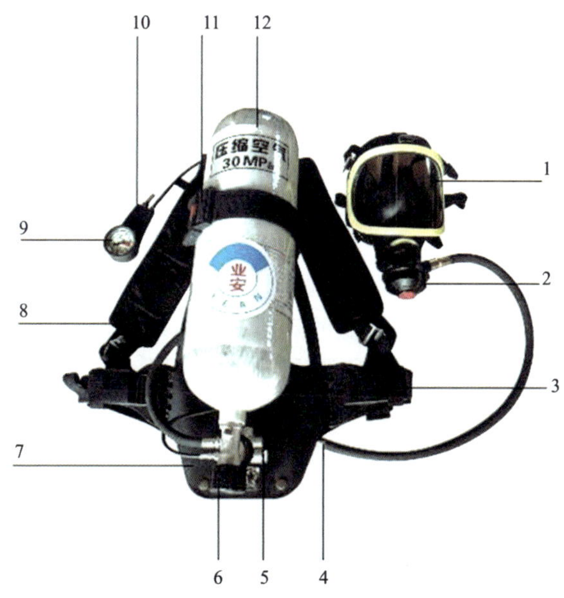

图 12-3 RHZKF6.8/30 型正压式空气呼吸器的组成部分

2. 贮氧式呼吸器

贮氧式呼吸器又称氧气呼吸器。目前广泛使用的是闭路式氧气呼吸器,由高压氧气瓶、吸收二氧化碳的清净罐、气囊、全面罩、导气管和减压器等组成。使用时,高压氧气经减压器减压后,进入气囊,补充人员呼吸所消耗掉的氧气。同时,呼出的气体不排入大气中,而是经全面罩的呼气阀进入清净罐,由清净罐将二氧化碳吸收后进入气囊,与气囊中的氧气混合,组成含氧空气,经全面罩的吸气阀、导气管进入全面罩,供给人员呼吸。使用过程中,依次反复呼吸循环,直至氧气耗尽或任务结束为止。

闭路式氧气呼吸器的有效使用时间较长,一般常用的有 2 h 或 4 h 等,适用于作业时间较长的场所。闭路式氧气呼吸器按供氧方式分为定量式、肺动力式和手动补给式三种。

定量式是按一定的流率供氧,保证人员在普通劳动强度下呼吸使用。肺动力式是按人员肺部的呼吸需要供给氧气,适合人的生理需要。手动补给式是在使用过程中,因气囊内废气积聚过多需要清除,或者减压器定量供氧发生故障时,用手压按钮,自动补给阀开启,向气囊补氧,放开按钮时即停止供氧。

3. 生氧式呼吸器

生氧式呼吸器又称生氧式防护面具,由全面罩、供气系统和背具组成,为一种闭路循环式生氧呼吸器,利用人员呼出的气体与含有大量氧的生氧药剂进行反应生成氧气,并滤除呼出气中的二氧化碳后供人员呼吸使用。这种呼吸器使用比较简单,不需要复杂的气体充填装置和准备工作。国产新型生氧式呼吸器,其供气系统由生氧系统(生氧罐、启动装置和应急装置)、降温系统(金属波放散热器、降温增湿器)、储气装置(储气囊及排气阀)和保护外壳等组成。

生氧罐是呼吸器的重要部件,内装生氧剂。一般常见的生氧剂为超氧化钾、超氧化钠、过氧化钾和过氧化钠。其生氧和脱除二氧化碳的化学反应为放热反应。启动装置是为解决佩戴初期因生氧剂活性不足,放氧量少,尤其是温度在-20 ℃以下的低温环境中使用初期时放氧速度更慢,满足不了呼吸需要而设置的,以保证人员在佩戴初期顺利呼吸。启动装置采用高压储气式装置,高压密封处为金属刚性连接,可保证不漏气。储气容器里存储 20 MPa 的高压氧气,释氧量可达 9 L 以上,释出的氧气进入储气囊。启动装置的开启按钮安装在外壳的侧面,并有防止误启动装置。应急装置与启动装置的结构相同,在使用后期生氧不足时,可采用应急装置以供人员及时撤离作业场所。

降温系统由两部分组成,采用二级降温。第一级是金属波纹管散热器,第二级是连在气囊出气口的降温增湿器。由于从生氧罐流出的气体温度高达 160 ℃,直接进入气囊会影响气囊的使用寿命,因此将不锈钢波纹管散热器置于生氧罐出气口和气囊之间,可使气体温度冷却到 100 ℃以下。第二级降温的降温增湿器内装直径 3~5 mm 的球状三氧化二铝吸附剂,该吸附剂具有良好的吸水和释水功能。使用时,干热气体经过吸附剂带走水分,又进一步降温,可使吸入气体舒适凉爽。同时,储气囊也有一定的降温作用。通过上述措施,可使吸入人体呼吸道内的气体温度降低到常温下(在 25±5 ℃环境条件)低于 36 ℃、高温条件下不大于 39 ℃,保证了佩戴者的正常呼吸。

二、空气呼吸器使用前的有效性检查

(1)检查全面罩的镜片、系带、环状密封、呼气阀、吸气阀是否完好,和供给阀的连接是否牢固。全面罩的各个部位要清洁,不能有灰尘或被酸、碱、油及有害物质污染,镜片要擦拭干净。

(2)供给阀的动作是否灵活,与中压导管的连接是否牢固。

(3)气源压力表能否正常指示压力。

(4)检查背具是否完好无损,左右肩带、左右腰带缝合线是否断裂。

(5)气瓶组件的固定是否牢固,气瓶与减压器的连接是否牢固、气密。

(6)打开瓶头阀,随着管路、减压系统中压力的上升,会听到气源余压报警器发出的短促声音;瓶头阀完全打开后,检查气瓶内的压力应在 28~30 MPa 范围内。

(7)检查整机的气密性,打开瓶头阀 2 min 后关闭瓶头阀,观察压力表的示值 5 min 内的压力下降不超过 4 MPa。

(8)检查全面罩和供给阀的匹配情况,关闭供给阀的进气阀门,佩戴好全面罩吸气,供给阀的进气阀门应自动开启。

(9)根据使用情况定期进行上述项目的检查。空气呼吸器在不使用时,每月应对上述项目检查一次。

三、空气呼吸器的正确佩戴及使用

(一)正确佩戴

(1)佩戴空气呼吸器时,先将快速接头拔开(以防在佩戴空气呼吸器时损伤全面罩),然后将空气呼吸器背在身体后(瓶头阀在下方),根据身材调节好肩带、腰带,以合身牢靠、舒适为宜。

(2)连接好快速接头并锁紧,将全面罩置于胸前,以便随时佩戴。

(3)将供给阀的进气阀门置于关闭状态,打开瓶头阀,观察压力表示值,以估计使用时间。

(4)佩戴好全面罩(可不用系带)进行 2~3 次的深呼吸,感觉舒畅,屏气或呼气时供给阀应停止供气,无"咝咝"的响声。一切正常后,将全面罩系带收紧,使全面罩与额头、面部贴合良好并气密,此时深吸一口气,供给阀的进气阀门应自动开启。在佩戴全面罩时,应注意系带不要收得过紧,以面部感觉舒适,无明显压痛为宜。

(5)使用完毕,将全面罩的系带解开,将消防头盔和全面罩分离,从头上摘下全面罩,同时关闭供给阀的进气阀门。将空气呼吸器从身体卸下,关闭瓶头阀。

注意:①一旦听到报警声,应准备结束在危险区工作,并尽快离开危险区。

②压力表固定在空气呼吸器的肩带处,随时可以观察压力表示值来判断气瓶内的剩余空气。

③要等瓶头阀关闭后,管路的剩余空气释放完,再拔开快速接头。

(二)使用后的处理

空气呼吸器使用完后应及时恢复使用前的战斗准备状态,并做以下工作:

(1)卸下全面罩,用中性或弱碱性消毒液洗涤全面罩的口鼻罩及与人的面部、额头接触的部位,擦洗呼气阀片;最后用清水擦洗。洗净的部位应自然干燥。

(2)卸下背具上的空气瓶,擦净装具上的油雾、灰尘,并检查有无损坏的部位。

(3)对空气瓶充气。

(4)将充气的空气瓶接到减压器上并固定在背具上。

(5)按使用前准备工作要求,对空气呼吸器进行检查。

(6)空气瓶的充气方法及注意事项:

①关闭瓶头阀,将空气瓶组件从背具上卸下来。

②将气瓶组连接在空气压缩机的输出接口上。注意目检空气瓶的净水压日期、有无深的刻痕、切口及瓶头阀有无损伤，如发现损伤，应及时修理，测试合格后才能使用。

③打开瓶头阀旋钮，按下空气压缩机电源开关充气至 30 MPa。

④待空气瓶自然冷却后再充气至 30 MPa。注意不要对气瓶组过分加压。

⑤关闭瓶头阀，放空充气管路的剩余空气，然后从充气装置上取下气瓶组。

⑥将气瓶组装到背具上或另外存放备用。

四、空气呼吸器的日常检查维护及保养

（一）日常常规检查

1. 整机气密性检查

关闭空气呼吸器供给阀的进气阀门，开启瓶头阀，2 min 后再关闭瓶头阀，压力表在瓶头阀关闭后 5 min 内的下降值应不超过 4 MPa。如果 5 min 内的压力下降值超过 4 MPa，应分别对各个部件和连接处进行气密性检查。

2. 报警器的报警压力

打开气瓶瓶头阀，待压力表指示值上升至 7 MPa 以上时关闭瓶头阀，观察压力表下降情况至报警开始，报警起始压力应在 4~6 MPa 之间。如果报警起始压力超出了这一范围，应卸下报警器，检查各个部件是否完好，如损坏应更换新的部件。

3. 供给阀和全面罩的匹配检查

关闭供给阀的进气阀门，佩戴好全面罩后，打开瓶头阀，在吸气时会听到“嗞嗞”的响声；在呼气和屏气时，供气阀应停止供气，没有“嗞嗞”的响声，表明供给阀和全面罩的匹配良好。如果在呼气和屏气时，供气阀仍然供气，还能听到“嗞嗞”的响声，说明不匹配。这时应对供给阀和全面罩进行全面的检查或更换供给阀和全面罩，重新做匹配检查，直至合格为止。

（二）日常维护

1. 空气瓶和瓶头阀

（1）空气瓶避免碰撞、划伤和敲击，应避免高温烘烤和高寒冷冻及阳光下暴晒，油漆脱落应及时修补，防止瓶壁生锈。

（2）空气瓶要按气瓶上规定的标记日期使用，定期进行检验，每三年进行一次水压试验检验，合格后方可使用。

（3）空气瓶内的空气不能全部用尽，应留有不小于 0.05 MPa 的剩余压力。

（4）瓶头阀拆下维修后重新装上空气瓶时，要经过压力为 28~30 MPa 的气密性检验，合格后方可使用。

2. 减压器

减压器在使用过程中不要随意拆卸。当安全阀漏气时，应对减压器的膛室压力和安全阀进行重新检验。

3. 全面罩

空气呼吸器不使用时，全面罩应放置在包装箱内，存放时不能处于受压状态。应存放在清洁、干燥的仓库内，不能受到阳光暴晒和有毒气体及灰尘的侵蚀。

4. 供给阀

一般情况下严禁拆卸供给阀。出现故障维修时,按原样装好,检验合格后方可使用。

(三)注意事项

(1)空气呼吸器及其零部件应避免阳光直接照射,以免橡胶件老化。

(2)空气呼吸器严禁接触油脂。

(3)应建立空气呼吸器的保管、维护和使用制度。

(4)空气瓶不能充装氧气,以免发生爆炸。

(5)每月应对空气呼吸器进行一次全面的检查。

(6)空气呼吸器不宜作潜水呼吸器使用。

(7)压力表应每年进行一次校正。

(1)用于呼吸的压缩空气应清洁,一氧化碳、二氧化碳、油及水的含量均应符合规定。

五、空气呼吸器的运输和储存

空气呼吸器在运输时应避免雨淋日晒,不得与油类、易燃品、腐蚀性介质装在一个车箱,搬运时要轻拿轻放。应贮存在干燥温暖的房间,室温在 5~40 ℃为宜,相对湿度应不大于 80%。库房内不得有腐蚀介质,距热源应不少于 1.5 m。

第三节 紧急逃生呼吸装置

如图 12-4 所示,紧急逃生呼吸器装置(EEBD)是由压缩空气瓶、减压器、压力表、输气导管、头罩、背包等组成的,能提供个人 10 min 或 15 min 以上的恒流气体,可供处于有毒、有害、烟雾、缺氧环境中的人员逃生使用。

气瓶上装有压力表,始终显示气瓶内压力。头罩或全面罩上装有呼气阀,将使用者呼出的气体排出头罩外,由于头罩内的气体压力大于外界环境大气压力,所以环境气体不能进入头罩,从而达到呼吸保护的目的。该装置体积小,可由人员随身携带且不影响人员的正常活动。

其结构简单,操作简便,使用者在未经培训的情况下,简要阅读使用说明后即可正确操作。

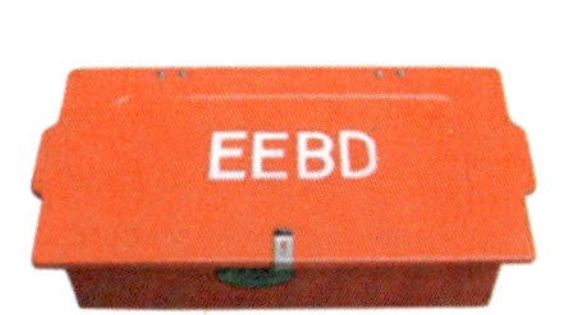

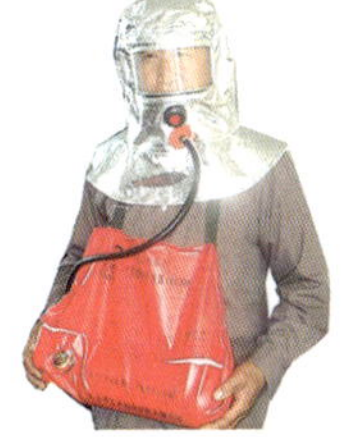

图 12-4 紧急逃生呼吸器装置

紧急逃生呼吸器装置的使用注意事项：

(1)有呼吸方面疾病的消防员，不可担任需要使用呼吸器具的工作。

(2)担任劳动强度较大的工作后，不应立即使用隔绝式呼吸器。

(3)需要使用呼吸器的工作，应两人在一起伴行，彼此照应。

(4)佩戴者在使用过程中，应随时观察压力表的指示值，根据撤离到安全地点的距离和时间，及时撤离灾区现场，或听到报警器发出报警信号后及时撤离灾区现场。

(5)一旦进入空气污染区，氧气呼吸器不应取下，直到离开污染区后，同时还应注意不能因能见度有所改善，就认为该区域已无污染，误将呼吸器卸下。

(6)氧气呼吸器打开气瓶阀时，为确保供气充足，阀门必须拧开 2 圈以上，或全部打开。

(7)氧气呼吸器气瓶在使用过程中，应避免碰撞、划伤和敲击，避免高温烘烤和高寒冷冻及阳光下暴晒，油漆脱落应及时修补，防止瓶壁生锈。在使用过程中发现有严重腐蚀或损伤时，应立即停止使用，提前检验，合格后方可使用。超高强度钢空气瓶的使用年限为 12 年。

(8)氧气呼吸器气瓶内的空气不能全部用尽，应留下不小于 0.05 MPa 压力的剩余空气。

附录 包装/固体散装货物单证

船舶载运危险货物申报单

Declaration Form for Dangerous Goods Carried by Ship

（包装/固体散装危险货物）

(Packaged/Solid in Bulk)

船名： Ship's Name:________	航次： Voyage No.:________	□进港 Arrival	始发港： Prt of Departure:________	抵港时间： Time of Arrival:________
国籍： Nationality:________	经营人： Manager:________	□出港 Departure	作业泊位： Berth:________	作业时间： Time of Loading:________

货物正确运输名称 Proper Shipping Name of the Goods	类别/性质 Class/Property	危规编号 UN No.	装运形式 Means of Transport	件数 Number of Packages	总重量 Weight in Total	卸货港 Port of Discharging	装载位置 Location of Stowage	备注 Remrks

兹声明：根据船舶装载危险货物安全和防污染规定，本轮具备装载上述货物的适装条件，货物配载符合要求，货物资料齐全。申报内容准确无误。 I hereby declare that, in accordance with the provisions of the safe transportation of dangerous goods by ships and pollution prevention, this ship has met the requirements' of fitness for carrying the above declared goods; cargo stowage is properly planned according to the requirements; the documentation of the cargo is complete and the contents of the declaration are true and correct. 附送以下单证、资料： The floowing documents and information are submitted in addition: 船长/申报员： 船舶/代理人（盖章） Master/Declarator:________ Ship/Agent (seal) 船长/申报员证书编号： 日期： Certificate No.:________ Date:________	主管机关签证栏 Remarks by the Administration
紧急联系人姓名、电话、传真、电子邮箱： Emergency Contact Person's Name, Telephone No., Fax and E-mail:	

此申报单一式三份，其中两份申报人留持和分送港口作业部门，一份留主管机关存查。

This declaration should be made in tripartite, one is kept by the Administration for file, and two for the declarer and port operator respectively.

中华人民共和国海事局监制

集装箱装运危险货物装箱证明书

CONTAINER PACKING CERTIFICATE

船名： Ship's Name：	航次： Voyage No.：	目的港： Port of Destination：

集装箱编号：
Container Serial No.：

箱内所装危险货物
Dangerous Goods Packed Therein

正确运输名称 Proper Shipping Name of the Goods	货物类别 IMDG Code Class	危规编号 UN No.	包装类 Packing Group	件数 Package Quantity	箱数 Total of Container	总重 Total Weight

兹证明：装箱现场检查员已根据《国际危规》的要求，对上述集装箱和箱内所装危险货物及货物在箱内的积载情况进行了检查，并声明如下：

1. 集装箱清洁、干燥，外观上适合装货。
2. 如果托运货物中包括除第1.4类外的第1类货物，集装箱在结构上符合《国际危规》第1卷第7.4.6节的规定。
3. 集装箱内未装有不相容的物质，除经有关主管机关按第1卷第7.2.2.3节的规定批准者外。
4. 所有包件均已经过外观破损检查，装箱的包件完好无损。
5. 所有包件装箱正确，衬垫，加固合理。
6. 当散装危险货物装入集装箱时，货物已均匀地分布在集装箱内。
7. 集装箱和所装入的包件均已正确地加以标记、标志和标牌。
8. 当将固体二氧化碳（干冰）用于冷却目的时，在集装箱外部门端明显处已显示标记或标志。注明：**"内有危险气体——二氧化碳（干冰），进入之前务必彻底通风。"**
9. 对集装箱内所装的每票危险货物，已经收到根据《国际危机》第1卷第5.4.1节所要求的危险货物申报单。

以上各项准确无误：

装箱现场检查员证书编号：
No. of certificate of packing inspector：

装箱日期：
Date of packing：

This is to certify that the above mentioned container, dangerous goods packed therein and their stowage condition have been inspected by the undersigned packing inspector according to the provisions of INTERNATIONAL MARITIME DANGEROUS GOODS CODE and to declare that：

1. The container was clean, dry and apparently fit to receive the goods.
2. If the consignmerts include goods of class 1 except division 1.4, the container is structurally serviceable in conformity with section 7.4.6, volume 1 of the IMDG Code.
3. No incompatible goods have been packed into the container unless approved by the competent authority concemed in accordance with section 7.12.2.3, volume 1 of the IMDG Code.
4. All packages have been extemally inspected for damage, and only sound package have been packed.
5. All packages have been properly packed in container and secured, dunnaged.
6. When dangerous goods are transported in bulk, the cargo has been evenly distributed in the container.
7. The container and packages therein are properly marked, ladelled and placarded.
8. When solid cardon dioxide (dry ice) is used for cooling purpose, the container is extemally marked or labelled in a conspicuous place at the door and, with the words："DANGEROUS CO_2 GAS (DARY ICE) INSIDE, VENTILATE THOROUGHLY BEFORE ENTERING."
9. The dangerous goods declaration required in subsection 5.4.1, volume 1 of the IMDG Code has been received for each dangerous goods consignment packed in the container.

That all stated above are correct.

检查地点：
Place of Inspection：

装箱单位（公章）：
Packing unit (seal)：

签发日期：
Date of Issue：

紧急联系人姓名、电话、传真、电子邮箱： Emergency Contact Person's Name, Tel, Fax and E-mail：

此证明书应由装箱现场检查员填写一式两份，一份于集装箱装船三天前向海事主管机关提交，另一份应在办理集装箱移交时交承运人。

Two copies of the eertificate should be filled by the packing inspecor. One should be submitted to Maritime Safety Administration three days prior to shipment and the other should be given to the carrier on container deliver.

中华人民共和国海事局监制

危险货物安全适运申报单
Declaration on Safety and Fitness of Dangerous Goods
（包装/固体散装危险货物）
（Packaged/Solid in Bulk）

<table>
<tr><td colspan="2">发货人：
Shipper：</td><td>收货人：
Consignee：</td><td colspan="2">承运人
Carrier：</td></tr>
<tr><td colspan="2">船名和航次：
Ship's Name and Voyage No.：</td><td>装货港：
Port of Loading：</td><td colspan="2">卸货港：
Port of Discharging：</td></tr>
<tr><td>货物标记和编号，如适用，组件的识别符号或登记号
Marks & Nos, of the goods, if applicable, identification or registration number(s) of the unit</td><td colspan="2">正确运输名称Ⅰ＊、危险类别、危规编号、包装类＊＊、包件的种类和数量、闪点℃（闭环）＊＊、控制及应急温度＊＊、货物为海洋染物＊＊、应急措施编号和医疗急救指南编号＊＊
Proper shipping name＊, IMO hazard class/division, UN number, packaging group＊＊, number and kind of packages, flash point (℃ c. c.), control and emergency temperature＊＊, identification of the goods as MARINE POLLUTANT＊＊, EmS No. and MFAG Table No. ＊＊＊</td><td>总重(kg)
净重/净量
Total weight (kg)
Net weight (kg)</td><td rowspan="2">交付装运货物的形式：
Goods delivered as：
□杂货
Break bulk cargo
□成组件
Unitized cargo
□散货包装
Bulk packages
□散装固体
Solid in bulk

组件类型：
Type of unit：
□集装箱
Container
□车辆
Vehicle
□罐柜
Portable tank
□开敞式
Oper
□封闭式
Close

如适合，在方格内画“×”
Insert“×”in appropriate box</td></tr>
<tr><td colspan="4">＊仅使用专利商标/商品名称是不够的，如适合，应在品名前加(1)“废弃物；(2)空的未经清洁的”或“含有残余物——上一次盛装物”；(3)“限量”。＊＊如需要，见《国际危规》第1卷第5.4.1.1款。＊＊＊需要时
＊Proprietary/trade names abone are not sufficient. If applicable：(1) the word“WASTE” should proceed the name；(2)“EMPTY/UNCLEANED” or “RESIDUE-LAST CONTAINED”；(3)“LIMITED QUANTITY” should be added. ＊＊When required in item 5.4.1.1, volume Ⅰ of the IMDG Code.
＊＊＊When required</td></tr>
<tr><td colspan="5">附送以下单证、资料：
The following document(s) and information are submitted：
在某种情况下，需提供特殊材料证书，详见《国际危规》第1卷第5.4.4节。
In certain circumstances special information certificates are required, see paragraph 5.4.4, volume 1 of IMDG Code.</td></tr>
<tr><td colspan="4">兹声明：
上述拟交付船舶装运的危险货物已按规定全部并准确填写了正确运输名称、危规编号、分类、危险性和应急措施，需附单证齐全。包装危险货物，包装正确、质量完好；标记、标志/标牌正确、耐久。以上申报准确无误。
Declaration：
I hereby declare that the contents of this declaration are fully and accurately described above by the correct shipping name, UN No., Chass and EmS No. The goods are properly packaged, marked, labeled/placarded and are in all respects in good condition for transport by sea.
申报员(签字)　　　　申报单位签章
Declarer Signature：________　　Seal of Declaration Unit
证书编号　　　　年　月　日
Certificate No. ________　　Year Month Date</td><td>主管机关签证栏
Remarks by the Administration</td></tr>
<tr><td colspan="5">紧急联系人签名、电话、传真、电子邮箱：
Emergency Contact Person's Name, Telephone No., Fax and E-mail：</td></tr>
</table>

此申报单一式三份，其中两份申报人留持和分送承运船舶，一份留主管机关存查。

This declaration should be made intripartite, one is kept by the Administration for file, and two for the declarer and the ship respectively.

中华人民共和国海事局监制

限量危险货物证明书

Certificate of Dangerous Goods in Limited Quantities

兹证明下述所托运的货物符号《国际危规》第3.4章中的规定，所托运的货物系按上述的规定作为限量内的危险货物交付船舶承运。

This is to certify that the following goods for shipment are in conformity with the provisions specified in chapter 3.4 of IMDG Code, and are delivered for carriage by ships as dangerous goods in limited quantities.

货物正确技术名称 Correct technical name of the goods	
联合国编号 UN No.	
类别 Class	
包装类 Packaging Group	
实际包装形式 Form of Package	
容器内装净重 Net Weight of Content	
包件净重 Package Net Weight	
托运总净重 Total Net Weight	
货物概述* Description of Goods	
只限舱面积载(适用者划:"√") On Deck Only(mark"√"if applicable)	

* 货物概述系指易燃溶剂、氧化溶剂、实验室用化学品、药物制剂或其他实验分析用具。

Description refers to inflammable or oxidizing solvents, chemicals used by labs, or other means of drug preparation analysis.

申报单位 Declaring Unit ________ 日期 Date ________ 申报人 Declarer ________ 日期 Date ________

如包装件有一种以上物品，或者有《国际危规》中未列明的物品时，应进行必要说明，并经海事主管机关批准。 Remarks by the declarer and approval by MSA are needed if the package contains more than one substance otherwise specified in IMDG Code.	
说明： Remarks： 申报人： Declarer：	海事主管机关审核意见： For official use： 印章： Seal：

当货物作为限量内的货物而不作为相应类别的危险货物交付船舶承运时，应填写此证明，并将其附在危险货物申报单上。

This certificate is applicable to dangerous goods shipped in limited quantities other than under their relevant classes. This certificate should be attached to the Declaration Form of Dangerous Goods.

放射性货物剂量检查证明

Certificate of Inspection of Dose of Radiative Materials

编号：　　　　　　　　　　　　　　　　　　　　　　日期：
No.　　　　　　　　　　　　　　　　　　　　　　　　Date：

<table>
<tr><td>品　名
Name of product</td><td></td><td colspan="4">物理状态 Physical state　块状固体(是否是封闭型) Solid lump(whether in c.ose type)　粉末 Powder　晶体 Crystal　液体 Liquid　气体 Gas</td></tr>
<tr><td>件　数
Quantity</td><td></td><td colspan="4">射线类型 Kinds of radiation　α 射线 α rays　γ 射线 γ rays　β 射线 β rays　快中子 fast neutron</td></tr>
<tr><td rowspan="2">包装号码
Package No.</td><td rowspan="2">放射性强度(居里)
Activity(Ci)</td><td>剂量当量率(毫雷姆/小时)
Dose equivalent(mrem/h)</td><td rowspan="2">运输包装等级
Categories of package</td><td rowspan="2">运输指数
Transport index</td><td rowspan="2">包层包装表面有无污染
Any contamination on surface of outer package</td></tr>
<tr><td>包装表面,距包装 1 米处
Surface of package, One meter from package</td></tr>
<tr><td></td><td></td><td></td><td></td><td></td><td></td></tr>
<tr><td></td><td></td><td></td><td></td><td></td><td></td></tr>
<tr><td></td><td></td><td></td><td></td><td></td><td></td></tr>
<tr><td></td><td></td><td></td><td></td><td></td><td></td></tr>
<tr><td colspan="2">外容器破损时,安全距离可不少于____米
Incase of outer container damaged, the safety distance should not be less than ______ meter.</td><td colspan="2">半衰期 Disintegration　天/年 Days/Years</td><td></td><td></td></tr>
<tr><td colspan="2">备注：
Remarks</td><td colspan="4"></td></tr>
</table>

检查机关(签章)
Testing organization(seal)

检查人员(签名)
Tested by(signature)

检查机关(签章)
Checking organization(seal)

检查人员(签名)
Checked by (signature)

说明：未启封的进口原包装,剂量检查证明不需要检验机关和检验人员签章签名。
Note：The certificate of inspection on dose for unopened imported package is not required to be sealed by the inspection organization.

固体散装货物安全适运申报单

Declaration Form for Solid Bulk Cargoes

<table>
<tr><td colspan="2">散装货物运输名称(BCSN)</td></tr>
<tr><td>托运人
(Shipper)</td><td>运输单证编号
(Transport document Number)</td></tr>
<tr><td>收货人(Consignee)</td><td>承运人(Carrier)</td></tr>
<tr><td>运输工具的名称/方式
(Name/means of transport)
出发港口/地点
(Port/place of departure)</td><td rowspan="2">指南或其他事项
(Instructions or other matters)</td></tr>
<tr><td>目的港口/地点
(Port/place of destination)</td></tr>
<tr><td>货物的一般性描述
(货物种类/颗粒尺寸)
General description of the cargo
(Type of material/particle size)</td><td>总重(千克/吨)
Gross mass(kg/tonnes)</td></tr>
<tr><td colspan="2">如适用,散装货物的特殊说明(Specifications of bulk cargo,if applicable):
积载因数(Stowage factor):
如适用,静止角(Angle of repose,if applicable):
平舱程序(Trimming procedures):
如有潜在危险性,其化学特性*(Chemical properties if potential hazard *):
* 例如:类别和联合国编号或仅在散装运输时具有化学危险的物质(* e. g. ,Class & UN No. or “MHB”)</td></tr>
<tr><td>货物组别(Group of the cargo)
□A 和 B 组*(Group A & B*)
□A 组*(Group A*)
□B 组(Group B)
□C 组(Group C)
* 易流态化货物(A 组和 A 及 B 组货物)
* For cargoes which may liquefy (Group A and Group A and B cargoes)</td><td>适运水分极限
(Transportable Moisture Limit)
运输时的水分含量
(Moisture content at shipment)</td></tr>
<tr><td>货物相关特殊性质
(例如可快速溶于水)
Relevant special properties of the cargo
(e. g. ,highly soluble in water)</td><td>额外证书* Additional certificate(s)*
□水分含量和适运水分极限证书 Certificate of moisture content and transportable moisture limit
□风化证书(Weathering certificate)
□免除证书(Exemption certificate)
□其他(需说明)Other(specify)
* 如需要(* If required)</td></tr>
<tr><td>声明(DECLARATION)
兹声明:托运货物已完全并准确地予以说明。据我所知并相信所给出的试验结果和其他说明准确无误,可被视为拟装货物的代表
(I hereby declare that the consignment is fully and accurately described and that the given test results and other specifications are correct to the best of my knowledge and belief and can be considered as representative for the cargo to be loaded.)</td><td>签字人姓名/身份,公司/组织名称
Name/status,company/organization of signatory
地点和日期
Place and date
代表托运人签字
Signature on behalf of shipper</td></tr>
</table>

中华人民共和国海事局监制

船舶载运固体散装货物申报单

Declaration Form for Solid Bulk Cargoes Carried By Ship

船名：
Ship's Name:________ 航次：
Voyage No.:________ □进港
Arrival 始发港：
Port of Departure:________ 抵港时间：
Time of Arrival:________

国籍：
Nationality:________ 经营人：
Manager:________ □出港
Departure 作业泊位：
Berth:________ 作业时间：
Time of Loading:________

散装货物运输名称 Bulk Cargo Shipping Name	组别 Group	类别 Class	危规编号 UN No.	总重量 Weight in Total	卸货港 Port of Discharging	装载位置 Location of Stowage	备注 Remarks

兹声明根据船舶装载固体散装货物安全和防污染规定，本轮具备装载上述货物的适装条件，货物配装符合要求，货物资料齐全。申报内容准确无误。

I hereby declare that, in accordance with the provisions of the safe transportation of solid bulk cargoes by ships and pollution prevention, this ship has met the requirements of fitness for carrying the above declared goods; Cargo stowage is properly planned according to the requirements; The documentation of the cargo is complete and the contents of the declaration are true and correct.

附送以下单证、资料

The following documents and information are submitted in addition.

主管机关签证栏

Remarks by the Administration

轮船长/申报员：

Master/Declarator:

船长/申报员证书编号：

Certificate No.:

船舶/代理人（盖章）

Ship/Agent(Seal)

日期：

Date:

紧急联系人姓名、电话、传真、电子邮箱：

Emergency Contact Person's Name, Telephone No., Fax, and E-mail:

此申报单一式三份，其中两份退申报人留持并分送港口作业部门，一份留主管机关存查。

This declaration should be made in tripartite, one is kept by the Administration for file, and two for the declarer and port operator respectively.

中华人民共和国海事局监制

参考文献

[1] 大连危险货物运输研究中心. 国际海运危险货物规则培训教材. 大连：大连海事大学出版社,2009.

[2] 中华人民共和国海事局. 船载包装和散装固体危险货物安全知识和操作. 北京：人民交通出版社,2003.

[3] 中国海事服务中心. 海上货物运输. 北京：人民交通出版社,2008.

[4] 交通部水运司. 国际海运危险货物规则. 北京：人民交通出版社,2002.

[5] 徐邦祯,田佰军. 船舶货运. 大连：大连海事大学出版社,2011.

[6] 中华人民共和国海事局. 1978 年海员培训、发证和值班标准国际公约马尼拉修正案. 大连：大连海事大学出版社,2010.

[7] 中华人民共和国海事局.《SOLAS 公约》最新的综合文本为 2020 版. 北京：人民交通出版社.

[8] 徐冠军. 水运危险货物安全与监督管理. 上海：上海科学技术出版社, 2001.

[9] 沈玉如. 船舶货运. 大连：大连海事大学出版社, 2006.